Martha Ramsey hat den Gedichtband »Blood Stories« veröffentlicht. Mit ihren Gedichten hat sie den »New Letters Literary Award for Poetry« und den »Grolier Prize« gewonnen. Sie lebt in Vermont.

Deutsche Erstausgabe Mai 1997
Copyright © 1997 für die deutschsprachige Ausgabe
Droemersche Verlagsanstalt Th. Knaur Nachf., München
Das Werk einschließlich aller seiner Teile ist urheberrechtlich
geschützt. Jede Verwertung außerhalb der engen Grenzen des
Urheberrechtsgesetzes ist ohne Zustimmung des Verlages
unzulässig und strafbar. Das gilt insbesondere für Vervielfältigungen,
Übersetzungen, Mikroverfilmungen und die Einspeicherung und
Verarbeitung in elektronischen Systemen.
Titel der Originalausgabe: »Where I stopped. Remembering Rape
at Thirteen«
Copyright © 1995 by Martha Ramsey
Originalverlag: Putnam, New York
Umschlaggestaltung: Angela Dobrick, Hamburg
Umschlagfoto: Löffler & Friends, Berlin
Satz: Franzis-Druck, München
Druck und Bindung: Elsnerdruck, Berlin
Printed in Germany
ISBN 3-426-77129-2

5   4   3   2   1

Martha Ramsey

Damals war ich dreizehn

Eine Vergewaltigung

Aus dem Amerikanischen von Alexandra Messerer
unter Mitarbeit von Sabine Walter

Für Eric

allen, die mich zeitlich, moralisch und finanziell großzügig unterstützt haben und mir somit ermöglichten, dieses Buch zu veröffentlichen. Arthur Rosenthal, Patricia Williams, Emma Rothschild, Zeke Berman, Laura und Ben Kuipers und die Vogelstein Foundation gaben mir wertvolle Starthilfe, so daß ich mit dem Schreiben beginnen konnte und auch dabeiblieb.

Meinen herzlichen Dank möchte ich der MacDowell Colony, dem Fine Arts Work Center in Provincetown und Ann Stokes aussprechen, die mir den Raum zur Verfügung stellte, in dem ich Teile dieses Buches geschrieben habe.

Die Personen, die mir Interviews gaben, taten dies aus reinem Entgegenkommen und in der Hoffnung, anderen damit zu helfen. Ich bin ihnen allen sehr dankbar.

Whitney Wolff, Martha Cooley, Richard Hoffman, Ann Stokes, Michael Korie, Suzanne Keen, Sarah Smith, E.J. Graff, Sarah Jackson, Bill O'Donnell, Don Hannah, Paul Lisicky, Matthew Klam und Joan Larkin standen mir mit ihrer verständnisvollen Kritik beratend zur Seite.

Ich kann meinem Ehemann Eric Beutner nicht genug für seine liebevolle Unterstützung danken.

Die fachliche Kompetenz, die Intelligenz und das Einfühlungsvermögen meiner Agentin Kim Witherspoon waren beispiellos.

Meine Lektorin Laura Yorke zeigte mir, wie ich dieses Buch zu dem machen konnte, wovon ich träumte.

Meine Dankbarkeit läßt sich nicht in Worte fassen.

INHALT

Prolog   11

Erinnerung   15

Erkenntnis   207

Rückkehr   259

PROLOG

An dem Tag, als es passierte, trug ich ein rotes Kleid. Es war ein einfaches Kleid. Meine Mutter hatte es selbst genäht, mit Händen, die von der stundenlangen Gartenarbeit schon ganz trocken und rauh geworden waren. Aus der hellen Baumwolle hatte sie ein ärmelloses Hemdkleid mit rundem Ausschnitt und zwei Abnähern geschneidert und es nach meinen Wünschen ein gutes Stück über meinen Knien gesäumt. Reihen weißer Punkte bildeten ein Karomuster, und jedes zweite Viereck zierten winzige gelbe Blumen.

Dieses vollkommene Kleid – vielleicht das beste, das ich jemals besessen hatte – paßte mir wie angegossen. Obwohl es oben herum sehr großzügig geschnitten war, saß es gut, und an meinen bereits breiten Schultern engte es mich nicht ein. In dem kurzen Kleid konnte ich mühelos ein Bein über das Hinterrad schwingen, wenn ich mein Rad bestieg, beim Bergabfahren beschleunigen und mich beim Bergauffahren vom Sattel erheben, um kräftig in die Pedale zu treten.

Das Kleid war sexy. Beim Fahren ließ ich meinen Rock über den Sattel hängen. Mir gefiel es, nur das Höschen zwischen dem Sattel und mir zu spüren, unter meinem Kleid verborgen, greifbar nahe und doch nicht sichtbar. Ich flirtete mit der Gefahr, eine Frau zu sein, in dem Bewußtsein, daß sich etwas zwischen meinen Beinen befand, das eine bestimmte Bedeutung hatte. Ich war mir nur noch nicht genau im klaren, welche.

Wenn ich beim Bergabfahren meine Oberschenkel fest an den Sattel preßte, die schlanken Beine baumeln ließ, meine Zehen nur knapp über dem Boden, dann schmiegte mein

Kleid sich treu an mich. Der Wind betonte meine Rundungen und preßte das Kleid gegen meine kleinen Brüste, meinen Bauch und meine Hüften. Ich hoffte, jemand würde mich so vorbeisausen sehen, schlank und begehrenswert. Erstarren würden sie vor Ehrfurcht, sich fragen, wer denn wohl diese flüchtige Schönheit sei.

In diesem Sommer war ich eines Abends in meinem Kleid die Green Hill Road hinuntergefahren, eine Meile entlang der Küste durch den Wald zum Fluß. Zwei ältere Jungen hatten mir über eine Hecke hinweg nachgepfiffen, als ich in der Abenddämmerung an ihrem Haus vorbeiflitzte. Ich hatte sie nicht gesehen, sondern nur ihre lauten Rufe gehört, und ihre Stimmen jagten mir einen Schauer über den Rücken. Jemand jubelte mir zu, während ich vorbeifuhr. Ich war etwas unsicher, was es mit ihren Rufen und Pfiffen genau auf sich hatte, gestand es mir aber nicht ein. In diesem neuen Kleid konnte ich überall hingehen, in fremde kleinere Städte, wo ich vielleicht anhielt, um in einem Lebensmittelgeschäft ein Mineralwasser zu kaufen, vorbei an Häusern und Scheunen, wo mir manchmal Leute zuschauten, wie ich vorbeisauste, fern von vertrauten Gesichtern und Orten – es war einfach ein großartiges Kleid. Es war die rote Fahne meiner Unabhängigkeit. Das richtige Modell, die richtige Farbe, die richtige Länge.

Es war einfach perfekt.

Ich war mir nie sicher, ob das, was passierte, überhaupt irgendeine Bedeutung hatte. Das rote Kleid, die Vergewaltigung – beides habe ich hinter mir gelassen. Sie wurden Teil meiner Vergangenheit. Meine Kleider wurden zu Beweisstücken und, mit einem Schildchen versehen, in einem Wandschrank im Gerichtsgebäude unseres Bezirks aufbewahrt. Mir kam nie die Idee, mich zu erkundigen, wie lange man sie dort aufbewahren, wann oder ob man sie wegwerfen würde. Das Protokoll der Gerichtsverhandlung wurde auf Mikrofilm aufgenommen und im Archiv des Bundesstaates New Jersey aufbewahrt. Darüber machte ich mir ebenfalls keine Gedanken. Die Vergewaltigung schien ein Fremdkörper in meiner Erinnerung zu sein, eine Episode ohne jede Verbindung zu meinen anderen Jugenderinnerungen. Irgendwo in mir existierte diese Erinnerung, das wußte ich.

Als ich sechzehn war, erwähnte ich es anderen gegenüber, wenn ich von meiner Vergangenheit erzählte. Beinahe jedem Liebhaber gestand ich: »Ich wurde vergewaltigt, als ich dreizehn Jahre alt war.« Doch jedesmal, wenn ich es aussprach, nackt und nervös in den Armen eines Mannes lag oder meinen neuen Freund über einen Restauranttisch hinweg anblickte, war es, als ob ich eine andere Person sprechen hörte. Eine zweite Martha war für einen Moment erschienen, hatte die Worte ausgesprochen wie ein Automat, und war wieder verschwunden – ohne daß ich sie zur Kenntnis genommen hätte. Es war beinahe so, als hätte ich eine Lüge erzählt, als ob es niemals wirklich geschehen wäre, hätte ich mich nicht so deutlich daran erinnern können.

Zweifellos war ich sehr gut damit fertig geworden und hatte keinen Schaden davongetragen. Es schien völlig bedeutungslos gewesen zu sein.

Vielleicht war das aber auch die einzige Lösung gewesen – ein Wal, den ich einen Moment lang zu sehen geglaubt hatte, der sich vielleicht wirklich – riesig und mysteriös – unter der Oberfläche des unergründlichen Wassers bewegte, vielleicht auch nur eine Ausgeburt meiner Fantasie, im Meer meiner imaginären Welt treibend.

Mit vierunddreißig Jahren begann ich, mich mit meiner Vergewaltigung auseinanderzusetzen: Ich begann meine Erinnerungen aufzuschreiben.

ERINNERUNG

Ich hätte nicht sagen können, was ich mehr liebte – mein neues Kleid oder mein Fahrrad. Das Rad war nicht neu, mein Vater hatte es aus dem Keller ausgegraben und voller Stolz geölt, bis es wieder reibungslos funktionierte. Mein älterer Bruder Loch war damit ein paar Jahre gefahren, doch in diesem Jahr war er siebzehn geworden und hatte ein neues Fahrrad bekommen. Alida, elf Jahre alt, hatte mein altes blaues Mädchenrad geerbt, und mir gehörte nun dieses. Als Einundzwanzigjähriger war mein Vater damit in Frankreich übers Land gefahren. Es war elegant, mit schmalen Reifen, und das Ticken der Gangschaltung verlieh dem Rad und mir einen Hauch von Klasse.

Unter meinem Baumwollkleid trug ich einen limonengrünen Büstenhalter mit weißen Tupfen. Mit seinem breiten, weißen Elastikbund, der meinen Brustkorb bequem und gutsitzend umspannte, war er der beste, den ich bis dahin besessen hatte – bisher mein dritter. Ich hatte ihn auf dem Regal in einem Discount-Laden entdeckt und meine Mutter dazu überreden können, ihn mir zu kaufen. Die leichte Polsterung ließ meinen Busen größer erscheinen und schützte ihn gleichzeitig.

Das i-Tüpfelchen war jedoch meine Sonnenbrille mit tiefgrünen Bifokallinsen und einem Schildpattgestell, die ich vom Arzt verschrieben bekommen hatte. Irgendwie hatte ich meine Mutter davon überzeugen können, daß ich diese Sonnenbrille haben mußte, und irgendwie hatte sie das Geld dafür auftreiben können. Seit meinem vierten Lebensjahr hatte ich gewöhnliche Gläser getragen und wußte, daß ich häßlich damit aussah. Sie versteckten meine Augen und gaben mir etwas Verkniffenes.

In diesem Sommer begann ich, mich schön zu finden. Wenn ich in den Spiegel blickte, sah mir jemand entgegen, der geradewegs einem Foto aus einer Jugendzeitschrift hätte entsprungen sein können: die hohe Stirn umrahmt von gepflegtem, braunem Haar, gerade Nase, runder, voller Mund, langer Hals, schlanke Beine und bereits erkennbare Rundungen. Meine Augen, die von den Brillengläsern versteckt wurden, ließen mich mysteriös, elegant und verführerisch erscheinen.

Ich hatte meine Sonnenbrille auf und war barfuß. Wozu auch sollte ich Schuhe tragen? Mir war viel zu warm darin. Sandalen? Darin hatte man keinen Halt und rutschte nur von den Pedalen ab. Ich lief trotzdem durch Gras, Schmutz und über heißen Teer. Kein Sommer, in dem sich nicht spätestens bis August dicke Schwielen an meinen Füßen gebildet hatten.

So fuhr ich also die Straße entlang, mit meinem Jungenrad, dem Jungmädchenkleid, der Damensonnenbrille und auf Kinderfüßen. Wußte jemand, wer ich war? Meine ganze Aufmachung muß es auf rührende Art und Weise verraten haben, während ich all meine Träume in meinem Innersten verborgen hielt. An diesem Tag war meine Radtour etwas Besonderes, mein erster großer Ausflug. Am Abend vorher hatte ich Betsy Retivov, meine Englischlehrerin, angerufen und gefragt, ob ich sie mit dem Fahrrad besuchen könne. Meine Mutter hatte mir die Tour erlaubt. Mit einer Landkarte plante ich meine Route entlang abgelegener Straßen und stellte mir den Wecker auf sieben. Der frühe Morgen, bevor die Sonne den Asphalt wie ein Grill aufheizte, war die beste Zeit zum Radfahren.

Die anderen schliefen noch, als ich an diesem Morgen frühstückte. Die Küche war kühl und schattig. Die Sonne und die Schatten der Blätter sprenkelten die zwei Türen an beiden Enden des langen Zimmers. Die Vögel sangen, und Tau glitzerte in Bäumen und Gras. Ich schlüpfte aus dem Haus und bemühte mich, die Tür nicht zuschlagen zu lassen.

Betsy lebte in der Nähe meiner Schule, in Bucks County, Pennsylvania. Auf dem Weg dorthin mußte ich den Delaware überqueren. Die Quarry Road, eine unbefestigte Straße, führte von uns direkt zu einer Fußgängerbrücke, die man mit dem Rad überqueren konnte, um nach Lumberville zu kommen, das genau gegenüber vom Fluß lag. Wir radelten oft die anderthalb Meilen, um uns dort im Lebensmittelgeschäft Mineralwasser und Eiskrem zu kaufen.

An diesem Morgen hingen Tausende von Spinnweben in den silbrig gefächerten Verstrebungen der Brücke, und jeder Faden war taubenetzt. Der Brückenwart, der in einem alten Steinhaus lebte, das sich bereits in Pennsylvania befand, kam dieses Mal nicht aus seinem Haus, um mich mit ausgestreckten Armen dafür auszuschimpfen, daß ich mit dem Fahrrad über die Brücke fuhr. Wer konnte schon der schwungvollen Abfahrt auf die ebene Brücke widerstehen, die sich schwerelos über dem grünen Fluß erhob, der sich tief unten träge schlängelte?

Die Luft im Tal war noch frisch vom nachtkühlen Fluß, und ich beschleunigte mein Tempo. Die Sonnenstrahlen wärmten meinen Rücken – Vorboten der bevorstehenden gleißenden Augusthitze. Kein Tourist konnte hier mit seinem Auto übersetzen, nur mit dem Fahrrad konnte man die Route fahren, die ich erstellt hatte. Als ich mich vom Fluß entfernte, tauchte ich wieder in den Schatten ein. Mein neuer Geheimweg folgte dem Verlauf eines Baches durch den Wald, der sich dann durch Bäume sanft bergauf wand, die staksig und schwarz in dem wilden Grün des sumpfigen

Tals standen. Der Name des Wegs und des Tals war Fleecy-
dale.

Mein Besuch bei Betsy war nicht sehr aufregend. Sie hatte
vor kurzem ein Baby bekommen, das fast ihre ganze Aufmerksamkeit beanspruchte. Außerdem war noch eine andere Lehrerin zu Besuch, und die beiden unterhielten sich über
Dinge, bei denen ich nicht mitreden konnte. Wir saßen in
ihrem Garten. Es war sehr heiß, sogar zu heiß, um eine ange-
regte Unterhaltung zu führen. Wir machten uns Hamburger
und brachten sie zum Mittagessen in den Garten. Ich hatte
Betsy für meine Freundin gehalten, fühlte mich aber bei diesem Treffen unwohl. Ich hätte mich lieber unterhalten, wie
wir es im Englischunterricht taten, als herumzusitzen, wie es
normalerweise ein Kind in der Gegenwart von Erwachsenen
tut. Aber es störte mich nicht besonders. Was wirklich zählte, war meine Radtour dorthin und über die abgelegenen
Straßen wieder nach Hause zurück. Nach einer Weile
beschloß ich, daß ich genausogut wieder gehen könne. Meine Mutter hatte gesagt, daß ich bis zum Abendessen wieder
zu Hause sein müsse.

Als ich auf dem Nachhauseweg den Abhang von der Quarry
Road wieder hinauffahren mußte, trat ich, so fest ich konnte, in die Pedale. Der Abhang war der steilste des ganzen
Wegs, und als ich völlig außer Puste geriet, gab ich auf und
begann, mein Rad zu schieben. Ich hatte keine Lust, mich zu
quälen.

Oben auf dem Hügel hielten wir für gewöhnlich an und stiegen zwischen den Bäumen hinauf auf eine Böschung, von der
aus man in den Steinbruch blicken konnte. Der schwarze See
lag tief unten, halb verdeckt von den Bäumen, unergründ-
lich in seiner Tiefe. Wir sprachen davon, was wohl passieren
würde, wenn man von unserem Sitzplatz bei der Straße sprin-
gen oder fallen würde. Es wäre ganz sicher tödlich. Dann

warfen wir ein, zwei Steine hinein. Ein handgroßer Stein schrumpfte während seines Falls auf die Größe eines Kieselsteins und traf dann mit einem entfernten, kräftigen Platschen auf dem Wasser auf. Allein unterwegs, fuhr ich heute weiter.

Als ich einen zweiten, steilen Hügel hinauflief, kam ich an dem alten Feldweg vorbei, der zum Steinbruch führte, ein gefurchter, von Gras überwachsener Pfad, der weiter in den Wald hineinführte. Mein Bruder war einmal bis zum Ende dieses Pfades gelaufen – ich hatte noch nie den Mut dazu aufgebracht. Unsere Eltern sagten uns immer, der Steinbruch sei sehr gefährlich, und ich nahm diese Warnung ernst. Ich hatte Geschichten von Leuten gehört, die dort nackt badeten und dabei von der Polizei erwischt worden waren. Loch sagte, einige Jungen sprangen gern von einem tiefer gelegenen Felsvorsprung hinein. Vielleicht würde ich auch eines Tages mutig genug sein.

Nach dem Pfad zum Steinbruch machte die Straße zweimal einen scharfen Bogen und fiel leicht ab. Ich konnte entweder beginnen, langsam um die Kurven herum in die Pedale zu treten, wenn ich Zeit gewinnen wollte, oder mit meinen Füßen den heißen Staub meiden. An diesem Tag war es zu heiß. Ich ging einfach langsam weiter die Straße hinauf und hielt mich eng an den Straßenrand, wo einige Bäume kleine Schattenkreise warfen. Ich würde lange vor dem Abendessen wieder zu Hause sein.

Es war ungefähr halb vier am Nachmittag.

Es war ein großartiges Abenteuer, draußen unterwegs zu sein, weit weg von zu Hause. In diesem Alter gab es für mich jedoch nichts Schöneres als die Heimkehr. Zu Hause – das war, wo Mom war, mein ein und alles, die sich um meine Mahlzeiten kümmerte und mein Leben organisierte, die Erschafferin eines ganzen Universums aus eineinhalb Morgen Wald. Mein Vater und sie hatten unser Haus mit seinen vielen großen Fenstern und den frühen, abstrakten Bildern meines Großvaters an den unverputzten Wänden gemeinsam gebaut. Es war vollgestopft mit Büchern, erfüllt von Musik und dem Duft einer Küche, der darauf schließen ließ, daß hier jemand am Werk war, der etwas davon verstand. Das Haus fügte sich harmonisch in die Natur ein, in den Jubel der Vögel, die herunterflatterten, um im verharschten Schnee, gegen den sich schwarz die Umrisse der Bäume abzeichneten, nach ihren Körnern zu kratzen oder die den ganzen Tag in einem Meer von Grün ruhig vor sich hinzwitscherten.

Meine Mutter nähte für mich wunschgemäß enge Kleider aus hellen Stoffen. Sie selbst jedoch trug alte Kleidung, meistens Männerbekleidung und im Sommer Kleider aus Discount-Geschäften. Sie war eine mutige, schlichte Frau, entschlossen, weder im großen noch im kleinen unehrliche Kompromisse einzugehen, wenn es sich vermeiden ließ. Sie stürmte durchs Haus und hastete im Freien und im Garten in alten Gummischuhen und einem Männerhemd umher. Am Morgen sang sie. Sie spielte Klavier, meistens Ragtime, manchmal auch Bach oder Brahms, und ihre Musik verband uns – Vater, Mutter, Kinder, Garten, Wald, Schnee und Regen.

Auf schmalen, abschüssigen Wegen und im Wald, der uns umgab, legte sie Blumengärten an: Iris an einem Bach entlang, einen Johannisbeerstrauch auf einer kleinen Lichtung, ein rundes Beet mit Immergrün unter einem Hartriegel. Sie baute eine Terrasse vor unserer Küchentür und schleppte die Steine dafür von alten Zäunen herbei, die kreuz und quer im Wald standen. Seltene Blumen aus dem Wald verpflanzte sie in unseren Wildblumengarten. Im Frühling nickten hier und da weiße Narzissen, wo sie die Samen im Wald ausgesät hatte.

Ihre Blumengärten und Terrassen waren Teil ihres Bestrebens, unsere häusliche Umgebung einem Ideal anzunähern, das sie nie verwirklichte. Ein winziger Teich, den Loch für sie unter einer Quelle ausgrub, in der wir mit Fröschen im Schlamm gespielt hatten, wurde eines Tages zubetoniert und ringsherum bepflanzt. »Ich habe keine Zeit, mich um den Garten zu kümmern«, war ihre Erklärung. Die Wehmut dieser Bemerkung war sprichwörtlich für die Belastung, der sie sich ausgesetzt sah – die Belastung, die wir darstellten.

Sie war ein Freigeist, und sie liebte den Freigeist in uns. Manchmal jedoch wurde sie zornig, was sich in unterdrückten Wutausbrüchen äußerte, die mir Angst machten. Ihre Persönlichkeit brauchte den Alkohol. Unter seinem Einfluß wurden ihre Gemütsschwankungen im Laufe der Jahre immer extremer, ihre Wutausbrüche zunehmend heftiger und ihr Überdruß mehr und mehr zu Niedergeschlagenheit. Sie war der Dreh- und Angelpunkt, der Magnet, der Stützpunkt unseres Universums, weniger jedoch ein stabiler Ruhepol, als vielmehr eine ziemlich schiefe, aus dem Gleichgewicht geratene Achse, um die wir alle fasziniert unsere Kreise zogen. Ihre Schönheit, ihre unübersehbare Energie und ihr Einfallsreichtum in der Gestaltung unseres Alltags und Umfelds hielt uns alle in ihrem Bann gefangen. Wie sehr sie das Alltagsleben auch verbittert hatte, so sehr zehrte sie doch von der Faszination, die sie in uns auslöste. Es war ihr täglich Brot.

Kurz vor ihrem Tod, als sie unheilbar an Krebs erkrankt war, sagte sie zu einem Freund an ihrem Krankenbett: »Ich glaube, ich weiß nicht, was Liebe bedeutet. Als meine Schwester hier war, sagte sie zu mir: Ich liebe dich. Und mir wurde bewußt, daß ich sie nicht liebe.«

Doch sie liebte uns, ihre Kinder. Vielleicht niemanden sonst. Es war eine Erstarrung tief in ihrem Innern spürbar, hart wie ein Stück Fels oder Eisen, selbst wenn sie mich im Arm hielt. Als ich älter wurde und kein Kind mehr war, das sich auf die Liebe verlassen konnte, die sie ganz natürlich allen Kindern entgegenbrachte, wuchs in mir die Angst, daß sie mich vielleicht nicht mehr liebte.

Was tat mein Vater den ganzen Tag in seinem Arbeitszimmer? Er rauchte eine Zigarette nach der anderen, soviel ließ sich jedenfalls anhand seines Aschenbechers feststellen.

Er arbeitete auf seinem »Gebiet« an mehreren Projekten gleichzeitig. Er fotografierte und interviewte afroamerikanische Musiker und nahm ihre Musik auf, schrieb Bücher, Artikel und Kommentare darüber. Er war außer sich vor Wut, daß afroamerikanischen Komponisten fortwährend wichtige Musik geklaut wurde und deren Verkauf an ein borniertes, weißes Publikum mit klischeehafter Darstellung und Arroganz einherging.

Er war ein vielseitiger und kompromißloser Mann, der sein Leben seiner Musik und den Musikern, die er liebte, verschrieben hatte, denen er in jeder nur erdenklichen Weise zu Diensten war. Als ich zwölf war, drehte er fürs Fernsehen einen Dokumentarfilm über den Mississippi, woraufhin man ihm eine feste Anstellung beim Fernsehen mit einem Jahresgehalt von sechsundzwanzigtausend Dollar anbot – für unsere Familie eine unvorstellbar hohe Summe. Er dachte gründlich darüber nach und lehnte das Angebot dann ab: Fürs Fernsehen zu arbeiten stieß ihn ab. Es war eine respektable Entscheidung, und wir blieben weiterhin arm.

Er trank, ohne daß es uns jedoch aufgefallen wär: beim Mittagessen, beim Abendessen und bis er nachts dann schließlich »einschlief« – still in seinem Sessel hinwegdämmerte. Meine Mutter hielt zu ihm, entschlossen, ihren Teil der Abmachung zu erfüllen und sich um ihn und seine Kinder zu kümmern, jeden Tag für unsere Mahlzeiten und Kleidung zu sorgen, solange es nötig war. Vielleicht lag der Grund seiner immer stärkeren Distanzierung darin, daß unsere Bedürfnisse ihn restlos überforderten.

Er war ein talentierter, guter Autor, und bereits in meiner Kindheit färbte seine Begabung auf mich ab. Doch was er in all diesen Jahren in seinem Arbeitszimmer auch tat, er schrieb kein bedeutendes Werk und schämte sich dafür. Als seine Tochter trug ich einen nicht unerheblichen Teil der Schuld an seinem Versagen, da ich nicht auf seinen Wunsch, sondern den meiner Mutter auf die Welt gekommen war. So sehr ich ihm manchmal, wenn er es am wenigsten erwartete, Freude machte und ihn mit Stolz erfüllte, konnte er sich doch nie dazu entschließen, sich mir gegenüber zu öffnen.

Später wurde mir klar, daß ihm sein Whiskey wichtiger war als wir. Wie sehr ich mir auch Mühe gab, seine Achtung zu erlangen, ich konnte ihn nicht aus der Düsternis seiner Unnahbarkeit locken.

Wie kann ich von zu Hause erzählen, ohne dem Sog seines rätselhaften Charmes zu erliegen? Geblendet von einer Atmosphäre schwungvoller Ausgelassenheit und Wärme, *sahen* wir einfach nicht, wie ernst die Lage eigentlich war. Unsere Gefühle füreinander waren stark, aber wir unterdrückten sie.

Im Sommer arbeitete meine Mutter wie eine Besessene und verwandelte unseren Garten in ein Schlachtfeld. Unser Gemüsegarten befand sich am Wegende in Richtung Straße, innerhalb eines großflächigen Gebiets, das sie mit meinem Vater und Loch jedes Jahr ein Stück weiter bebaubar machte. Jeden Tag trugen wir körbeweise zarten, jungen Salat, frisch geerntete Karotten, dicke warme Tomaten und lange dünne Bohnen den Weg hinauf, vorbei am Kräutergarten bei der Haustür in die große, lange Küche unserer Mutter. Wenn es Abendbrot gab, zog es uns magisch in die Küche, und wir versammelten uns dort erwartungsvoll. Mein Vater saß in seinem Sessel neben unserer Porzellanvitrine, mixte sich seinen Drink, sah ihr beim Kochen zu und half manchmal beim Gemüseschneiden.

Seit meinem fünften Lebensjahr war es meine Aufgabe, den Tisch zu decken. Ich legte Messer, Gabel und Löffel bei jedem Gedeck an den richtigen Platz, faltete die Servietten ordentlich und stellte langstielige Weingläser für meine Eltern und Milchgläser für uns auf den Tisch. Es half mir innerlich, diese Aufgabe gewissenhaft zu erledigen. Es gab für mich nichts Schöneres, als Zimmer aufzuräumen, zu putzen und Staub zu wischen – so als ob jeder Tisch und Buffetaufsatz ein Altar wäre.

Mit meinem fanatischen Ordnungssinn wollte ich es ihr gleichtun, in der Hoffnung, ihr damit eine Freude zu machen und so zu verhindern, daß sie sich in ihre eigene Welt zurückzog. Ich wollte eine Umgebung schaffen, in der sie sich weiterhin zurechtfinden konnte, die sie bei Laune hielt und in der sie für uns sorgte. Ich fühlte, daß sie vor einem Abgrund stand und ich sie davor bewahren mußte, hinabzustürzen. Ich zählte die Karos auf unserer Tischdecke, damit sie überall gleich lang war, plazierte ihren Teller exakt in der Mitte und den meines Vaters genau gegenüber, um so den Unwägbarkeiten und der Instabilität meines Lebens zu trotzen.

Wenn das Abendessen fertig war, rief sie für gewöhnlich »à table«, wie es die Franzosen tun, und wir nahmen unsere Plätze ein: Sie und mein Vater saßen sich am runden Tisch gegenüber, zwischen ihnen Loch. Alida und ich kämpften jeden Abend heimlich um den Platz neben unserer Mutter. Der Platz neben Fred – wie unser Vater seit unserer Kindheit genannt werden wollte – erschien uns dagegen widerwärtig und beängstigend. Er war ein großer Mann mittleren Alters mit einem enormen Bauch, den er – wie wir wußten – seinem Bierkonsum zu verdanken hatte. Seine Hände trugen die Spuren ständigen Rauchens, und sein Alkoholgeruch beunruhigte uns. Auf dem Platz neben Mom fühlte man sich irgendwie außergewöhnlich und war geborgen in ihrem magischen Kreis.

Wenn Fred sich erhob, um Fleisch zu schneiden oder zu verteilen, geriet er früher oder später jedesmal in Wut. In einem gefährlichen, reizvollen Spiel nahmen wir ihn auf den Arm. »Ich möchte dieses Stück nicht, Fred, kann ich bitte dieses haben?« riefen wir, nachdem er gerade unsere Teller gefüllt hatte. Wir schrien nach mehr Bratensoße, wenn er gerade versuchte, sie gleichmäßig zu verteilen.

Jeden Abend sabotierten wir Schritt für Schritt seine altmodische Höflichkeit, bis er schließlich einen Wutanfall bekam. Dann lachten wir ihn jedesmal dafür aus, daß er so empfindlich reagierte, wenn wir ein bißchen »Spaß machten«. Wenn er uns antwortete, daß er auch nur Spaß mache, sagten wir: »Nein, das stimmt nicht, Fred, du willst dich ja nur herausreden.«

Wir wußten, daß sie mit uns lachen würde, ihn mit uns auslachen würde, da er sich einfach nicht vorstellen konnte, wie er mit uns fertig werden sollte. Feierten wir auch nicht einander, so feierten wir doch uns selbst in einer viel zu engen Zusammengehörigkeit. Abend für Abend verzehrten wir zusammen die Köstlichkeiten aus unserem Garten, lachten, während wir einander neckten und miteinander stritten. Wir genossen das Gefühl, eine Familie zu sein, und waren stolz darauf.

Doch unter der glatten Oberfläche stimmte etwas nicht. Hatte es vielleicht damit zu tun, daß sich die Weinflasche, die mein Vater direkt neben sich auf dem Schreibtisch hütete, immer mehr leerte? Wie alt waren wir, als wir es bemerkten? Wann fiel uns zum ersten Mal auf, daß es unsere Mutter beunruhigte? Wann begannen wir, uns darüber Gedanken – wann Sorgen zu machen? Wann fingen wir an, es zwanghaft zu beobachten, ohne je ein Wort darüber zu verlieren? Wann beklagten wir uns das erste Mal? Wie betrunken war er in all den Jahren, bevor wir es bemerkt hatten?

Jahre später gestand meine Mutter auf ihrem Totenbett einer Freundin: »Um das Abendessen zu überstehen, brauchte ich meistens drei Drinks.«

Was kam zuerst – sein Trinken, ihr erster Nervenzusammenbruch? Ihr Trinken, sein Trinken? Wer trank mehr und zwanghafter, wer war wirklich in Schwierigkeiten?

Es rührt mich, wenn ich mich daran erinnere, wie Fred versuchte, es uns recht zu machen. Doch dann fallen mir all ihre Bemühungen ein. Wenn sie unser Abendessen vorbereitete, steigerte sie sich in einen schöpferischen Akt hinein, nur damit wir Kinder es anschließend regelmäßig wieder vertilgten. Er trank so viele Gläser Wein, wie er unbemerkt konnte, und wir alle zogen, einer nach dem anderen, über ihn her. Stimmte es etwa nicht, daß er einfach nichts zuwege brachte? Er hatte keinen normalen Job und setzte sich nicht genug dafür ein, Schreibaufträge zu bekommen. Stimmte es etwa nicht, daß er am liebsten ihr viertes Kind gewesen wäre, um sich nicht um Kinder und Haus kümmern zu müssen? Stimmte es etwa nicht, daß seine maßlose Wut auf uns kein Verhältnis kannte und uns ängstigte, wenn wir nur kicherten? Stimmte es etwa nicht, daß er wünschte, wir wären nie geboren?

War sie es, um die wir kämpften, und war sie selbst nicht Mitstreiterin in diesem Wettkampf, an dem wir uns alle beteiligten, um gegen unsere Angst anzugehen, daß sie in Schwierigkeiten war?

Meine Eltern befanden sich beide in Schwierigkeiten. Sie hörten nicht auf zu leiden und beharrten auf ihrem Traum eines freien Lebens inmitten einer Gesellschaft voller Einschränkungen. Die Kooperation, Loyalität und Zuneigung ihrer Kinder war dabei ihre Stütze.

An meine Kindheit erinnere ich mich mit einem Gefühl der Nostalgie, das im Widerspruch zu meinem Schmerz steht – das ist nichts Außergewöhnliches, aber ich frage mich, wie außergewöhnlich es ist, ein Gefühl der Nostalgie während seiner Kindheit zu verspüren. Schon sehr früh begann ich, mich für die Figur in einer Geschichte zu halten. Wir waren alle Figuren in einer Geschichte, die von einer außergewöhnlichen Familie handelte, die zwar kein Geld besaß, dafür aber wußte, daß Bücher und Musik, Liebe und die Schönen Künste die wahren Reichtümer waren, die das Leben zu bieten hatte. Diese Familie erstand ihre Kleidung in Billigläden oder nähte sie sich selbst, ernährte sich von den Früchten ihres Gartens und lebte ein völlig anderes Leben als ihre Mitmenschen. Sie war frei.

Mein Leben innerhalb dieses Mythos, der das Lebenswerk meiner Eltern war, ließ mich in eine Fantasiewelt aus erfundenen Geschichten flüchten. Dazu war mir jede Geschichte recht. Es begann, als wir klein waren und unsere Mutter Mary Poppins vorlas. Sie selbst war die vollkommene Mary Poppins – streng und unnachgiebig am Tag, geheimnisvoll und unfaßbar in unseren nächtlichen Abenteuern. Sie schloß das Buch – wir bettelten um mehr, und bestimmt, aber mit einem leichten, zufriedenen Lächeln antwortete sie: »Nein, das ist genug für heute abend.«

Sobald ich lesen gelernt hatte, gab es nichts anderes mehr für mich. Meine Lesewut ließ mich zu ungewöhnlichen Hilfsmitteln greifen. In der Schule hielt ich mein Buch oft aufgeschlagen auf den Knien unter meiner Bank versteckt. Die Geschichten waren seicht, die Charaktere simpel, trotzdem hielten sie mich einige Tage lang gefangen.

Eines Tages entdeckte ich, daß mein Vater im Keller stapelweise alte Magazine aufbewahrte, die noch von seiner Mutter stammten. Ich verschlang diese Hefte, und in meiner Fantasie war ich ein Kind der Welt um 1890. Die schwarzweißen Stiche – Mädchen in ihren weißen Kleidern und Jungen in schwarzen Knickerbockern –, mit Sorgfalt und Charme gezeichnet, erschienen mir anziehender als alles, was ich in modernen Magazinen oder im Fernsehen sah. Sie waren vollkommen, sie waren altmodisch, und sie waren reglos.

Als Kind fand ich auch großen Gefallen an dem geregelten Ablauf der Schule. Auf unserem orangefarbenen Schulbus prangte in schwarzen Buchstaben »Delaware-Township-Schule«. Wir fuhren durch Rosemont, ein winziges Dörfchen, wo eine Reihe kleiner, weißer Häuser mit ihren gepflegten, grünen Rasenflächen mir wie aus einem Malbuch zu stammen schienen. Die Lehrerin schrieb ihren Namen am ersten Schultag an die Tafel und sagte uns in jeder Stunde, was wir zu tun hatten. In der Mittagspause mußten wir uns in einer Reihe aufstellen und leise hinunter auf den Schulhof laufen. Unsere Lehrerin trug die Verantwortung, und alles war in bester Ordnung.

Als ich in die erste Klasse eingeschult wurde, führten meine Eltern ein ernstes Gespräch mit mir. Sie erzählten mir, daß meine Lehrer in der Vorschule ihnen den Vorschlag gemacht hatten, mich die Vorschule überspringen zu lassen und geradewegs in die erste Klasse einzuschulen, da ich den anderen Kindern im Lesen weit voraus sei. Sie meinten, ich könnte aber genausogut weiterhin in der Vorschule bleiben, wenn ich wollte. Ich hielt es allerdings für eine großartige Idee, die Vorschule zu überspringen. Intelligent zu sein, bedeutete ganz offensichtlich, den anderen irgend etwas voraus zu haben und erwachsener zu sein. Es gab für mich nichts Schöneres, als zu lernen – eine weitere Art, Ordnung zu schaffen, so, als ob ich den Tisch fürs Abendessen deckte. Es war außerordentlich wichtig, daß das Haus geputzt, das Abendessen vorbereitet, unsere Kleidung gewaschen und – sommers wie winters – auf der Leine aufgehängt wurde – Rituale, die den Fortbestand unseres Heims garantierten. Mit ähnlichem Eifer stürzte ich mich ins Lernen, eignete mir erwartungsvoll Wissen an, um es dann meinen Eltern jeden Tag mit nach Hause bringen zu können – ein tägliches Opfer, das ich meinen fernen Göttern darbrachte. Arithmetik, Sozialkunde, Fremdsprachen und Lesen waren kein Problem für mich – ein reines Zuckerschlecken –, und begierig sog ich den Lernstoff auf. Manchmal war es zwar langweilig, aber das beruhigte mich. Zu Hause war ich voll »nervöser Energie«, wie meine Mutter es nannte – ich war dünn, aß Unmengen und schoß schnell in die Höhe. Mein Körper verbrannte Nahrung erstaunlich schnell, und ich war ständig am Reden und in Bewegung. Im Klassenzimmer hielt ich mich zurück, außer wenn ich stolz darauf war, daß ich gelernt hatte, und meinen Arm hochstreckte, um aufgerufen zu werden und die richtige Antwort zu geben. Wann immer ich durfte, stand ich in der ersten Klasse stolz an der Tafel und las den Psalm des Tages vor. Von Anfang an war es für mich schwierig, mit den älteren Kindern mitzuhalten, die all die ungeschriebenen Regeln beherrschten – Regeln, die es zu wissen galt und die bestimmten, wer mit wem sprechen durfte, wer beliebt war und warum, wer süß und wer häßlich war.

Von den Fenstern unseres Schulbusses beobachtete ich die Welt und versuchte, mich dabei nicht von den anderen Kindern ablenken zu lassen, die zwischen den Sitzen hin und her liefen und mich mit ihrem lauten Gezänk verwirrten und ängstigten.

Sobald ich alt genug war, begann ich das Gebiet um unser Haus herum zu erkunden. Immer öfter machte ich allein Ausflüge an verwilderten Wegen und Bächen entlang durch den Wald zu meinen Lieblingsplätzen: einem nahegelegenen Bach, dem Lockitong, einem bewaldeten Kamm darüber, einem verlassenen Bauernhof, der ein Stück vom Ufer entfernt in einem überwucherten Obstgarten lag.

Während ich durch raschelndes Laub auf dem Kamm entlangging, durch unzählige kleine Blumen in Frühlingsfarben lief oder in einer Niederung unter einer Buche an einem Bach saß – ich schien nicht allein zu sein. Während ich durch eine verwilderte Wiese spazierte, war jemand an meiner Seite. Die Wiese war sonnenüberflutet, prangte in zartem Grün und war übersät von leuchtenden Blumen – Gänseblümchen und Astern. Ich befand mich in einem Kinofilm. Mein Freund ging an meiner Seite, ein eifriger Beobachter meines Lebens, der meine Streifzüge bewunderte und mich schön fand.

Ab der siebten Klasse ging ich in Solebury zur Schule, einer kleinen, fortschrittlichen Privatschule auf der anderen Seite des Delaware in Bucks County, Pennsylvania. Ich liebte meine neue Schule. Von Anfang an lernte ich dort großartige Dinge. Am Ende der siebten Klasse erklärten meine Lehrer dem Kollegium, daß mich der Englischunterricht in der achten Klasse langweilen würde und ich sie zusammen mit einem anderen sehr intelligenten Jungen aus meiner Klasse überspringen solle. Meine Eltern hatten diesbezüglich Bedenken, doch da ich nun mal begabt war, hatten weder sie noch ich eine Wahl.

In diesem Jahr schrieb ich meine ersten richtigen Klausuren und begann, Latein zu lernen. Die Abende verbrachte ich in meinem Zimmer und lernte – hier, in meinem Reich, war ich ungestört. Bettlaken und -decke hingen an beiden Seiten meines Bettes gleichmäßig herunter, und die diagonalen Linien aus kleinen blauen Troddeln, die die weiße Tagesdecke zierten, trafen sich genau an der Bettkante. Wenn ich meine Hausaufgaben an dem eleganten Eichenschreibtisch erledigte, kam ich mir immer weniger wie ein Kind, sondern eher wie ein Erwachsener in seinem Arbeitszimmer vor.

Am Ende der neunten Klasse schien ich den Kinderschuhen endgültig entwachsen zu sein. In jenem Frühling saß ich in der Turnhalle und schrieb zum ersten Mal in meinem Leben richtige Schlußprüfungen. Die Lateinprüfung würde alles andere als ein Kinderspiel werden, Wilson war stolz auf uns und wollte sehen, was wir konnten. Während ich mit pochendem Herzen wartete, gab er mir mit einer Hand den Prüfungsbogen und legte die andere sanft auf meine Schulter. »Mach dir keine Sorgen, Martha«, sagte er. »Mach es einfach, so gut du kannst, und ich bin sicher, du bekommst mindestens eine Zwei.« Seine stille Zuneigung erstaunte mich.

Noch glücklicher war ich über Betsy Retivov, meine Englischlehrerin, die meine Aufsätze mit Stolz und Begeisterung erfüllten, so als wäre ich ihre eigene Tochter. Sie hatte mir die Welt der Literatur eröffnet – außer der Bibel und dem Inferno hatten wir griechische Sagen und etwas Haiku gelesen. Ich wollte sie alle unbedingt im Original lesen. Wie Virgil, der Dantes Reise angeführt hatte, so war sie an meiner Seite, als ich voller Ehrfurcht weiter vordrang in das neue Reich der Literatur. Ich empfand sehr viel für Betsy und war tief davon überzeugt, daß meine Gefühle vollkommen erwidert wurden. Ich wollte genauso sein wie sie, wenn ich erwachsen war. Betsy war ungefähr dreiundzwanzig Jahre alt, und ich betrachtete sie als meine beste Freundin.

Als der Sommer kam und ich immer öfter entlegene Straßen auszukundschaften begann, wollte ich eine große Fahrradtour machen. Ein Besuch bei Betsy und ihrem winzigen Baby in ihrem neuen Zuhause gleich neben Solebury erschien mir das ideale Ziel – eine Strecke von acht Meilen.

Ich weiß nicht mehr genau, an was ich dachte, als ich, kurz bevor es passierte, träumend die Straße entlanglief. Ich kann mich jedoch daran erinnern, daß mein Fantasiegefährte immer öfter die Gestalt eines Mannes annahm. Er war ein Held, ein Gott oder lebte im Wald wie Robin Hood. Aus der Entfernung beobachtete er mich und näherte sich mir bewundernd. Eines Tages würde er leise erscheinen, hinter einem Baum hervortreten, ohne dabei einen einzigen Schritt zu machen. Er würde sich einfach nur gewandt aus dem Schatten der Blätter lösen, mich küssen und in seinen Armen halten. Wenn ich bereit wäre, würde er mich einen magischen Weg hinab in sein Zuhause bringen – einen alten Wald, der tief versteckt in diesem ganz normalen Wald in New Jersey lag. An diesem märchenhaften Geheimplatz würde ich so lange bleiben, wie ich wollte, und grenzenlos bewundert werden.

Als ich etwas hörte, wahrscheinlich ein leises Geräusch, drehte ich mich um und blickte zurück: Ein Mann kam aus dem Wald und lief langsam auf mich zu.

Seine Kopfform war merkwürdig. Er sah aus wie verkleidet, als käme er aus einem Zirkus. Erschrocken hielt ich an, wunderte mich, was dies zu bedeuten hatte. Er war von plumper, kräftiger Statur und näherte sich mir schwerfällig. Plötzlich bemerkte ich, daß sein ganzer Kopf von einem Nylonstrumpf bedeckt war, und begann mich zu fürchten.

Seine rechte Hand hing wie bei einem Affen herunter und hielt einen großen Stein umklammert. Ich stand regungslos da und beobachtete ihn, erstarrt bei seinem Anblick, obgleich ich ihn gar nicht richtig wahrnahm und keinen einzigen klaren Gedanken mehr fassen konnte. Er lief auf mich zu und blieb stehen, sein Gesicht nahe dem meinen, und murmelte mir etwas ins Ohr. Dann verstand ich: »Laß dein Fahrrad nicht fallen.« Ich hielt es krampfhaft umklammert.

Ungeschickt zog er daran, löste meinen Griff und half mir, es am Straßenrand abzulegen.

Er stand nah bei mir, legte seinen Arm um mich und begann, mich über die Straße zum Wald auf der anderen Seite zu ziehen. »Hey!« schrie ich erstickt auf. »Was tun Sie?«

Er hielt mir den Mund zu. Er atmete schwer und sagte langsam und deutlich: »Hör auf zu schreien. Wenn du schreist, erwürge ich dich.«

Wenn ich Widerstand leistete, würde er kurzen Prozeß mit mir machen, also tat ich, was er sagte. Ich konnte mich nicht so schnell bewegen, wie er wollte, und so zog er mich wie eine steife Puppe hinter sich her, und beide stolperten wir in Richtung Wald.

Dieses Stück Land war erst in der letzten Generation gerodet und bebaut worden. Die Bäume ringsum, hauptsächlich Zedern, hatte man erst vor kurzem gepflanzt, und zwischen ihnen befanden sich einige offene, grasbewachsene Stellen.

Er zog mich mit sich, als ob er genau wüßte, wohin wir gingen – auf dem Weg zu einem vorab arrangierten Treffpunkt. Ich vermutete, daß ein oder zwei andere Männer dort auf uns warteten, vielleicht um mich zu kidnappen.

Doch als er stehenblieb, war dort nichts zu sehen, außer einer kleinen Lichtung. Ich konnte mich nur langsam und schwerfällig bewegen, so als ob ich weit entfernt wäre und mein Körper nicht mehr zu mir gehören würde. Vor lauter Furcht erstarrte ich, und alles in mir näherte sich einem Zustand vollkommener Lähmung. Ich hatte mich in etwas verwandelt, das zerbrechlich und durchsichtig war wie Glas, ohne jede Stabilität und Farbe. Und obwohl ich meinen Körper weit entfernt fühlte, konnte ich ihn dennoch zittern spüren, als ob Glas wie Gelatine beben könnte.

»Wenn du schreist, erwürge ich dich.«

Er verband mir die Augen mit einem roten Halstuch. Ich mußte mich ausziehen.

Ich begriff, daß er mich vergewaltigen würde.

Seltsamerweise war es mir egal. Danach würde er mich töten. Nur daran dachte ich.

Er öffnete den Reißverschluß meines Kleides. Ich streifte es ab, legte meinen Büstenhalter und Höschen ab. Er band meine Handgelenke hinter meinem Rücken mit etwas zusammen, das sich wie ein Stück Segeltuch anfühlte.

Ein Teil meines Bewußtseins hatte meinen Körper verlassen und war weit weg, in einer völlig anderen Dimension. Was auch immer ich ihm sagte, es kam von dort und war ein ver-

36

zweifelter Versuch, ihn durch mein Sprechen und Handeln dazu zu bewegen, mich nicht zu vergewaltigen oder wenigstens nicht zu töten.

»Ich werde dir nicht weh tun«, sagte er.

Er befahl mir, mich hinzulegen.

»Bist du noch Jungfrau? Schon mal mit irgendeinem rumgemacht?«

»Nein, ich hatte noch nie einen Freund.«

Ich wimmerte beinahe, als ob ich wütend auf ihn wäre, weil er mir dies unfairerweise antat, wo ich doch noch nie einen Freund gehabt hatte, den ich mir so sehnlichst wünschte.

Das Wimmern in meiner Stimme war nicht ganz echt. Ich versuchte, die furchtsame Stimme eines Kindes zu haben, das zu jung war, um sein Interesse zu wecken. Aber ich durfte nicht zu wütend klingen, so als ob ich mich wehren wollte.

Ich lag mit verbundenen Augen auf dem Rücken und spürte seine Lippen auf einer, dann auf der anderen Brustwarze. Eine kurze, nasse Berührung.

Ich erfand eine Lüge.

»Ich bin nicht wirklich eine Jungfrau.« Vielleicht war er nur an einer Jungfrau interessiert und würde seine Meinung ändern.

Meine eigene Stimme klang wie ein Ast, der an einem kalten Tag am Fenster kratzt.

»Wirklich, wann ist das passiert?«

Schweigen, während ich versuchte, meine Lüge auszubauen.

»Letzten ... letzten Sommer.«

Meine Stimme kam von dort, wo sich mein Bewußtsein befand, irgendwo über und hinter meinem Kopf. Leise, seltsam.

Ich lag nackt auf dem Boden. Unter dem zerdrückten Gras war der Boden voll von harten, kleinen Steinen. Meine auf dem Rücken zusammengebundenen Arme und Hände schmerzten. Sie waren sehr lose festgebunden, und ich konnte sie hinter meinem Rücken hervorschieben.

»Ich bewege meine Hände«, sagte ich. »Aber ich werde nichts machen.«

»Wenn du schreist, muß ich dich erwürgen.«

»Ich werde nicht schreien.«

Ich wußte, ich mußte meine Beine öffnen, aber ich konnte nicht. Er öffnete sie. Sie waren widerwillig und schwerfällig. Er steckte seine Finger in meine Scheide.

Konnte er feststellen, daß ich wirklich noch Jungfrau war? Würde er mich dafür umbringen, daß ich ihn belogen hatte?

Er entfernte seine Hand von meiner Scheide – es war ein kurzer Test gewesen, als ob er etwas hatte feststellen müssen.

Als etwas Stumpfes und Messerartiges in meine Scheide gestoßen wurde, tat es weh.

Ich hatte Angst, ich müßte laut schreien.

»Es tut weh«, sagte ich. »Ich muß vielleicht schreien.«

»Wenn du schreist, muß ich dich erwürgen.«

»Ich werde nicht schreien.«

Er bewegte seinen Penis einige Male hin und her, und es fühlte sich an, als ob jemand mit einem Messer zustechen würde.

Ich kann mich nicht daran erinnern, daß er auf mir lag. Ich habe vergessen, wie er roch und sich seine Haut oder sein Atem anfühlte. Das einzige, woran ich mich erinnern kann, ist dieses körperlose Durchstoßen.

Ich lag bewegungslos da. Obwohl ich versuchte, mich äußerlich zu beherrschen, krümmte sich etwas in mir vor Widerwillen und Ekel.

Ich war noch stumpfer und gelatineartiger geworden, meine Stimme und mein Bewußtsein waren noch weiter entfernt.

»Das … fühlt sich … gut an«, sagte ich.

Irgendwie spürte ich, daß er glauben wollte, daß er mich nicht verletzte, sondern mir vielleicht sogar noch etwas Gutes tat. Wenn ich ihm sagte, daß es mir gefiele, würde er vielleicht nicht wütend werden und mich am Leben lassen.

Bald darauf zog er sich zurück und stand auf. Ich konnte das Gras unter seinen Füßen rascheln hören, während ich noch mit verbundenen Augen dalag. In einer Schreckensvision sah ich plötzlich meinen Körper nackt in einem Graben liegen und meinen Vater und Bruder, die mich so fanden.

»Ich verspreche, niemandem davon zu erzählen«, hörte ich mich mit schwacher Stimme sagen. Es klang seltsam leise und beherrscht.

»Bitte, töte mich nicht.«

Ich versuchte, ruhig zu klingen, als würde ich um einen kleinen, annehmbaren Gefallen bitten.

»Bitte, töte mich nicht.« Ich versuchte ihn mit meiner ruhigen Stimme zu hypnotisieren, ihn sanft daran zu erinnern, daß er mich nicht zu töten brauchte, falls er das im Sinn hatte, und gleichzeitig ihn nicht auf den Gedanken zu bringen, mich zu töten.

»Ich verspreche, niemandem davon zu erzählen«, wiederholte ich sicherheitshalber. Ich log. Sollte ich mit dem Leben davonkommen, würde ich nach Hause gehen und dort sofort alles erzählen. Aber ich dachte, ich könnte ihn hereinlegen. Ich versuchte, überzeugend zu klingen.

Ich hörte etwas klimpern.

»Was ist das für ein Geräusch?« fragte ich. Ich dachte, es sei das Gewehr oder irgendeine andere Waffe, mit der er mich töten würde.

»Das sind die Schlüssel zu meinem Haus«, sagte er.

Wieder Schweigen.

»Was tust du?« fragte ich.

»Ich ziehe meine Schuhe an.«

Dann sagte er: »Dreh dich um, leg dich mit dem Gesicht nach unten und zähl rückwärts von hundert.«

Ich drehte mich um. Jetzt würde er es tun.

Ich begann zu zählen. »Hundert, neunundneunzig, achtundneunzig, siebenundneunzig ...«

Er löste meine Augenbinde und nahm sie mir ab. Ich hielt meine Augen fest geschlossen. Ich wollte nicht, daß er sah, wie ich ihn anguckte.

Ich hörte es rascheln, als er durchs hohe Gras wegging. Ich hörte, wie irgendwo in der Nähe ein Auto angelassen wurde und wegfuhr.

Ich hörte auf zu zählen. Schweigen. Er war fort.

Er hatte mich nicht getötet.

Ich war noch am Leben.

Ich öffnete meine Augen und stand auf. Ich zitterte. Ich sah auf das zu Boden gedrückte Gras herab. Aus meiner Scheide rann Blut, durchsetzt von einer weißlichen Flüssigkeit, und tropfte aufs Gras, wo es in der Sonne leuchtete. Ich starrte es neugierig und unbeteiligt an, wie wir es mit unserem eigenen Blut tun. Es zeigte mir, was geschehen war.

Ich blickte mich um. Meine Kleider waren nicht mehr da.

Egal.

Ich lief zwischen den Bäumen zur Straße zurück.

Da war mein Fahrrad. Es lag am Straßenrand und sah aus wie immer, wenn ich irgendwo anhielt und es hinlegte. Im Fahrradkorb hatte ich noch einen roten Pullover, den ich am frühen Morgen getragen hatte. Ich zog ihn an. Er reichte mir bis zur Hüfte. Ich löste den Saum und befestigte ihn zwischen meinen Beinen mit einer großen Sicherheitsnadel, mit der ich sonst meine Kapuze am Hals schloß, wenn es kühl war.

Ich lief blindlings nach Hause, um meinen Schmerz zu meiner Mutter nach Hause zu bringen. Ich lief wie in Trance und hielt mich mit beiden Händen an meinem Fahrrad fest. Als ich unsere Einfahrt hinauflief, vermutete ich, daß meine Eltern im Garten arbeiteten, doch dort war niemand. Als ich zum Haus kam, lief ich zuerst unter das Vordach, um mein Fahrrad vor dem Regen in Sicherheit zu bringen, so wie man es mir oft gesagt hatte. Ich fand meinen Vater dort, der vor seiner Werkbank stand und mit einer Holzarbeit beschäftigt war.

»Wo ist Mom?«

Er unterbrach seine Arbeit nicht lange genug, um mich genau anzuschauen. Ich wollte es auch nicht.

»Sie ist drinnen und hält ihren Mittagsschlaf«, sagte er.

Entschlossen stellte ich mein Rad an seinem üblichen Platz ab und lief zurück, den Hügel hinauf, durch die Küchentür, die Küche, die Bibliothek, um die Tür zum Schlafzimmer meiner Eltern zu öffnen, eine Tür, die wir nicht öffnen durften, wenn meine Mutter mittags schlief. Ich betrat die heiligen Hallen und blieb neben dem Bett meiner Mutter stehen. Ich beugte mich über sie und berührte ihre Schulter.

»Mom – wach auf.«

»Mom.«

Erschrocken und müde richtete sie sich auf, und dann sah sie, wie ich neben ihrem Bett stand – verstört und lediglich mit dem roten Pullover bekleidet, den ich zwischen den Beinen befestigt hatte.

Der Schock breitete sich auf ihrem Gesicht aus, während sie wach wurde.

»Mom – ich bin vergewaltigt worden.«

Sie streckte die Arme nach mir aus.

»Oh, Liebling.«

Ich begann zu weinen und sank in ihre Umarmung.

Doch mein Weinen fühlte sich seltsam und weit entfernt an,

und ich fühlte mich unwohl in ihrer Umarmung. Nach einem Moment hörte ich auf zu weinen. Meine Tränen trockneten. Mit aller Kraft versuchte ich, mich zu beherrschen und nicht noch einmal die Kontrolle zu verlieren.

Ich befreite mich aus ihrer Umarmung.

»Wir müssen die Polizei rufen, Mom. Sie müssen ihn finden. Wir müssen ihn davon abhalten, das gleiche jemand anderem anzutun. Ich muß dir und Fred gleich alles erzählen, bevor ich etwas vergesse.«

Sie suchte meinen Vater, um ihm alles zu erzählen.

Das nächste, woran ich mich erinnere, ist, daß ich immer noch im Schlafzimmer meiner Eltern bin, auf dem Bett sitze oder starr auf dem Teppich stehe. Ich erzähle meinem Vater genau, was passiert ist, und versuche den Mann, so gut ich mich erinnern kann, zu beschreiben. Mein Vater schreibt alles auf. Dann ruft er die Polizei an.

Loch wollte gerade mit dem Rad nach Lumberville fahren, wo er während der Sommerferien in einem Restaurant am Fluß als Tellerwäscher arbeitete.

Wahrscheinlich hatte Fred ihm in seiner Verzweiflung erzählt, was passiert war. Loch stürzte aus dem Haus, schwang sich auf sein Rad und fuhr so schnell er konnte zur Quarry Road. Ich erinnere mich nur an die Geräusche. In der Ferne konnte ich hören, wie er wie wild nach seinem Fahrrad suchte und der Kies unter seinen Rädern knirschte, als er hart in die Pedale trat und aus der Einfahrt fuhr.

Wir mußten ins Krankenhaus. Bevor wir gingen, machte mein Vater Drinks für uns drei.

»Möchtest du einen Drink?« fragte er mich und versuchte besorgt, aber ruhig zu klingen, als ob er mit einer erwachsenen Frau sprechen würde, nicht mit einem Kind, und sichergehen wollte, in seinem Mitgefühl den richtigen Ton zu treffen.

»Vielleicht macht es dich etwas ruhiger«, sagte er.

Er selbst bewegte sich ruckartig, als ob er nicht wüßte, wie er das Eis brechen sollte. Ich war ruhiger als er.

Er reichte mir das Glas absichtlich ohne viel Aufhebens. Es war nicht der richtige Zeitpunkt für die altmodische Höflichkeit, die ihm sein Vater beigebracht hatte, der als Maler eine Zeitlang in Frankreich gelebt hatte. Doch die routinierte Geste des Gastgebers konnte er nicht ganz verbergen. Die Art, wie er mit geübter Hand den heiligen Trank kredenzte, würde zweifellos eine günstige Wirkung auf mich haben.

Er wollte mir etwas Gutes tun.

Ich kann mich noch an das hohe Glas erinnern, an die Eiswürfel und wie wir drei betreten auf den nackten Fliesen standen. Ich stürzte den Drink hinunter, aber er schien keine Wirkung auf mich zu haben. Ich schien nur körperlich anwesend zu sein, stand wie eine gefühllose Puppe auf den Fliesen und sprach mit einer mir unbekannten Stimme zu diesen beiden Menschen, Vater und Mutter. Ich mußte mich darauf verlassen, daß beide genau wußten, was zu tun war. Sie wußten nicht, was zu tun war.

∗

Meine Mutter half mir, mich anzuziehen, damit wir ins Krankenhaus gehen konnten.

Meine Scheide tat sehr weh.

»Ich glaube, er hat vielleicht etwas – verletzt«, sagte ich.

Es war schwer, die Worte auszusprechen. Ich versuchte selbstbewußt zu klingen. Ich glaubte, daß meine Vagina noch nicht zum Geschlechtsverkehr bereit gewesen war und er mir eine Verletzung zugefügt hatte, als er sie verfrüht gewaltsam geöffnet hatte.

Meine Mutter war anderer Meinung.

»Ich glaube nicht, daß er – ejakuliert hat«, sagte ich. »Ich habe nichts Derartiges gespürt.« Ich kannte das Wort. An einem Frühlingstag nach der Schule hatte man uns einmal Sexualkundeunterricht erteilt.

Im Krankenhaus saßen wir auf Plastikstühlen und warteten in einer Halle, in der ständig Leute kamen und gingen. Dann führte uns eine Krankenschwester zu einem abgetrennten Bereich mit dem Untersuchungstisch in der Mitte und einem Vorhang ringsherum. Ich hatte mich noch nie einer solchen Untersuchung unterzogen. Meine Mutter blieb ganz in meiner Nähe, so wie sie es immer in der Praxis unseres Hausarztes Dr. Rosenfeld getan hatte, als ich noch jünger war und Angst vor ihm hatte. Sie und die Krankenschwestern halfen mir, mich auf den Tisch zu legen und meine Füße in die Fußstützen zu stellen.

Der Doktor schien ein netter Mann zu sein, obwohl seine beachtliche Größe ihn unnahbar erscheinen ließ. Er erklärte mir, daß er mich nur untersuchen würde und ich keine Angst zu haben brauche. Die Krankenschwester bestätigte mir dies. Meine Mutter war da, falls ich sie brauchte.

Ich war nicht anwesend. Ich verstand, daß die Untersuchung zu meinem Besten war. Es war ein eigenartiges Gefühl, das kalte Metallinstrument in mir zu spüren, aber nicht so seltsam wie der scharfe Schmerz, den ich bereits in meiner wunden Scheide spürte, die mir fremd war.

Der Doktor teilte uns seine Ergebnisse mit, und ich erfuhr, daß ich mich bezüglich dessen, was in mir passiert war, geirrt hatte.

Er sagte, es wäre eine Gewebeblutung in meiner Vagina festzustellen, aber keine ernsthafte Verletzung. Es würde von selbst gut verheilen.

Er hatte Sperma gefunden. Das bedeutete, daß ich schwanger werden könnte. Es gab keine Möglichkeit, eine Schwangerschaft mit hundertprozentiger Sicherheit zu verhindern, aber es gab eine Pille, die sich noch im Versuchsstadium befand und die inoffiziell die »Pille am Morgen danach« genannt wurde. Sie bestand aus einer gewaltigen Dosis Östrogen und würde eine Schwangerschaft in den meisten Fällen verhindern, wenn man sie kurz nach dem Geschlechtsverkehr einnahm. Für den allgemeinen Gebrauch galt die Pille als zu riskant, aber er war der Meinung, daß es in dieser Situation gerechtfertigt wäre, sie zu verabreichen. Ich würde mich vielleicht übergeben müssen, aber das war besser als die Alternative.

Als ich hörte, daß der Arzt Sperma gefunden hatte, war ich schockiert. Ich hatte nicht daran gedacht, daß ich schwanger werden könnte. Ich hatte gesehen, wie ein Gemisch aus Sperma und Blut auf den Boden getropft war, aber ich hatte nicht begriffen, was es war. Selbst jetzt, als uns der Doktor seine Ergebnisse mitteilte, weigerte ich mich, an den Moment zurückzudenken, als die Flüssigkeit begonnen hatte, so weit in meinen Körper einzudringen.

Der Arzt, die Schwester, meine Mutter, mein Vater – sie alle wußten und glaubten, daß ich schwanger sein könnte. Dieser Mann hatte etwas in meinen Körper gespritzt, das sich dort festsetzen und wachsen könnte. Man konnte es nicht mehr aus meinem Körper holen. Es war zu spät.

Ich konnte nicht gereinigt werden. Die Vergewaltigung war jetzt nicht mehr nur eine Erinnerung, sondern tatsächliche Gegenwart. *Er* war in meinem Bauch.

Meine Mutter gab mir die Pille, nachdem wir nach Hause gekommen waren, und ich schluckte sie bereitwillig.

Am gleichen Nachmittag, bevor oder nachdem wir im Krankenhaus gewesen waren, kam die Polizei, aber ich kann mich nicht mehr an diese erste Begegnung erinnern.

✳

In dieser Nacht blieb meine Mutter bei mir und schlief neben mir in meinem Bett, um mich zu beruhigen. Ich hatte nichts dagegen. Sie dachte, es sei eine gute Idee. Ich wußte nicht, was eine gute Idee war. Wahrscheinlich war es besser für sie, in dieser Nacht bei mir zu bleiben.

Ich stand mit dem Gesicht zur offenen Tür meines Wandschranks und zog mich aus. Sie hatte die Bettdecke zurückgeschlagen, sich darauf gesetzt und beobachtete mich. Es erschien mir unglaublich anstrengend, mich auszuziehen und die Kleider auf die Haken im Wandschrank zu hängen. Aber ich mußte es selbst schaffen.

Ihre Stimme drang schwach, aber deutlich an mein Ohr.

»Wie geht es dir?« fragte sie.

Ich drehte mich nicht um, hielt aber inne.

Ich starrte ins Innere des Schranks, dorthin, wo im Dunkeln unter meinen Schulkleidern meine Schuhe lagen. Ihre Worte ließen schreckliche Erinnerungen wach werden. Ich erinnerte mich an den Moment der Vergewaltigung, an das Gefühl, wie er seinen Penis in mich hineinstieß.

Sein Penis hatte sich wie Scheiße angefühlt.

Mir war bis zu diesem Moment nicht bewußt gewesen, daß er sich so angefühlt hatte.

In meiner Scheide fühlte ich mich wund und verletzt. Wo vorher mein Jungfernhäutchen gewesen war, war nun ein seltsames Loch, als ob ich einen Zahn verloren hätte.

Wie konnte ich ihr erzählen, was ich fühlte?

Ich spürte eine unheilbare Mattigkeit, wie eine Berührung des Todes. Etwas war über mich gekommen und ließ mich nicht mehr los. So mußte sich eine alte Frau fühlen, die alles gesehen hatte und keinen Grund mehr hatte, noch länger zu leben.

»Ich fühle mich ... sehr alt«, sagte ich.

Wie konnte sie auch wissen, was ich meinte? Ich konnte nicht mehr sagen. Ich konnte nicht mehr länger wie ein Kind durch die Nähe seiner Mutter getröstet werden. Sie hatte keine Ahnung, wie ich mich fühlte. Ich stieg in mein Bett, legte mich neben sie und war doch von ihr getrennt in der Dunkelheit, die uns umgab.

Ich versuchte, sie nicht zu berühren. Ihr Körper gehörte nicht in mein Bett. Ihr Körper alterte, sie roch nach Zigarettenqualm und war von einer ihr eigenen Dunkelheit umgeben.

Bald war mir furchtbar schlecht von der »Pille am Morgen danach«. Ich lag über der Bettkante und erbrach mich in einen Kochtopf aus der Küche. Sie half mir, hielt mein Haar zurück, wischte mir das Gesicht ab. Der Schmerz und die Heftigkeit meines Erbrechens überraschten mich. Ich hätte mich unmöglich schlechter fühlen können.

Ich fiel in einen todesähnlichen Schlaf.

Ich habe mich immer wieder gefragt, warum ich zu weinen aufgehört hatte, nachdem ich gesagt hatte, »Mom, ich bin vergewaltigt worden.«

Es hatte mir in vertrauter Weise die Tränen in die Augen getrieben, als ich ihr sorgenerfülltes Gesicht sah, so, wie wenn man seiner Mutter erzählt, daß man sich das Knie aufgeschrammt oder seinen Lieblingsring in den Fluß geworfen hat – man weint nicht, wenn es passiert, sondern wenn man es erzählt und seinen eigenen Schmerz auf ihrem Gesicht wiederfindet.

Was wäre passiert, wenn ich einfach mit ihr geweint hätte? Wäre ich dann damals mit meinem Schmerz fertig geworden? In jenem Moment war sie offen für mich gewesen und bereit, mich zu trösten. Warum war ich so abweisend und unzugänglich?

An einem anderen Nachmittag, vier Monate vorher, war ich aus der Schule gekommen und hatte sie nicht vorgefunden. Ich lief in unseren Garten, atmete die laue Aprilluft ein und erwartete ihre Begrüßung. Ich bemerkte, daß unser Auto nicht da war, und versuchte mir einzureden, daß mein Vater gerade Besorgungen machte. Aber ich wußte bereits, daß irgend etwas nicht stimmte.

Ich lief durchs Haus, obwohl ich wußte, daß niemand da war, auf die Veranda hinaus, die jetzt, spätnachmittags, im Schatten lag. Ich stand dort, wußte nicht, was ich tun sollte, und hatte Angst.

Nach einer Weile – ich habe keine Ahnung, wie lange es dauerte – kam mein Vater nach Hause, und ich ging zu ihm in die Küche. »Amelia hatte einen Nervenzusammenbruch, und ich mußte sie ins Krankenhaus bringen«, sagte er.

Ich starrte auf den roten Fliesenboden. Panik ergriff mich. Wie konnte ich, wie konnten wir auch nur eine einzige Stunde ohne sie leben?

Wir befanden uns nun in *seiner* Obhut. Ich hatte genausowenig Verwendung für ihn wie sie. Sie schimpfte jeden Tag mit ihm. Sie sagte, sie glaube, daß er morgens nicht einmal dann aufstehen würde, wenn er uns in die Schule bringen müßte. Er saß den ganzen Tag in seinem Arbeitszimmer und rauchte. Er verdarb alles, was sie ihm zu tun gab, das einzige, wozu er taugte, war, Gemüse zu schneiden. Nun mußte ich ihren Platz übernehmen, so gut ich konnte, und dafür sorgen, daß Alida sich nicht fürchtete. Aber wie konnte ich es ertragen, mit ihm arbeiten zu müssen? Wie konnten wir essen, was er gekocht hatte?

Während ich dort in der Küche stand, die Augen zu Boden gerichtet, um ihn nicht ansehen zu müssen, schwindelte mir wie vor einem Abgrund, und ich fragte mich, was es wohl für ein Gefühl sein würde, ins Nichts zu stürzen.

»Was hat sie getan?« wollte ich wissen. »Was meinst du mit einem Nervenzusammenbruch?«

Er war sehr beunruhigt und aufgeregt.

»Sie saß gerade hier«, sagte er, »im Stuhl bei der Treppe, und sie ... verlor einfach die Fassung.«

»Was soll das heißen?« sagte ich.

»Sie fing einfach zu weinen an«, sagte er, »und konnte nicht mehr aufhören, sie hat einfach den Bezug zur Realität verloren.«

Ich versuchte, mir meine Mutter vorzustellen. Es gelang mir nicht. Es bedeutete nur, daß sie uns verlassen hatte und in eine Welt gegangen war, wo wir keine Bedeutung mehr hatten.

Einige Tage zuvor hatte sie sich seltsam verhalten. Sie nahm mir ein Buch weg, das ich gerade las und versteckte es – etwas, das sie noch nie zuvor getan hatte – mit der Begründung, daß diese Lektüre beunruhigend für mich sein würde. Es handelte sich um *Der geheimnisvolle Fremde* von Mark Twain.

Ein, zwei Tage später rief sie mich zu sich und fragte mich sanft: »Gibt es irgend etwas, das du dir als Belohnung wünschst?«, mit einem seltsamen, süßen Ton in der Stimme. Sie sagte mir nicht, für was, aber ich vermutete, dafür, daß ich so brav gewesen war. Es hatte den Anschein, als ob all meine Bemühungen, ihr zu helfen, schließlich doch noch Erfolg gehabt hatten: Sie hatte es schließlich doch noch bemerkt. Sie schien jedoch verträumt und mit ihren Gedanken weit weg zu sein, und ich wußte, daß etwas nicht stimmte. Schnell wählte ich eine meergrüne Flasche, die auf dem Fensterbrett in der Nähe stand und mir vorher noch nie aufgefallen war. Nachdem sie sie mir gegeben hatte, fühlte ich mich, als ob ich sie in einem Moment der Schwäche ausgenutzt hätte, obwohl ich eigentlich die ganze Zeit nur wollte, daß dieses seltsame Zwischenspiel ein Ende nähme.

Da ich sie im Krankenhaus nicht besuchen durfte, bastelte ich ihr eine Karte. Ich versuchte, ihr etwas Aufheiterndes zu schreiben, aber es sollte sie auch daran erinnern, daß sie nach Hause kommen sollte.

Ein paar Tage später war sie wieder zu Hause. Sie ging ein paar Wochen lang zu einem Psychiater und beschloß dann, daß sie geheilt sei. An ihre Rückkehr nach Hause kann ich mich nicht mehr genau erinnern.

Vier Monate vor ihrem Nervenzusammenbruch hatte ich begonnen, ein Tagebuch zu führen. Als ich kleiner war, hatte mir jemand ein knallrotes Tagebuch für Mädchen mit Goldschnitt und einem kleinen Schloß mit Schlüssel gegeben. Ich probierte es damit, aber ich wußte bereits, daß Leute, die ans Schreiben dachten, ein solches Buch nicht benutzen würden. Im Januar 1968 versuchte ich es nochmals mit einem Stenoblock, den mir meine Mutter gegeben hatte. Der Block gehörte zur Welt der Erwachsenen, und darauf zu schreiben, schien mir eine ernsthafte Sache zu sein. Ich hielt darin fest, welche Aufgaben ich während des Tages erledigt hatte und wann ich mich gut betragen hatte.

Als sie aus dem Krankenhaus zu mir zurückkehrte, schien sie sich um alles wie früher kümmern zu können. Ich redete mir ein, ich könne mich nun wieder um meine Angelegenheiten kümmern und ihr den Haushalt überlassen. Aber ich schrieb nicht mehr in mein Tagebuch.

Im letzten Eintrag steht etwas wie: »Mom kam heute ins Krankenhaus. Fred sagte, sie hätte einen Nervenzusammenbruch.«

Entschlossen kehrten wir beide wieder zu unserem gewohnten Alltagsleben zurück, doch die geordnete Welt, die ich in den Seiten meines Tagebuchs aufzuzeichnen oder zu erfinden versucht hatte, war nicht mehr länger überzeugend. Alles war wie früher, doch ich wußte nun, daß es sie eine unwahrscheinlich große psychische Anstrengung kostete, unsere Welt aufrechzuerhalten. Sie war an einen Punkt gelangt, wo sie nicht mehr weiter konnte. Obwohl ich schon damals die Angewohnheit hatte, alles aufzuheben, was ich geschrieben hatte, vernichtete ich das Tagebuch.

Jahre später, als ich ungefähr einundzwanzig war, fragte ich sie, was damals in ihr vorgegangen sei.

»Ich wurde wirklich paranoid«, sagte sie. »Ich war sehr betroffen von der Ermordung Robert Kennedys, Martin Luther Kings, dem Krieg und begann wirklich zu glauben, daß all dies eine riesige Verschwörung wäre. Je mehr ich darüber nachdachte, um so größer wurde das Ganze, bis es schließlich das gesamte Universum einzuschließen schien. Ich erinnere mich daran, daß ich den Aschenbecher in den Händen hielt, den aus dem Laden von Freds Mutter mit dem geschwungenen Trennungssteg, der die Yin- und Yang-Formen bildet. Ich starrte darauf und dachte, daß dies alles erkläre. Ich war nicht mehr in Berührung mit der Realität.«

»Wie hast du es geschafft, daß es dir wieder besser ging?« fragte ich.

»Durch Willensstärke«, sagte sie. »Ich war im Krankenhaus, und schließlich wurde mir bewußt, daß ich wieder zurück mußte. Ich hatte Kinder, die mich brauchten. Ich habe es geschafft, davon loszukommen, indem ich in meinem Verstand eine Tür nach der anderen geschlossen habe.«

Ihr Herz schlägt mir entgegen, ihre Arme sind geöffnet. Sie fühlt nur meinen Schmerz, das verletzte Kind, das Küken in der Welt. Aber ich denke für sie, bevor sie zu denken beginnt, und ich weiß, daß ich ihr dies ersparen muß. Ich nehme ihn zurück, den Schmerz, den ich ihr, fast gegeben hätte und entziehe mich. Ich befreie sie, ich lasse ab von ihr, und sie versucht, noch nicht ganz wach, sich zusammenzunehmen, als Mutter. Sie nimmt ihre Mutterpflichten wieder auf. Sie bleibt ständig in meiner Nähe, umgibt mich durch die Gegenwart ihres Körpers mit einem Gefühl der Sicherheit, das real ist. Doch ihr Körper ist von etwas ausgehöhlt. In mir selbst ist eine Leere entstanden, die der ihren gleicht. Da ich dies fühle, spüre ich, daß sie nicht die Kraft hat, mich zu trösten.

Nachdem sie gestorben war, teilte uns mein Vater mit, daß unsere Mutter bereits früher, um 1960, einen Nervenzusammenbruch gehabt habe, als ich fünf und sie sechsunddreißig Jahre alt gewesen sei.

Ich halte es für möglich, daß sie von ihrem Vater, mit dem sie bis zu ihrem vierten Lebensjahr in ländlicher Armut in Alabama gelebt hatte, mißbraucht worden war. Im Jahr 1926 verließ ihn ihre Mutter mitsamt ihren Töchtern und kehrte in ihre Heimat nach Maryland zurück. Ein ungewöhnlicher Schritt für eine arme Farmersgattin, wie meine Mutter sagte. Sie verließ ihn wegen des ungeheuerlichen Ausmaßes seiner Übeltaten, die meine Mutter uns nie erzählte. Wenn wir nach dem Großvater fragten, den wir nie kennengelernt hatten, antwortete sie ausweichend »Oh … er war das schwarze Schaf der Familie.« Einmal erzählte sie uns, daß Mary gesagt hätte, sie würde ihrem Vater niemals verzeihen, was er getan habe.

Ist es möglich, daß die »Nervenzusammenbrüche« meiner Mutter durch frühe Erinnerungen an Gewalt ausgelöst wurden, vielleicht sogar 1968 verursacht durch mein Eintreten in die Pubertät?

Was war in meiner Mutter vorgegangen, als sie vier Monate lang versucht hatte, in der »Realität« zu bleiben und für ihre Kinder zu sorgen, und was, als ich nach Hause kam und sagte »Mom, ich bin vergewaltigt worden«?

Sie mußte in dieser Zeit wieder darum gekämpft haben, die Türen ihres Verstandes zu schließen.

Ich erinnere mich daran, daß sie einige Tage nach der Vergewaltigung zu mir sagte »Fred und ich haben mit einem Psychologen darüber gesprochen, wie du am besten mit all dem fertig wirst. Er sagte, manche Frauen hätten Derartiges mitgemacht und es gut verkraftet. Das Wichtigste sei, dir zu zeigen, daß wir dich lieben.«

In seltenen Momenten erwähnte meine Mutter »Liebe«. In unserer Familie vermieden wir den direkten Gebrauch von diesem oder anderen Worten, die Zuneigung und Liebe zueinander ausdrückten. Es war mir unangenehm, dieses Wort jetzt zu hören. Ich verstand nicht genau, warum sie es zu mir sagte oder was sie damit ausdrücken wollte.

Tief in mir fühlte ich mich nicht mehr von ihr geliebt, seit sie im April so weit fort gegangen war. Vielleicht liebte sie mich ja, und ich war mir dessen »bewußt« – aber was nützte mir ihre Liebe nun, da ich wußte, daß mit ihr selbst etwas nicht stimmte? Sie wollte, daß ich mich geliebt wußte, aber sie selbst war sich dessen nicht sicher. Der Psychologe schien jedoch anzunehmen, daß unsere Familie alles problemlos bewältigen könne, und so versuchte sie es.

Sie und mein Vater taten, was sie konnten. Sie hatten keine Ahnung, wie weit ich wirklich von ihnen entfernt war. Ich sagte ihnen nichts.

Ich würde eine von denen sein, die gut damit fertig wurden. Ich wußte, daß ich es schaffen würde.

Sie hat Angst, daß sie mir nicht helfen kann, daß sie nicht genug Liebe hat. Doch für alle muß deutlich werden, daß sie tut, was sie tun sollte. Ich helfe ihr dabei, und zusammen vermitteln wir jedem den richtigen Eindruck. Wir verhalten uns wie Mutter und Tochter. Wir reden ein bißchen, sie schläft eine Nacht lang in meinem Bett. Doch bei all dem fühlt jede, daß sie allein ist.

War diese Vergewaltigung etwas, das ich ihr angetan hatte? So war es. Ich spürte es. Meine Vergewaltigung war auch ihre Vergewaltigung, und ich war es, die sie damit konfrontierte. Ich vergewaltigte sie nicht direkt, doch ich konfrontierte sie mit der Vergewaltigung, und somit auch mit all ihren dunklen Erinnerungen.

Nach ihrem Tod erzählte mein Vater meiner Schwester, die es wiederum mir erzählte, daß meine Mutter selbst vergewaltigt worden sei, als sie dreiundzwanzig war. Ein Mann war in ihr Zimmer im College eingedrungen. Es muß kurz danach gewesen sein, daß sie das College verließ, wie sie mir einmal erzählte, und in einer Waffenfabrik zu arbeiten begonnen hatte, um den Krieg zu unterstützen.

Als ich an jenem Tag nach Hause kam und ihr erzählte, was mir passiert war, mußte sie sich sofort an ihre eigene Vergewaltigung erinnert und eine innerliche Anspannung verspürt haben, ein Aufbäumen von Wut, Schmerz und Verlust.

Sie sagte, »Oh, Liebling«. Und breitete die Arme aus.

Ich höre auf zu weinen und versuche, ebenfalls die Türen meines Verstandes zu schließen wie sie. Wenn ich stark sein will, werde ich jetzt nicht weinen. Vergewaltigt zu werden ist eine extreme Ausnahmesituation, so als wenn unser Haus in Flammen stünde. Ich weiß, was zu tun ist: den Hörer abnehmen und die Vermittlung anrufen. Nicht warten, weinen oder sich aufregen. Ruhig bleiben, und wenn die Polizei kommt, sich an ihre Anweisungen halten. Wir werden dies zusammen durchstehen, meine Eltern und ich, und uns als Familie richtig verhalten. Ich werde mich zusammenreißen wie die Briten bei den Bombenangriffen. Ich will versuchen, so stark zu sein, wie ich gerne wäre.

Es war bezeichnend für die Isolation, die unser Zusammenleben prägte, daß Loch seine Verzweiflung über meine Vergewaltigung mir gegenüber niemals direkt zum Ausdruck brachte, sondern nur in seiner einsamen, abwegigen, verrückten Tat gegen die Welt da draußen, als er die Quarry Road hinunterradelte, um den Mann zu suchen. Für sein Alter war er ein großer und kräftiger Junge. Die Laute, die er ausstieß, als er auf die Nachricht reagierte und aus dem Haus stürzte, waren wütend und aggressiv.

Mit dem gleichen Gefühl des Unbeteiligtseins, das ich verspürt hatte, als ich mir vorstellte, wie Loch und Fred meinen Körper in einem Graben gefunden hätten, hörte ich, wie der Kies unter den Fahrradreifen knirschte. Es war ein Gefühl, das sich auf panischer Angst gründete. Ich wollte nicht wahrhaben, daß es Loch mehr berührte, daß man mich mehr verletzt hatte, als ich mir jemals hätte vorstellen können.

Solange ich denken kann, hatten Loch und ich uns jeden Abend über das Essen und über unzählige andere Dinge gestritten. Wir gingen einander möglichst aus dem Weg, andernfalls waren wir wie zwei wilde Tiere, die man in den gleichen Käfig gesperrt hatte. Er hatte mich oft gequält. In letzter Zeit hatte er mir nicht mehr physisch weh tun können, aber mir mit seinem Sarkasmus zugesetzt. Er machte sich lustig über alles, was ich ausprobierte, um feminin zu wirken, sei es nun meine Kleidung oder mein Verhalten. Und nun wußte er Bescheid über diese schreckliche Sache, die sexueller Natur war.

War Loch nicht ärgerlich oder sarkastisch, so war er reserviert. In einer Familie, in der sich niemand der Zuneigung des anderen sicher war, war er am einsamsten. Die Person, die er am meisten gebraucht hätte, nämlich unseren Vater, konnte er nie finden. Je mehr Fred sich in seinen mysteriösen Nebel zurückzog, desto größer wurde Lochs Wut und Enttäuschung. Die meiste Zeit war er wie ein schwelendes Feuer.

Wir erlaubten uns nicht zu sehen, daß er die meiste Zeit so finster war. Als er später in seinen Zwanzigern einen Nervenzusammenbruch nach dem anderen hatte, fragte ich mich, ob seine Labilität bereits in seiner Kindheit erkennbar gewesen wäre, wenn nur jemand genau genug hingesehen hätte. Für uns war er in dieser Zeit dann einfach wieder typisch Loch. Alida und ich versuchten so zu tun, als ob es uns nicht betraf. Wir versuchten, seine Wut von uns abzuwenden und auf unsere Eltern zu lenken.

Durch unsere ganze Kindheit hindurch – selbst wenn er mich ärgerte und verletzte – wußte ich, daß Loch seinen eigentlichen Kampf mit sich selbst auszufechten hatte. Er hätte mich töten können, vielleicht wollte er das auch, tat es aber nicht. Er mäßigte seinen Selbsthaß, so gut er konnte, und wandelte ihn in eine schroffe Toleranz mir und jedem anderen gegenüber. Er hatte keine Ahnung, wie er mir Zuneigung hätte zeigen können, obwohl ich wußte, daß er etwas für mich empfand. Wenn ich zu hinterhältig gegen ihn kämpfte oder über ihn lästerte, um mich zu schützen oder zu rächen, hatte ich das Gefühl, ihn zu hintergehen. Als ich ihn aus dem Haus stürzen hörte, fühlte ich mich schuldig dafür, daß er so außer sich war.

Ich fühlte auch eine flüchtige Verwandtschaft mit ihm. Auch wenn ich mich an meine Eltern klammerte, um dort in diesem Moment jede erdenkliche Hilfe zu finden, verstand ich doch, daß auch er versuchte, mich auf seine wilde Art zu beschützen, in der Kinderwelt der Wälder und abgelegenen Straßen, die wir beide besaßen und unsere Eltern nicht. Er kannte die Quarry Road noch besser als ich und war genauso dazu geeignet, dort nachzuforschen wie jeder Erwachsene. Er tat genau das, was ich auch getan hätte, wäre ich dazu in der Lage gewesen, wäre ich alt genug gewesen – zu versuchen, den Mann zu finden. Es war das gleiche, was ich tat, als ich zu meinen Eltern sagte: *Wir müssen die Polizei rufen, damit sie ihn finden.* Wir wußten beide, was richtig war und wie man vorgehen mußte, um schnell und sicher Gerechtigkeit herzustellen, während unsere Eltern dagegen fassungslos reagierten.

In meiner seltsam distanzierten Verfassung in diesem Moment, mitten in meiner Angst, schuf ich in mir Raum für Loch, der wütend davonstürmte. Es war in Ordnung, daß er sich so verhielt, denn ich war ja da, im Zentrum, ruhig und gefaßt und half meinen Eltern. Auf diese Weise mußte ich mir nicht bewußt machen, daß ich tief in mir sehr wohl wußte, daß Lochs Reaktion angesichts der Abscheulichkeit, die passiert war, angemessen war. Hätte ich mir eingestanden, wie sehr er sich in diesem Moment um mich sorgte, hätte ich mich damit konfrontieren müssen, wie sehr man mich verletzt hatte. Ich konnte mich damit nicht auseinandersetzen. Es war einfacher, die Verletzung als etwas zu sehen, das ihm zugestoßen war.

Als ich meine Augen am nächsten Morgen aufschlug, sah ich durch mein Schlafzimmerfenster die gleiche Reihe von Baumkronen, die ich jeden Morgen über dem Dach des Arbeitszimmers meines Vaters sah. Ihre Umrisse waren für mich immer wie gute Freunde gewesen, doch an diesem Morgen hingen sie bedeutungslos im Himmel. Die durchsichtige Glasmembran blieb zwischen mir und allem übrigen. Durch sie sah ich Bäume und Himmel, mein Zimmer und all meine Lieblingssachen, meine Mutter im gleichen Raum.

Ich erinnerte mich an gestern.

Ich wollte nichts sehen. Vielleicht könnte ich mich in den weißen Bettlaken eine lange Zeit ausstrecken und schlafen, bis ich vergessen konnte: für immer oder bis der Sommer wieder er selbst wurde – meine Bäume, mein Gras, meine Straßen.

Es war unmöglich, undenkbar, aufzustehen.

Doch die Kriminalbeamten wollten mich sehen. Sie hatten Fragen, die beantwortet werden mußten, und nur ich konnte sie beantworten. Es war schon spät am Morgen. Meine Mutter versuchte, mich aus dem Bett zu holen, und sagte mir, ich müsse mit ihnen sprechen.

»Ich möchte nicht aufstehen.« Meine Stimme klang schwach und müde.

»Ich weiß, Liebling. Aber die Kriminalbeamten kommen. Du mußt aufstehen.«

Du mußt aufstehen.

Schließlich richtete ich mich auf, stand auf und zog mich an.

half mir. Ich schleppte mich dahin, zwang meine Glied-
ßen in meine Kleider wie totes Gewicht.
s war die schwierigste Aufgabe in der ganzen Zeit.

*

Die zwei Polizisten warteten auf uns in unserer »Bibliothek«,
einem Zimmer, das sogar im August dämmrig und kühl blieb.
Eine Wand war voller Bücher über Jazz, amerikanische
Musik und Folklore. Die andere war bedeckt mit der Plat-
tensammlung meines Vaters – Tausenden von alten Platten
in vergilbten blaugrünen Papierhüllen. Wir setzten uns an
den Tisch, den meine Eltern für ihre schriftstellerischen Pro-
jekte und Besprechungen reserviert hatten.
Einer der Kriminalbeamten hieß Lou Rocco. Er war nicht
groß, aber kräftig und breitschultrig, und sein Haar war ein
schwarzer Klecks. Er trug ein weißes T-Shirt und kümmerte sich an den heißesten Tagen des Jahres nicht um gute
Manieren. Ich wollte nicht in seine Nähe kommen. So wie
er mit seinem schwerfälligen Körper schwitzend in seinem
T-Shirt dasaß, erinnerte er mich an den Mann, der auf der
Straße auf mich zugerannt war.
Der andere Kriminalbeamte namens Frank Goreski war groß
und dünn, hatte schwarzes Haar, das von seinem Kopf in
einem Bürstenschnitt abstand, und trug ein sauberes weißes
Hemd mit aufgerollten Hemdsärmeln. Er schien sich nach
vorne zu neigen, fast zu krümmen, als ob er sich zu mir beugen wollte, um mich besser zu verstehen. Er stellte jede Frage langsam und gab mir Zeit, meine Antwort zu formulieren. Etwas an ihm vermittelte mir den Eindruck, daß er
wußte, was mir zugestoßen war. Es war nicht das, was er sagte. Es war der Tonfall seiner Stimme und die Ruhe, mit der
er mir zuhörte. Er wollte nicht einfach nur Fakten sammeln,
sondern er schenkte mir viel Aufmerksamkeit.

Ich habe die sanfte Gegenwart dieses großen, dunklen, leise sprechenden Mannes nicht vergessen. Die Fragen schienen sich lange hinzuziehen. Meine Eltern saßen schweigend im Hintergrund. Die zwei Männer waren ernst und still und konzentrierten sich auf jedes einzelne Wort von mir. Niemals zuvor hatte mir jemand auf diese Weise zugehört. Dies war eine Gelegenheit, die Wahrheit zu erzählen. Ich achtete darauf, mich einfach, deutlich und ohne Umschweife auszudrücken – das zu erzählen, was ich sicher wußte.

Wir fuhren zum Gericht nach Flemington, der Kreisstadt, um uns dort mit dem Bezirksstaatsanwalt, der Oscar Rittenhouse hieß, zu treffen. Meine Eltern sagten, Rittenhouse sei ein alter Name in der Gegend um Flemington, der Name einer holländischen Familie, die sich im Gebiet niedergelassen und seit der Kolonialzeit Landwirtschaft betrieben habe.

Die Wände seines Büros waren mit dicken Büchern, juristischen Werken, bedeckt. Er trug einen Anzug – ein Anblick, den ich nicht gewöhnt war. Wie ich war er groß, trug eine Brille und wirkte etwas eulenartig. Man sah, daß er intelligenter als die Kriminalbeamten war.

Er gab meinen Eltern die Hand. Dann gab er mir die Hand. Es war offensichtlich, daß er in mir eine verwandte Seele sah.

Er bat mich, Platz zu nehmen. Ich setzte mich vorsichtig in den roten Ledersessel, der seinem Schreibtisch gegenüberstand. Meine Eltern saßen wieder schweigend an der Seite.

»Nun, Martha«, sagte er, »ich muß dich bitten, mir nochmals zu erzählen, was in der Quarry Road passiert ist. Es tut mir leid, dich noch mal danach fragen zu müssen, aber es ist wichtig für mich, damit ich mir ein genaues Bild des Tathergangs verschaffen kann. Ich muß den Tathergang selbst nachvollziehen können, damit ich überlegen kann, wie man den Verbrecher am besten finden und ihn vor Gericht stellen kann.

Du kannst mir helfen, indem du meine Fragen, so gut du kannst, beantwortest. In Ordnung?«

Ich verstand genau, was er wollte und warum: Eine klare Geschichte, auf Fakten basierend, damit er den Mann ins Gefängnis stecken konnte.

Seine Worte beeindruckten mich mehr als alles andere an ihm. Ich hatte das Bedürfnis, mich in seiner Sprache auszudrücken, mich ihm gegenüber mit Worten zu beweisen. Genauso wie ich die Ausdrucksweise meines Vaters verstand und als Kollege zu ihm sprechen konnte, würde ich nun mit Rittenhouse, wie meine Eltern ihn genannt hatten, von Mann zu Mann sprechen.

Ich hatte es den Kriminalbeamten mehr als einmal erzählt und wußte, was ich sagen würde. Ich erzählte es ihm nochmals. Ich redete mir ein, daß ich mich nicht besonders vor ihm fürchtete. An der Art und Weise, wie sich jeder um ihn herum verhielt, konnte man erkennen, daß er der Held war, der Mann, der die Jagd anführte. Ich spürte, daß er aufgeregt war wie ein Hund, der eine Fährte gerochen hat. Er war aufgeregt, weil ich mich deutlich artikulieren konnte und bereit war, ihn in seiner Arbeit zu unterstützen.

Ich spürte auch, daß er sehr behutsam mit mir umging, so als ob ihm der Fall jeden Moment wieder weggenommen werden könnte. Ohne mich konnte er nichts bewerkstelligen, und er wußte es. Ich würde mit ihm zusammenarbeiten. Ich würde ihm hilfsbereit zur Seite stehen.

Ich verstand auch, daß es sein Job war, für Gerechtigkeit zu sorgen, nicht, mich zu trösten, und es kam mir nicht in den Sinn, etwas dagegen einzuwenden. Es schien mir so, wie es sein sollte, oder wenigstens so, wie man es sich vorstellte. Es fühlte sich merkwürdig gefühllos an, wie wir darüber sprachen. Ich spürte es vage und sehnte mich nach etwas mehr Gefühl. Ich versuchte, mich ihm so real wie möglich zu machen, indem ich ihm zeigte, daß ich seine Verbündete war. Nachdem er mir seine Fragen gestellt hatte, erklärte er uns, daß das, was mir passiert war, als »Notzucht« bezeichnet werde, da ich unter sechzehn sei. Sexueller Verkehr mit einem Mädchen meines Alters war vom rechtlichen Standpunkt aus, gleichgültig, welche Umstände im Einzelfall vorlagen, als Vergewaltigung anzusehen. Dies bedeutete, daß ein Gerichtsprozeß für uns einfacher sein würde und eine Verhaftung wahrscheinlicher. Ich konnte diese Logik nachvollziehen, obwohl es mir merkwürdig vorkam, daß man in Frage stellte, ob es sich wirklich um eine Vergewaltigung gehandelt hatte. Wie konnte sich irgend jemand, egal, in welchem Alter, wünschen, was mir passiert war? Ich war etwas erstaunt.

Ich kann mich nicht daran erinnern, daß mir die Zeugenaussage vor Gericht als Tortur erschienen wäre, der ich mich auch hätte entziehen können, die ich einfach hätte verweigern können. Meine Eltern hatten sicherlich Bedenken, aber sie teilten sie nicht mit mir, da sie wahrscheinlich der Meinung waren, daß alles nur noch schwerer für mich wäre, wenn sie den Weg, den ich ging, in Zweifel ziehen würden.

Ungefähr eine Woche später erzählten mir meine Eltern, daß die Polizei jemanden festgenommen hätte. Sie hatten angerufen, um zu fragen, ob ich zum Polizeirevier kommen könne, um den Verdächtigen zu identifizieren. Auf dem Polizeirevier, wo uns die zwei Kriminalbeamten trafen, befand sich ein großer Raum mit schalldichten Wänden und Neonlicht. Eine lange Trennwand verdeckte einen Bereich längs der Rückwand. Man führte mich schnell zu einem Stuhl in der Nähe der Trennwand und erklärte mir, daß der Mann dahinter säße. Er wußte nicht, daß ich da war. Sie wollten, daß ich zuhörte, wie er sprach, um festzustellen, ob ich seine Stimme erkennen würde.

Ich setzte mich. Ich hörte, wie jemand sehr leise einen Satz sagte. Seine Stimme war kaum zu verstehen und nicht nah genug an meinem Ohr. Ein weiterer Satz. Es klang, als ob er etwas ablesen würde. Es waren die Sätze, die ich den Polizisten angegeben hatte.

»Laß dein Fahrrad nicht fallen. Das sind meine Hausschlüssel«.

Dann sprach er nicht mehr. Es war vorbei. Ich konnte ihn nicht sehen.

Die Stimmidentifizierung war vorüber, und ich war noch nicht einmal dazu bereit, daß man damit anfing. Ich hatte seine Stimme gehört, wie man vielleicht den Ton eines einzelnen tiefen Instrumentes mitten in einer Symphonie vernimmt – ein oder zwei Takte lang, vorüber, ehe man sicher ist, ihn überhaupt gehört zu haben. Man versucht sogar, sich auf die Musik zu konzentrieren, hat aber die Symphonie noch nie zuvor gehört. Meine Ohren waren auch abgelenkt und erfüllt vom Klang meiner eigenen Furcht, einem Summen.

Die Aura dieses Mannes, der vielleicht mein Vergewaltiger war, erfüllte den Raum hinter der Abgrenzung und drohte hervorzubrechen. Das Polizeirevier barg ihn im Innern wie eine Bombe.

Ich versuchte, mich so zu verhalten, als ob das alles nicht wahr wäre. Die Polizisten hatten ihn unter Kontrolle – er konnte mir nichts anhaben. Ich war hier ganz gewiß sicher. Doch seine raunende Stimme sprach zu mir von Verbrechen und Verrat, vom Horror auf der Lichtung, Horror auf dem Polizeirevier, und ich konnte ihn nicht deutlich verstehen.

Ich war sehr enttäuscht von mir. Ich hatte mir das Ganze eher wie die Szene in einem Kinofilm oder Roman vorgestellt, seine Stimme klar und unverkennbar in ihrem breiten ländlichen Dialekt. Wenn er sprach, würde ich ihn wiedererkennen. Wie sich jedoch herausstellte, war es nicht so einfach, lediglich durch eine dünne Wand getrennt, dem Mann gegenüberzusitzen, der dich vielleicht vergewaltigt hat, und ihm mit klarem Verstand zuzuhören.

Ich war auf meine eigenen Ohren wütend und spürte, daß jeder von mir enttäuscht war. Sie waren, besser gesagt, vor den Kopf gestoßen. Sie wollten, daß ich mir sicher war. Wußten sie überhaupt, wie sehr ich mir sicher sein wollte? Wußten sie, wie genau ich verstand, daß ich nicht sagen durfte, ich sei mir sicher, wenn ich es nicht war?

Die Stimmidentifizierung war nutzlos. Mein Vater schlug vor, daß wir den ersten Moment, als ich ihn sah, nachspielen sollten. Vielleicht erkannte ich ja seine Körperform oder seine Bewegungen beim Rennen.

Sie wollten es versuchen. Es schien auch mir eine gute Idee. Als wir nach draußen gehen wollten, ergriff mein Vater das Wort.

»Ich kann nicht«, sagte er auf seine ernste, absichtlich schlichte Art und Weise. »Ich weiß nicht, was ich täte, wenn ich ihn sehen würde.«

Sie respektierten seine Bitte, und er kam nicht mit uns.

Draußen standen wir – meine Mutter, ich und die Kriminalbeamten auf einer kleinen Anhöhe in der Nähe des Polizeireviers. Ein oder zwei Polizisten in ihren schwarzen Uniformen stellten sich in der Nähe auf. Es war einer dieser glühend heißen Augusttage. Das grelle Licht der Sonne fiel auf die nackten Mauern und den nackten Schmutz. Da war er, nicht sehr weit entfernt, zwischen zwei Polizisten am anderen Ende des Gebäudes. Ich sah weg. Ich brauchte ihn mir nicht schon vorher anzusehen. Es war der Situation in der Quarry Road ähnlicher, wenn ich ihn erst in dem Moment sah, wo er bereits auf mich zugerannt kam.

Natürlich konnte er nichts machen, nicht fliehen oder jemanden angreifen. Aber mein Herz raste. Sie ließen ihn los. Er
sprang auf mich zu, von der rechten Seite, nicht von hinten
links, wie es auf der Straße gewesen war. Er trug ein weißes
T-Shirt, strahlend vor Sauberkeit. Er bewegte sich ungeschickt, aber schnell auf mich zu.

Ich wußte nicht, warum mich panische Angst ergriff, sobald
er auf mich zurannte. Es kam mir vor, als ob alles noch mal
passierte. Was ich sah, war anders, aber was ich fühlte, war
das gleiche wie *damals*.

Er hörte auf zu rennen und sah mir ins Gesicht. Ich schreck-
te vor ihm zurück wie ein Tier in panischer Angst. Ich sah
sein Gesicht ohne Maske. Ich wollte es nicht sehen, konnte
nichts mehr sehen, spürte Panik in mir aufsteigen.

Er sagte: »Martha, ich habe keine Ahnung, wer du bist.«

Ich konnte mich nicht erinnern. Ich konnte mich nicht an
ihn oder irgend etwas erinnern. Ich konnte mich nicht erinnern, wer ich war oder was vor sich ging. Vielleicht würde
ich sterben.

Meine Mutter, mein Vater und die zwei Kriminalbeamten
kamen mir weit entfernt und unwirklich vor, wie Marionet-
ten.

Sie fragten mich, ob ich ihn an seiner Art zu rennen, erkannt
hätte.

Ich mußte sagen: »Nein, ich bin mir nicht sicher.«

Ich konnte mich auch nicht mehr deutlich daran erinnern,
was auf der Straße passiert war. Ich konnte nicht sagen, ob
er der Täter war. Ich konnte überhaupt nichts über ihn sagen.
Ich wußte nur, daß ich Angst vor ihm hatte.

Jemand, oder sie alle, mußten gesehen haben, wie weiß ich
geworden war, wie ich vor ihm zurückgeschreckt war. Ich
dachte, ich hätte es mir nicht anmerken lassen. Ich versuchte, klar und intelligent zu klingen. Und ich wollte mir glau-

ben machen, daß ich mich nicht wirklich fürchtete, daß nichts passiert war; ich wollte, daß sie ihn faßten, ich war mir nur nicht sicher, ob dieser Mann der richtige war.

Ich hatte versagt.

Die Kriminalbeamten bedankten sich bei meinen Eltern, wir verabschiedeten uns und fuhren nach Hause.

An diesem Tag stieg die Angst vor dem Vergewaltiger wieder in mir hoch. Ich hatte dem Mann auf der Lichtung versprochen, daß ich niemandem davon erzählen würde, und hatte absichtlich gelogen. Ich hatte mit dem beharrlichen Vertrauen eines Kindes auf eine sichere Welt ein Versprechen gegeben und es gebrochen. Er war ein schlechter Mensch, man würde ihn finden und alle Mittel, die ich dazu gebrauchte, waren gerechtfertigt.

Als ich wiederholte, daß ich nicht sicher sagen könne, ob Frank Miller der Mann war, der mich vergewaltigt hatte, hoffte ich, daß ein Erwachsener eingreifen und mir dabei helfen würde, sicher zu sein. Aber das geschah nicht, und ich verstand, daß nur ich die Entscheidung treffen konnte.

Und ich konnte nicht entscheiden.

Noch nie zuvor hatte ich solche Unsicherheit verspürt.

Wenn ich mir nicht sicher sein konnte, wie konnten die anderen wissen, ob er schuldig war? Sie hatten einen Mann festgenommen, der vielleicht nicht der Täter war, und da ich die Tat angezeigt hatte, war es meine Schuld.

Frank Miller, fälschlich beschuldigt oder der wahre Täter, würde mich aus Rache vielleicht töten, weil ich mein Versprechen, niemandem etwas zu erzählen, gebrochen hatte. Ich lebte nun in einer Welt, in der nicht nur diese Tat geschehen war, sondern in der sie vielleicht noch einmal passieren würde.

Die Vorstellung, daß man den richtigen Mann fassen würde, war gleichermaßen furchteinflößend. Sogar ich mit meiner

Unbeholfenheit im Umgang mit anderen Kindern wußte, daß jemand, der bestraft wird, weil man ihn wegen einer Gemeinheit verpetzt hat, einem dies später um so schlimmer heimzahlen wird. Er wird einem wieder weh tun. Er wird einen Weg finden, um einen dafür zu demütigen, daß man ein Feigling gewesen ist, dafür, daß man sich zum Schutz an jemand Stärkeren gewandt hat.

Nicht nur, daß die Welt der Erwachsenen mich nicht wirklich beschützen konnte, ich mußte sie davor beschützen, zu erfahren, daß ich mir darüber im klaren war. Ich mußte vorgeben, zu denken, daß all ihre Bemühungen erfolgreich waren und ich mich sicher fühlte. Ich mußte vorgeben, unschuldiger zu sein, als ich war.

Wenn ich jemandem mitteilen würde, wie unsicher und ängstlich ich war, daß die Polizei die Situation nicht im Griff hatte, würde es sich vielleicht bewahrheiten. Wenn ich meine Zweifel für mich behielt, würde alle Welt immer noch glauben, daß alles seine Richtigkeit hatte, und das machte es irgendwie sicherer. Nur ich allein hatte den Verdacht, daß diese Ordnung eine Illusion war.

Meine Unfähigkeit, ihn zu identifizieren, ließ auch eine andere Angst in mir aufsteigen: Ihn zu erkennen, hätte mich mit der Tatsache konfrontiert, daß er ein realer Mann war, nicht ein Ungeheuer aus einem anderen Universum. Ich fürchtete mich davor, mir vorzustellen, daß dieses Maß an Haß und Wut, dem ich zum Opfer gefallen war, von einem menschlichen Wesen ausgehen konnte.

All diese Ängste, die ich geheimzuhalten versuchte, machten es mir unmöglich, Frank Miller als den Mann zu erkennen, der mir in der Quarry Road begegnet war. Als er sich mir jedoch vor dem Polizeirevier genähert hatte, hatte etwas an ihm – sein schleppender Gang, seine nackten, muskulösen Arme, sein finsterer, undurchdringlicher, sturer Gesichtsausdruck – eine Erinnerung in mir ausgelöst, die schlichtweg Panik war.

Hätte ich das gleiche empfunden, wenn der Kriminalpolizist Lou Rocco, der mich ebenfalls ängstigte, den Angriff des Vergewaltigers nachgespielt hätte? Nein, denn welche Angst auch immer er in mir ausgelöst hätte, ich hätte es als »bloße Reaktion« angesehen, da ich ja wußte, daß er auf meiner Seite stand. Der Mann, den sie festgenommen hatten, verhielt sich fast so, als ob er mir Angst einjagen wollte. Er versuchte, nicht so zu tun, als ob er unschuldig wäre, sondern grinste mir beinahe anzüglich ins Gesicht. Er sprang auf mich zu, als ob er versuchte, seinen Gang zu verbergen, nicht wie ein unschuldiger Mann, dem man eine widerwärtige Übung zumutete. Er sprang auf mich zu, als ob er wußte, daß er sich eigentlich so verhalten sollte, als ob er nicht wüßte, was vor sich ging, aber nicht umhin konnte, mich angreifen zu müssen.

Meine Angst selbst war ein Zeichen für seine Gefährlichkeit. Ich glaube nicht, daß ich mich fürchtete, weil die Situation in mir bestimmte Erinnerungen aufsteigen ließ, während ich auf der ausgedörrten Erde vor dem Polizeirevier stand und er auf mich zurannte. Ich fühlte, daß er mich in diesem Moment töten wollte.

In den Geschichten, die ich las, war der Polizist normalerweise der Gute, die beschützende Autoritätsperson. Während er den Täter verfolgte, entdeckte er außerdem noch die Geheimnisse der Leute und löste ihre Probleme. Vor der Vergewaltigung hatte ich mich nach der Anwesenheit einer solchen Person gesehnt und von einem Mann geträumt, der stark und zuverlässig an meiner Seite stand, ein Verbündeter und Freund. Nun hatte ich ein reales, offensichtliches Bedürfnis nach einer solchen Person, doch da war niemand.

Kurz nach Millers Verhaftung wurde der Polizist, den ich so gern mochte, von seinem Job freigestellt. Meine Mutter erzählte mir, daß man sagte, er hätte einen Nervenzusammenbruch gehabt. Er hatte zwei oder drei Fälle bearbeitet, in denen Mädchen im Teenageralter vergewaltigt worden waren, sagte sie, und er hätte es nicht verkraftet.

Die Vorstellung, daß ein erwachsener Mann zusammenbrach, weil er die Fälle vergewaltigter Mädchen bearbeitete, erschien mir merkwürdig. Ich verstand nicht, daß er es nicht verkraftet hatte. Ich war nicht zusammengebrochen und war diejenige, die vergewaltigt worden war.

Unbewußt war dieses Gerücht allerdings ein Signal für mich. Ich hatte gespürt, daß er mir so viel Einfühlungsvermögen und Besorgnis entgegenbrachte, wie niemand sonst. Es paßte, daß er einen Nervenzusammenbruch hatte. Ich bedauerte, daß er nicht mehr für mich da war, und es tat mir leid, daß sein Herz gebrochen war.

Es tat mir leid, daß die Bearbeitung meines Falles und das

Gespräch mit mir ihn so getroffen hatten. Ich stellte ihn mir vor, wie er mit seinem schwarzen dicken Haar, das wie eine Bürste vom Kopf abstand, seinem weißen Hemd mit den aufgekrempelten Ärmeln und seiner leicht gebeugten Haltung gegen ein Fenster gelehnt stand, von dem man in einen Wald blickte, der sich weit von meinem entfernt befand. Mit einem wortlosen kleinen Lebewohl entließ ich ihn an einen anderen Ort in New Jersey. Ich hatte begriffen, daß ich ihn nie mehr wiedersehen würde.

Wie reagierte ich darauf, daß mein Vater unfähig war, nach der Vergewaltigung beschützend in meiner Nähe zu bleiben? Ich verweigerte ihm den Zutritt zu meiner Erinnerung. Es gibt keine Situation, in der ich mich klar und deutlich an seine Gegenwart erinnern kann, außer als ich direkt nach der Vergewaltigung nach Hause kam und ihn fragte, wo meine Mutter sei, ohne ihm zu erzählen, was passiert war, und als er mir einen Drink mixte, während wir uns fertig machten, um ins Krankenhaus zu fahren. Ich kann mich nicht daran erinnern, ob er mit uns kam, und falls ja, wo er war, als man mich untersuchte. In dieser Weise hatte ich ihn jahrelang aus meiner Erinnerung verbannt.

Als er sich weigerte, mit mir vor das Polizeirevier zu kommen, um der Inszenierung mit Frank Miller beizuwohnen, wußte ich, daß seine Zurückhaltung damit zu tun hatte, daß er Pazifist war. Tapfer hatte er sich geweigert, im Zweiten Weltkrieg zu kämpfen. Er war nicht nur dagegen, einen anderen Menschen zu töten, sondern auch der Ansicht, er dürfe sich nicht einmal in eine Situation begeben, wo er den Wunsch verspüren könnte zu töten. Ich wußte, daß seine Gegenwart keine große Unterstützung gewesen wäre, selbst wenn er mit mir nach draußen gekommen wäre. Ich verspürte eine Einsamkeit, die ich nur allzugut kannte. Uniformierte Männer standen herum, die mich vor Miller beschützen sollten. Aber es war kein Vater da, der mich vor meiner Angst beschützen konnte.

Bald verspürte ich große Bitterkeit, wenn ich daran dachte, wie er sich verhalten hatte. *Typisch*, dachte ich. Ich gab die Hoffnung nicht auf, daß er sich zusammenreißen, sich doch noch wie ein richtiger Vater verhalten würde, und manchmal hatte es den Anschein, als ob, aber dann tat er es doch nicht. Ich sagte mir, *vergiß ihn, du kannst einfach nicht auf ihn zählen*. Aber in mir blieb der Wunsch lebendig, daß er für mich da wäre.

Als die Ermittlungen voranschritten, sprach er mit der Polizei oft über Tatort und Tatzeit und bot seine Thesen an. Ich fand ihn übereifrig. Mit Abscheu bemerkte ich, daß er trotz seines eigenen Schocks und seiner Verzweiflung auf die Anerkennung des Staatsanwalts und der Kriminalpolizisten stolz zu sein schien. Ich verlor noch mehr Achtung vor ihm.

In meinen Augen bedeutete seine Wut auf Miller nicht, daß er sich um mich sorgte. Es kam mir merkwürdig vor, daß er jemanden töten wollte, der mir weh getan hatte, wenn er sich nie sehr für *mich* zu interessieren schien. Seine Wut war vielleicht besser als gar keine Wut, aber war es nicht der Schmerz darüber, daß ihm schien, der Täter hätte mir etwas genommen? Konnte er erkennen, ob ich noch dieselbe war? Was fühlte er für das, was in seinen Augen noch übrig war? Ich habe es nie erfahren.

Mr. Rittenhouse und meine Eltern wollten meine Radtour nachstellen, um den zeitlichen Verlauf meiner Tour an diesem Tag festzustellen, besonders den genauen Zeitpunkt des Angriffs. Auf der einen Seite, in Pennsylvania, fuhr meine Mutter neben mir mit einer Uhr auf dem Autositz, während ich von Betsy Retivovs Haus in Richtung Fluß radelte. Es machte mir nichts aus, den Weg noch einmal zu fahren. Mit ihr an meiner Seite fühlte ich mich sicher. Ich war sogar ein wenig stolz darauf, ihr die Straßen zeigen zu können, und wie viele Meilen ich zurückgelegt hatte.

Mein Vater wartete auf mich am anderen Ende der Fußgängerbrücke und folgte mir in einem Leihwagen, während ich radelte und schließlich mein Fahrrad die Quarry Road entlangschob. Als ich den Tatort erreichte, hielten wir an, und er drückte seine Stoppuhr.

Ich fühlte mich mit ihm weniger sicher als mit ihr. Es war jedoch immer noch besser, als wenn er überhaupt nicht dagewesen wäre. In dem Schweigen zwischen uns konnte ich seine liebevolle Besorgnis spüren, die mich innerlich erschaudern und wünschen ließ, dies nicht mit ihm tun zu müssen. Wir waren beide völlig unfähig, zu zeigen, was wir fühlten.

Als Loch die Quarry Road hinunterradelte, bemerkte er zwei Fahrzeuge, die auf dem Pfad, der zum Steinbruch führte, geparkt waren: einen Kleintransporter und den Volkswagen von Charlotte Tritt. Charlotte war ungefähr zwei Jahre älter als Loch und wohnte in unserer Straße. Frank Miller, den Loch nicht kannte, saß in ihrem Wagen und unterhielt sich mit ihr. Loch hielt und sah sich den Transporter an. Miller bemerkte ihn, und beide hatten eine kurze Unterhaltung. Loch stieg wieder auf sein Rad und fuhr zur Arbeit. Kurz darauf wurde Miller verhaftet.

Meine Mutter erzählte mir, wie sie ihn verhaftet hatten. »Er unterhielt sich gerade in einer Bar, im *Forge and Anvil* in Kingwood. Er sagte, er hätte einen Büstenhalter auf der Straße liegen sehen, und glaubte, daß er vielleicht etwas mit der Vergewaltigung zu tun haben könne, über die er in der Zeitung gelesen hatte. Jemand erzählte es der Polizei, und sie gingen zu der Brücke, wo er den Büstenhalter gesehen haben wollte. Sie sahen sich um und fanden deine Kleider.« Wenn er wirklich der Schuldige wäre, hätte er über meine Kleider gesprochen, nicht nur über einen Büstenhalter, flüsterte mir eine Stimme zu. Wahrscheinlich war er es wirklich. Es klang überzeugend. Aber wie konnten sie sich sicher sein? Sosehr ich mich vor Miller auf dem Polizeirevier gefürchtet hatte, konnte ich mir doch nicht vorstellen, daß er der Mann sein sollte, der mich vergewaltigt hatte. Für mich war er der Mann, den man festgenommen hatte, oder der Mann, *der mit Charlotte in der Quarry Road gewesen war*, als Loch dorthinfuhr.

»Es scheint, als ob er verhaftet werden wollte«, sagte meine Mutter. »Als ob er wußte, daß er krank war, und um Hilfe bat.«

Es stellte sich heraus, daß man sich erzählte, Frank Miller habe auch andere Mädchen belästigt.

Ein anderes Mal sagte sie, »Offensichtlich hatte er die Vorstellung, daß er Mädchen half, indem er sie entjungferte.«

Die Art, wie sie mit mir über diese Dinge sprach, war etwas merkwürdig, so als ob es nicht mir, sondern jemand anderem passiert sei.

Einmal fragte ich sie, ob ich vielleicht hätte versuchen sollen, wegzurennen oder mich mehr zu wehren. Sie antwortete, »Nein, es war gut, daß du es nicht versucht hast, denn nur deshalb hat er dich am Leben gelassen. Du kannst froh sein, daß du überlebt hast.«

Es stimmte, was sie sagte. Sie sagte es so distanziert, als ob sie eine Tatsache feststellte, als ob sie glaubte, dies sei die überzeugendste Art, es zu sagen. Sie sagte, du kannst froh sein, und nicht, daß sie froh darüber war und es auch für sie ein Glück war.

Ich weiß immer noch, wie sehr ich mich danach sehnte, mich in ihr zu vergraben und mich meinem einfachen kindlichen Schmerz hinzugeben, als ich neben ihrem Bett stand und anfing zu weinen. Ich erinnere mich jedoch auch an die Erkenntnis, die in mir aufstieg und mich davon abhielt: Ich konnte mich nicht in das Reich ihrer Umarmung begeben, wo ich mich leicht hätte fallenlassen, leicht ein Kind hätte sein können. Ich war daraus verstoßen worden – von mir selbst, von ihr oder in einer gegenseitigen Distanzierung. Es lag nicht nur daran, daß ich an ihrer Stärke zweifelte oder versuchte, stark zu sein und das Richtige zu tun. Als ich mich meiner Mutter öffnen wollte, wurde mir schlagartig bewußt, daß meine Verletzung sexueller Natur war. Das Unrecht, das man mir zugefügt hatte, war geschehen, weil (soweit ich wußte) ich eine Frau und kein Kind mehr war.

Es berührte mich an meiner intimsten Stelle, verborgen vor meiner Familie. Niemand, besonders sie nicht, durfte erfahren, was in meiner Beziehung zu diesem Körperteil vor sich ging. Ich wußte selbst kaum, was vor sich ging. Ich wußte nur, daß es einen tiefen Widerwillen in mir gab, über diesen Teil meines Körpers nachzudenken oder zu sprechen. Als ich neben ihrem Bett stand, war das einzige Wort, das ich gerade noch aussprechen konnte, das Wort »Vergewaltigung« gewesen.

Paradoxerweise verweigerte ich mich aber auch der plötzlichen, vorzeitigen Erfahrung, eine Frau geworden zu sein, indem ich versuchte, mich wie eine Erwachsene zu benehmen und nicht zu weinen. Ich wollte lieber unschuldig bleiben, ungerührt, nicht vertraut mit meiner eigenen Verletzung, da ich wußte, daß ich noch nicht bereit dazu war, Genaueres über die intimste Stelle meines Körpers zu wissen.

Ich mußte mich aus ihren Armen befreien. Ich konnte in dem, was sie war – eine Frau voller sexueller Erfahrung, mit einem weichen Körper mit weiblichen Rundungen und Brüsten –, keinen Trost finden. Ich wollte mit ihrer Sinnlichkeit nichts zu tun haben. Ich ekelte mich vor ihrer Umarmung und mußte mich von ihrem Körper abwenden.

Was wußte ich über Sex, als ich vergewaltigt wurde? Als sie mir das erste Mal davon erzählte, hatte sie versucht, so darüber zu sprechen, daß ihre Stimme keine Scham implizierte.

»Martha?« sagte sie eines Abends, als ich elf Jahre alt war. »Kannst du in die Bibliothek kommen? Wir müssen über etwas sprechen.«

Sie saß in ihrem Sessel vor dem Kamin, einem alten, blau gepolsterten Sessel mit vielen Nieten in seiner hohen, geschwungenen Lehne. Ich wunderte mich, was so wichtig sein könnte, daß sie und ich eine private Unterredung dafür benötigten.

Es herrschte Schweigen, als ich mich setzte.

Sie sagte: »Weißt du, wie ein Mann und eine Frau ein Baby machen?«

Ich hatte mir noch nie groß Gedanken darüber gemacht. Doch plötzlich dachte ich, ich wüßte, wie.

»Ja«, antwortete ich. »Ich glaube schon.«

»Und wie?«

Wenn ich mich irrte, würde sie mich für dumm halten.

»Steckt ... der Mann ... seinen Penis ... in die Vagina der Frau?« fragte ich.

»Das stimmt«, sagte sie zufrieden. »Woher weißt du das?«

Sie war neugierig.

Ich wand mich.

»Na ja«, sagte ich, »ich vermute, ich habe mal gesehen, wie es irgendwelche Hunde gemacht haben, und da habe ich es mir irgendwie zusammenreimen können.«

Nicht lange zuvor hatte ich auf dem Nachhauseweg von einem Spaziergang zum Bach zwei große Hunde gesehen, die sich auf der Straße paarten. Als der Rüde die Hündin bestieg, verspürte ich eine seltsam ungewohnte Neugierde, was er denn da tat. Es war etwas widerlich, aber auch faszinierend, und ich war froh, daß ich allein war und sie in Ruhe beobachten konnte.

Ich hatte nicht daran gedacht, daß ein Mann und eine Frau dasselbe taten, aber sobald sie mich fragte, wußte ich, daß es so war, obwohl ich es mir nicht vorstellen konnte.

»Es gibt noch einiges mehr, das du jetzt wissen mußt«, sagte sie. »Denn du wirst bald eine Frau sein.«

Sie erzählte mir, daß der weibliche Körper einmal im Monat ein Nest für ein Baby vorbereitet, falls eines entsteht, und falls dies nicht der Fall sei, würde das Nest durch die Vagina ausgeschieden und der Körper damit beginnen, ein neues Nest zu bilden.

»Du wirst deine Periode in den nächsten ein bis zwei Jahren bekommen«, sagte sie. »Wenn es soweit ist, mach dir keine Sorgen. Komm einfach zu mir, und ich sage dir, was zu tun ist. In Ordnung?«

Sie versuchte, über diese Angelegenheiten sanft und unvoreingenommen zu sprechen, aber ich wollte nichts davon wissen. Ich glaubte ihr nicht. Ich fühlte mich gut, so wie ich war, und würde nicht anfangen, aus meiner Scheide zu bluten.

»In Ordnung«, sagte ich, damit sie zufrieden war. »Das mache ich.« Und vergaß es.

Ich bekam meine Periode im Spätsommer 1967, als ich zwölf war. Ich hatte mit Alida und einer Freundin von ihr, deren

Mutter einen Reitstall leitete, eine Nacht auf dem Heuboden verbracht. Am Morgen lief ich in ihr Haus ins Badezimmer, und als ich mein Höschen herunterzog, sah ich schwarze Streifen darauf. Aber ich sah sie nicht wirklich. Ich zog mein Höschen einfach wieder hoch und lief wieder nach draußen.

Nachdem ich an diesem Nachmittag nach Hause gekommen war, begriff ich, was wirklich vor sich ging, und erzählte es meiner Mutter. Sie holte mich in ihr Schlafzimmer und öffnete eine kleine Schublade in ihrem Sekretär. Sie entnahm ihr einige Binden und einen Bindengürtel für mich und half mir, diese einzulegen. Ich schämte mich. Sie fragte mich, ob es noch etwas gäbe, das ich wissen wolle, und ich sagte nein, es wäre alles in Ordnung. Ich hatte zwar meine Menstruation, wollte aber nicht darüber nachdenken. Dies geschah ein Jahr bevor ich vergewaltigt wurde.

Sie war der Meinung, Kinder sollten nackt herumlaufen dürfen, und im Sommer, als wir klein waren, rannten Alida und ich lediglich mit Shorts bekleidet umher. Wenn wir unseren grasbewachsenen Hügel herunterrollten, in dem kleinen Kiefernwald in New Jersey spielten oder Loch uns mit seiner Wasserpistole vollspritzte, waren Hemden überflüssig.

Ich erinnere mich an einen sintflutartigen Sommerschauer, als Loch, Alida und ich splitternackt auf einem alten blechbeschichteten Tisch auf unserer Veranda saßen und im prasselnden Regen einander bespritzten und lachten. Unsere Mutter stand unter dem Vordach und beobachtete uns lächelnd.

Da mein Vater Fotograf war, machte er viele Aufnahmen von uns als Kindern. Jahrelang hing ein Foto, das er von Alida gemacht hatte, am Schwarzen Brett des Studios Look in New York, wo Freunde seine Filme in der Dunkelkammer umsonst für ihn entwickelten. Auf dem Foto war Alida ungefähr vier Jahre alt und stand nackt mit einem Staubsauger in der Hand in Putzhaltung. Sie starrte mit ihren dunklen orientalischen Augen direkt in die Kamera, stolz, mit dem Staubsauger zu posieren.

Als ich dieses Foto am Schwarzen Brett sah, zwischen all den Fotos und Notizen, die man dort zur gegenseitigen Unterhaltung aufhängte, war ich neidisch.

Warum hing Alidas Foto dort und nicht meines? Jahre später, als ich es ihr gegenüber erwähnte, reagierte sie sehr verärgert. Sie war außer sich vor Wut auf unseren Vater gewesen und hatte sich, als sie davon hörte, beschämt und gedemütigt gefühlt.

Seit einem Erlebnis, das ich hatte, als ich acht war, begann ich, T-Shirts zu tragen. Robin Remaily, ein ortsansässiger Musiker, den mein Vater bei uns zu Hause aufgenommen hatte, kam eines Tages vorbei, und wie sooft rannte ich nach draußen, um zu sehen, wer gekommen war. Er kam von der Ausfahrt herein, mit einer schwarzen Lederjacke über seinem schlanken Körper, blieb stehen und sah mich an. Ich blieb bewegungslos und schüchtern stehen, teils weil ich mich immer ein wenig vor Männern ängstigte, teils weil ich Robin mochte. Obwohl ich erst acht Jahre alt war, war er in meinen Augen eine romantische Figur mit seinen schwarzen Haaren und Augen, seinem Motorrad, mit der Art, wie er wild seine Geige bearbeitete, und seinem verschmitzten Grinsen. Er hatte mich einmal auf eine Fahrt auf seinem Motorrad mitgenommen, eine Viertelmeile die Straße hinunter und wieder zurück. Es war ein großartiger Moment gewesen.

Dieses Mal *sah* er mich, wie Erwachsene Kinder meistens nicht sehen, und er hatte mich noch nie zuvor so angesehen. Ich konnte sehen, wie ihm auffiel, daß ich kein T-Shirt trug. Sein Blick wurde dann etwas neckend und zeigte mir, daß er ein Mann war und ich ein Mädchen und nicht ganz angemessen gekleidet.

Es erschien mir plötzlich zutiefst beschämend und etwas verunsichernd, halb nackt zu sein. Gleichzeitig begriff ich, daß er nicht an mir interessiert war, da ich ein Kind war. Ich rannte in mein Zimmer und zog mir ein T-Shirt an. Danach ging ich nie wieder ohne T-Shirt auf die Straße.

Als meine Brüste sich ungefähr ein Jahr vor meiner ersten Periode entwickelten, fühlten sich meine Brustwarzen wund an, und ich klagte bei meiner Mutter darüber. Sie dachte, daß irgend etwas vielleicht nicht in Ordnung sei, und ging mit mir zu unserem Hausarzt. Nachdem er mich untersucht hatte, sah er zu meiner Mutter hinüber und sagte ruhig und beiläufig, aber so, als ob er sich über sie lustig mache: »Die Brüste Ihrer Tochter wachsen einfach nur, nichts, worüber man sich Sorgen machen müßte.«

Sie war peinlich berührt. Sie dachte, es hätte ihr auffallen müssen, daß Brüste in diesem Alter wuchsen. Sie hatte einfach nicht daran gedacht.

Meine Brüste wuchsen jedoch nicht sehr schnell, und es kam ihr nicht in den Sinn, mir einen Büstenhalter zu kaufen. Ich bemerkte, daß ich einen brauchte, als ich mich eines Tages beim Turnen in Solebury zum ersten Mal vor anderen Mädchen auszog und sah, daß sie Büstenhalter trugen. Ich versuchte mich in meinem weißen, ärmellosen Baumwollunterhemd, so gut es ging, zu verstecken. An diesem Abend drängte ich sie, mir auch einen Büstenhalter zu kaufen.

Sie war nicht der Meinung, daß ich einen brauchte, und schien nicht zu verstehen, wie ich fühlte – egal wie oft ich sagte: »Aber Mom, alle tragen einen.«

Nachdem ich mich noch ein- oder zweimal für den Turnunterricht in dem kleinen Umkleideraum hatte umziehen müssen, schaffte ich es, entweder nicht zum Turnen gehen zu müssen oder mich zu verstecken, wenn ich mich dort umzog. Meine Mutter gab schließlich nach und ging mit mir zur Wäscheabteilung von Bloomingdale's in New York, wo ich mit der Hilfe einer Verkäuferin mittleren Alters verschiedene Größen anprobierte, bis wir feststellen, daß 32A, die kleinste Größe, am besten saß. Meine Brüste waren bis dahin wieder etwas gewachsen, doch die Körbchen waren immer noch ein wenig zu groß. Aber ich war selig. Sie sagte, ich könne mir zwei aussuchen. Ich wählte einen schlichten weißen und einen ausgefallenen mit einem wilden Muster aus orangefarbenen, gelben, rosa und grünen Formen, die schwarz umrandet waren.

Etwa ein Jahr später fand ich den weißgetupften, limonengrünen Büstenhalter, den ich gern unter meinem roten Kleid beim Radfahren trug.

Als ich mich nach der Vergewaltigung der Umarmung meiner Mutter entzog – teils, um mich vor der Erkenntnis zu schützen, daß meine Verletzung sexueller Natur war – glaubte ich nicht, daß sie sich über den Grund im klaren war. Ich war mir dessen selbst nicht bewußt. Sie war nicht unbedingt sehr bereitwillig gewesen, mir dabei zu helfen, meine sexuelle Identität zu entwickeln, und nun war es einfacher, wenn wir beide so taten, als ob ich noch keine hätte.

Ich wußte jedoch, daß mein Vater sich meiner sexuellen Identität als Mädchen und werdende Frau bewußt war. Obwohl ich mich stets über ihn ärgerte, verwandelte sich mein Sarkasmus, den er duldete und der ihn zuweilen sogar zu amüsieren schien, manchmal zu meiner Verwirrung in einen Flirt. Er wußte, was mit mir geschah, wußte, daß ich erwachsen wurde. Er sah meine neuen kleinen Brüste genau. Ich freute mich ein kleines bißchen darüber und schämte mich gleichzeitig.

Als ich vergewaltigt wurde, spürte ich, wie er wußte, daß meine Verletzung sexueller Natur war. In den darauffolgenden Tagen erkannte ich, daß er sich dessen vollkommen bewußt war. Dieses Wissen war für mich unerträglich und zum Teil der Grund dafür, daß ich ihn aus meiner Welt ausschloß.

Es schien mir sicherer, mich so unschuldig zu geben, wie meine Mutter es vorgeben wollte, als mir zuzugestehen, die sexuell verletzte, junge Frau zu sein, die mein Vater in mir sah.

Einige Tage nach der Vergewaltigung fragte sie mich, »Gibt es irgend etwas, das du gern hättest, das dich aufmuntern könnte?«

Sie sprach zögernd, als ob sie sich nicht sicher war, daß es einen Sinn hatte, aber sie es trotzdem versuchen wollte.

Sie hatte mir nur ein einziges Mal zuvor eine solche Frage gestellt, und das war vor ihrem Nervenzusammenbruch im April gewesen. Dieser Moment war genauso seltsam wie damals, nur daß ich dieses Mal diejenige war, die in Schwierigkeiten steckte.

Sie sagte, ich könnte alles haben, was ich wollte, so, als ob sie mir Weihnachtsgeschenke im August versprach. Ich hätte mich freuen sollen. Seltsamerweise tat ich es nicht. Ich fühlte mich schrecklich, denn ich wollte überhaupt nichts.

Ihr dies zu erklären hätte bedeutet, zu erzählen, wie es in mir aussah, und ich wußte bereits, daß ich das nicht konnte. Es war einfacher, ihrer Idee nachzugeben. Es würde sie aufheitern, und mir half es vielleicht sogar.

Plötzlich hatte ich das starke Bedürfnis, mit einer Barbie-Puppe zu spielen. Ich dachte, ich hätte damit aufgehört, aber nun hatte ich das Gefühl, vielleicht doch noch einmal damit spielen zu wollen. Meine alte Barbie, die in einem Wandschrank ausrangiert worden war, sah ziemlich ramponiert aus.

»Eine Barbie-Puppe vielleicht«, sagte ich.

Ich fühlte mich unwohl und schämte mich dafür, wie eine Kranke behandelt zu werden, ohne jedoch nein sagen zu können. Ich wollte die Aufmerksamkeit um jeden Preis. Aber bedeutete die Tatsache, daß ich mich so sehr nach Aufmerksamkeit sehnte, daß ich mich deswegen absichtlich hatte vergewaltigen lassen? Hatte ich es ihm etwas zu leicht gemacht, hatte ich mich zu wenig gewehrt, zu wenig Widerstand geleistet? War meine Kleidung zu verführerisch gewesen?

Für einen kurzen, unwillkommenen Moment war ich mir nicht sicher, wieviel ich wirklich noch von meiner Mutter wollte. Wir wußten beide, daß eine Barbie-Puppe die Kluft zwischen uns nicht überbrücken konnte. Sie war nur in der Lage gewesen, mich zu fragen, ob ich irgend etwas Bestimmtes wollte, und ich hatte nur um eine Puppe bitten können. Meine Mutter hielt nichts von Barbie-Puppen, obwohl sie Alida und mir je eine gekauft hatte und uns unwillig die teuren Kleider in qualvoll ausgedehnten Intervallen kaufte. Wir konnten uns vor Lachen nicht halten, wenn wir Barbie mit ihren schlanken Händen in einer Haltung ständiger Eleganz und mit den Füßen auf Zehenspitzen stehend nachahmten. Wir wußten, daß sie nicht echt war mit ihren seltsam verlängerten Beinen und den unnatürlich großen und hohen Brüsten. Trotzdem waren wir von ihrer Makellosigkeit und von der Perfektion ihrer Kleider fasziniert. Sie besaß ein meergrünes Kleid mit Volant und engem Oberteil zum gelegentlichen Tanzen, schwarze Hosen, eine rot-weiß-gestreifte Hemdbluse zum Faulenzen zu Hause und ein bodenlanges Negligé aus gefälteltem rosa Chiffon. Jedes dieser perfekt sitzenden Kleidungsstücke verwandelte sie, doch sie sah immer zauberhaft aus.

Wenn ich mit der neuen Puppe spielte, versuchte ich, mich wieder im Zauber ihrer Wandlungsfähigkeit zu verlieren. Doch sie sah jünger aus, als sie es meiner Meinung nach sollte, eher wie ein Teenager als wie eine richtige Frau. Sie strahlte nicht die unnahbare Reife aus, die mir so gefiel. Ich kam mir lächerlich vor, wenn ich sie anzog, als ob ich versuchte, jünger zu werden, versuchte, wieder ein Mädchen zu sein. Die winzigen, leuchtenden Kleider erschienen mir nun lächerlich, sie waren nur ein Spielzeug, mehr nicht.

Ich spielte mit der neuen Barbie nur ein- oder zweimal. Vermutlich hörte ich nicht nur damit auf, weil ich für das Spielzeug zu alt geworden war, sondern auch, weil ihre Körperform sexy war und ihre Kleider dies noch betonten. Ich konnte diese Dinge nicht ohne inneren Zwiespalt berühren. Die sexuelle Ausstrahlung, die ich an Barbie geliebt hatte, und die sexuelle Natur dessen, was mir passiert war, bildeten in mir zwei unvereinbare Gegensätze. Ich war unfähig, über diesen Widerspruch nachzudenken, und verspürte ein Gefühl des Ekels.

So sehr ich mich auch dagegen wehrte, über meine Vergewaltigung nachzudenken, ich mußte es doch. Ich mußte in meinem Kopf dafür Platz schaffen.

Wenn ich mich daran erinnerte, dachte ich dabei nie an »ihn«, den Mann, der mich vergewaltigt hatte. Ich dachte an flüchtige Häßlichkeit, ein bleiernes Kräftefeld, ein Erschauern des Universums. Aber die Vergewaltigung erinnerte mich an bestimmte andere menschliche Erfahrungen. Der Vergewaltiger war in meiner Erinnerung nicht direkt ein Mann, aber ich mußte die Vergewaltigung irgendwo einordnen, und in meinem Kopf brachte ich sie in Verbindung mit meinen Gedanken über Männer und Jungen.

Ich scheine mich an ihn zu erinnern – schwer und nackt, die widerliche Berührung seines Glieds an der Haut meiner Oberschenkel, seinen nassen Mund auf meinen kleinen, unentwickelten Brustwarzen. An was erinnerte es mich? Ich sehe meinen Vater vor mir, wie er einen seiner Wutanfälle hat. Wir sind noch nicht so weit, um das Omelett, das er gerade zubereitet hat, zu essen, der Toast brennt an. Die Wut verzerrt sein Gesicht zu dem eines Kindes, hilflos dem Ansturm von unkontrollierbaren Gefühlen preisgegeben. Diese Wutanfälle ängstigten mich, als ich noch sehr klein war. Später begann ich, sie und ihren tyrannischen Charakter zu hassen. Zum Zeitpunkt der Vergewaltigung stießen sie mich nur noch ab, weil sie mir einen Vater offenbarten, der sich nicht unter Kontrolle hatte, der sein Gleichgewicht in der Welt nicht halten konnte.

Die Nähe meines Vaters und Lochs widerte mich stets an. Loch kaute mit offenem Mund, weil er Allergien hatte und nicht durch die Nase atmen konnte. Fred nuckelte an seiner Zigarette – schmuddelige Dinge, die seine Finger umschlossen, weil seine großen Fingerspitzen dafür zu dick waren.

✳

An einem heißen Sommertag, als ich acht Jahre alt war, hatte sich mein Vater vor uns quasi entblößt. An solchen Tagen drehten wir meist den Wasserschlauch auf und bespritzten uns zur Abkühlung. Er war an diesem Tag der Anführer. Er streifte seine Kleidung mit widerlicher Selbstvergessenheit ab, rannte zum Wasserschlauch, drehte ihn auf und begann, sich mit der Brause vollzuspritzen. Er versuchte, in unsere Welt zu gelangen, tanzte und jauchzte, um uns zu zeigen, was für einen Spaß er hatte.

»Oh, tut das gut«, rief er genußvoll. »Kommt doch auch her!«

Ich war wie versteinert, als ich seinen behaarten und bierbauchigen Körper sah, seinen Penis und die Hoden, die in einem Nest aus schwarzen Haaren zwischen seinen Beinen seltsam hüpften und baumelten. Ich stand unbeweglich da und fürchtete mich. Ich wollte nicht, daß er zu mir kam.

Er tänzelte weiter herum und seufzte: »Oooh, ist das kalt, ooh, tut das gut.«

Er wollte, daß wir ihn nackt sahen, ihn anschauten und schockiert waren. So empfand ich es wenigstes. Wahrscheinlich wollte er nur mit uns spielen, in dem Glauben, daß wir ja nur Kinder waren und uns seine Nacktheit deshalb nicht störte. Aber ich hatte auch den Eindruck, daß er ein größeres Kind als wir sein wollte, daß er sich uns zeigen wollte. Selbst während er mich ängstigte, schämte ich mich, daß er sich so lächerlich machte.

Die Vergewaltigung paßt zu dieser Erinnerung besser als zu jeder anderen. Der untersetzte Körper, die stämmigen Arme des Vergewaltigers und ein Gefühl mörderischer Anspannung in ihm machten mir schlagartig bewußt, daß ich nicht gegen ihn ankommen würde, und dies erinnerte mich daran, wie ich von einigen Jungen geschlagen worden war. Es hatte Zeiten gegeben, wo ich völlig auf Lochs Gnade angewiesen war, meine Arme hinter dem Rücken, unfähig, auch nur einen einzigen Teil meines Körpers zu bewegen. Ich war auch von einem Jungen gequält worden, der zwei Jahre älter als ich war und in der Nähe wohnte. Vom ersten Moment an, als ich mit fünf Jahren diesen Jungen traf, war klar, daß er nicht am Spielen interessiert war, sondern nur daran, im Wettkampf seine Stärke und seinen Willen unter Beweis zu stellen. Dieser Junge wollte mir weh tun, bis ich blaue Flecken bekam, nicht nur gewinnen, sondern mich vollständig demütigen. Das wurde mir physisch bewußt durch den Schock, den sein Drang, meine Gliedmaßen zu verdrehen und zusammenzudrücken, das erdrückende Gewicht seines Körpers auf meinem, hart, böse und unpersönlich, in mir auslöste.

Wenn ich mit diesem Jungen und mit Loch kämpfte, wehrte ich mich, bis ich aufgeben mußte. Bei dem Vergewaltiger versuchte ich es nicht einmal. Ich wußte, ich wäre die Schwächere gewesen und hätte ihn nur noch aggressiver gemacht. Nach einem Moment der Ohnmacht breitete sich in mir eine Art Resignation und eine bestimmte Bereitschaft aus, mich dieser kranken Idee zu unterwerfen – ein Gefühl, das ich bei einem Jungen nie gehabt hatte.

Gleichzeitig ging ich mit ihm um wie mit einem Jungen. Ich versprach ihm, daß ich ihn nicht verraten würde. Ich erzählte ihm, daß ich keine Jungfrau mehr sei, in der Hoffnung, daß er nur eine Jungfrau wollte. Ich versuchte, eine Abmachung mit ihm zu treffen: *Bring mich nicht um – ich verspreche, ich werde dich nicht verraten*. Ich versuchte, gerissen zu sein, um ihn zu überlisten.

Er bildete sich ein, er mache mich zur Frau, und ich spürte, daß er sich dies einbildete. Er sagte: »Ich werde dir nicht weh tun.« Er hatte sich selbst eingeredet, daß das, was er tat, von ihm verlangt werde, daß es notwendig sei. Ich spürte, daß er mich vielleicht am Leben ließe, wenn ich bei dem Spiel mitmachte, und beantwortete seine Fragen – *Bist du noch Jungfrau? Hast du schon mal mit Jungen rumgemacht?* –, als ob sie eine Bedeutung hätten für das, was er tat.

Ich wußte, es war eine Travestie, aber indem ich mitspielte, mußte ich wirklich daran glauben, sie leben. Es fiel mir nicht schwer, da ich keine Alternative hatte. Es wäre richtig gewesen, wenn er nichts getan hätte, weil ich zu jung war. Ich war mir dessen sehr deutlich bewußt. Es wäre anstelle dessen richtig gewesen, später sehr sanft eingeweiht zu werden. Ich hatte darüber nie nachgedacht. Da ich mich also erzwungenermaßen von ihm zur Frau machen ließ, nahm ich an einem Mythos teil, der sich in mir festsetzte, bevor mir der Gedanke an irgendeinen anderen Initiationsmythos hätte kommen können. Das Entsetzen und der Schock hatten in meinem Verstand eine Leere hinterlassen, in der für alles Platz war.

In diesem Moment gab ich ihm völlige Autorität über meinen Verstand und meine Vorstellungskraft, die Autorität, mir die erste sexuelle Erfahrung zu vermitteln und für mich zu definieren, was Sex war. Er wurde mein Lehrer.

In den Minuten, in denen er nicht sprach, mir keine Anweisungen gab, mich nicht führte, sondern lediglich sein scharfes Körperteil gegen mein Jungfernhäutchen preßte, bis es einriß, vollzog sich sein Unterricht: die stillen Anweisungen seiner Tat. Dies wurde für mich zu einem Muster dafür, wie Anweisungen aussehen konnten. Ich hatte meine Lehrer immer geliebt. Nun kam dieser, kein Junge, bei dem ich wenigstens spürte, daß er auf irgendeine Weise wie ich in den Kämpfen der Kindheit gefangen war, sondern ein Erwachsener, der mich lehrte, indem er es tat.

Der August neigte sich seinem Ende zu, und bald würde ich wieder zur Schule gehen müssen. Ich freute mich darauf und versuchte, nicht an den 13. August zurückzudenken. Da Solebury in Pennsylvania lag, wo die Zeitungen nicht viel über die Vergewaltigung berichtet hatten, und da viele Schüler und Lehrer im Sommer weggewesen waren, würde die Schule wie eine Welt sein, in der die Vergewaltigung nicht geschehen war. Das würde es für mich einfacher machen, darüber zu denken, wie ich wollte.

Ich war aufgeregt, mein drittes Jahr in Solebury zu beginnen. Ich würde mein normales Leben wieder aufnehmen. Bereitwillig überließ ich mich der Routine der ersten Schultage, die ich sosehr mochte: den Unterrichtsstunden, dem täglichen Kontakt mit Mädchen und Jungen, die ich bereits kannte, Chorsingen und Flötespielen. Ich wußte, ich hatte alle Erwachsenen mit meiner gefaßten Haltung beeindruckt. Es war ein ziemlich großes Abenteuer, das ich zu erzählen hatte, falls mich jemand nach meinem Sommer fragte. Ich war von Polizisten verhört worden, und man hatte über mich in den Zeitungen geschrieben. Ich hatte meine Jungfräulichkeit verloren und gehörte nun zur Welt der Erwachsenen.

Ich wußte nicht, wer in der Schule darüber Bescheid wußte oder was man darüber dachte, daß ich vergewaltigt worden war. Diese Frage beschäftigte mich ständig. Ich erfuhr es nie. War da nicht eine gewisse Besorgnis spürbar, wenn manche Leute mich fragten, wie es mir ginge, und waren ihre Blicke nicht aufmerksamer als gewöhnlich? Ich wußte es einfach nicht.

Es gab einige Leute in der Schule, die ich lieber mied. Der schlimmste war ein hinkender, kleiner, bösartiger Junge, der meiner Meinung nach auf die anderen Jungen einen schlechten Einfluß hatte. Einer der größten Vorteile, die das Überspringen der achten Klasse mit sich gebracht hatte, war, daß ich ihm aus dem Weg gehen konnte. In der siebten Klasse war er eines Tages auf mich zugekommen und hatte gesagt: »Fuck you! Aber wer hätte darauf schon Lust?« Er hatte diesen Witz wahrscheinlich an einer Reihe von Leuten ausprobiert, aber ich konnte nicht vergessen, was ich dabei gefühlt hatte. Er schien meine schlimmsten Befürchtungen zu kennen. Niemand würde mich wollen.

Als ich nach der Vergewaltigung in die Schule zurückkam, dachte ich bei mir, *nun, du hast dich geirrt. Jemand wollte mich ficken und hat es auch getan*. Dieser Gedanke machte mich auf eine seltsame, beschämende Weise stolz. Was auch immer geschehen war, er hatte sich geirrt. Voller Scham wollte ich insgeheim, daß er und alle anderen es erfuhren.

Ich verstand nicht, daß ich keine besondere Geschichte nötig hatte, um Freunde zu gewinnen. Ich verstand nicht, daß ich vielleicht bereits Freunde hätte, wenn ich es nur zugelassen hätte. Eines Morgens in der ersten oder zweiten Schulwoche bat mich meine neue Französischlehrerin, nach der Stunde noch einen Moment zu bleiben.

»Ich würde gern mit dir sprechen«, sagte sie. »Laß uns hinüber zum Teich laufen, damit wir ungestört sind.«

Wir blieben am Teich stehen.

»Die Jungen haben in der Klasse geflüstert«, sagte sie. »Ich forderte sie auf, mir zu erzählen, worüber sie sprachen, und sie erzählten mir, daß du vergewaltigt worden bist.« Ihre Stimme wurde erregter. »Ich sagte ihnen, sie sollten sofort damit aufhören.« Sie versuchte, ruhiger zu werden. »Aber ich wollte mit dir sprechen, um dich zu fragen, ob alles in

Ordnung ist. Ist das wirklich letzten Sommer passiert? Geht es dir gut? Gibt es irgend etwas, womit ich dir helfen kann? Möchtest du über irgend etwas sprechen?«

Ich hätte dies nie von einem Lehrer erwartet. Ich antwortete schnell.

»Ja«, sagte ich. »Es ist wirklich im letzten Sommer passiert. Aber es ist alles wieder in Ordnung, es geht mir gut.«

Sie fragte mich, was wir weiter unternehmen würden. Ich beruhigte sie, daß meine Eltern Bescheid wüßten, die Polizei jemanden festgenommen hätte und die Gerichtsverhandlung im Frühling stattfinden würde.

Es erschien mir seltsam, daß sie so besorgt war, als ob ich möglicherweise immer noch nicht ganz in Ordnung wäre. Ich dachte, sie wüßte einfach nicht, wie stark und erwachsen ich war oder wie offen und ehrlich meine Eltern waren, die nicht versuchten, die Vergewaltigung zu vertuschen, wie es andere Eltern vielleicht taten.

Mir fiel ein, daß ich die Jungen in den hinteren Reihen hatte flüstern hören. Aber ich hatte mir angewöhnt, ihr Flüstern zu ignorieren. Es wäre mir niemals in den Sinn gekommen, daß sie sich über mich unterhielten. Ich war einen Moment lang überrascht. Ich hätte nicht gedacht, daß meine Vergewaltigung Anlaß zu Späßen bieten würde, nicht mal für die Jungen. *So war es also.* Ich wußte nun, was einige Leute um mich herum dachten.

Ich war den Jungen nicht böse. Was sie taten, war mir vertraut; was meine Lehrerin tat, war merkwürdig. Da die Jungen irgendwie zu mir gehörten und sie nicht, konnte mich ihr Zorn nicht beschützen. Sah sie mir meine Gedanken an? Ich glaube nicht, daß sie verstand, daß es für mich sehr viel wichtiger war, herauszufinden, was die Jungen taten, als zu erfahren, wie sie fühlte. Ich konnte es ihr nicht erzählen. Ich konnte sie in ihrer Freundlichkeit nicht enttäuschen.

Ich kann mich jedoch noch an ihren Gefühlsausbruch erinnern. Während all der Jahre, in denen ich versucht hatte, die Vergewaltigung zu vergessen, ließ mich diese Erinnerung nicht vergessen, daß mir etwas Ernstes zugestoßen war.

In jenem Moment war es mir jedoch unmöglich, mich ihr zu öffnen.

Ich träumte allerdings davon, mich jemand anderem anzuvertrauen: Allen, einem Jungen in meiner Klasse. Wenn ich im Bett lag, stellte ich mir vor, wie ich ihm von der Vergewaltigung erzählte und mich an seiner Schulter ausweinte. Er würde sein braunes Wolljackett über einem dunklen Pullover tragen, was ihn erwachsener aussehen ließ. Ein Anflug von Besorgnis spiegelte sich in seinen Augen, während er mir mit tapferer Offenheit zuhörte. Langsam verstand er, wie furchtbar es gewesen war, und gleichzeitig wurde ihm klar, daß er mich liebte, was ihn selbst überraschte. Wenn ich sah, wie er mich mit solcher Zärtlichkeit ansah, brach ich in Tränen aus, unfähig, aufzuhören, und er zog mich an sich, damit ich mich an seiner Schulter ausweinen konnte.

Der Allen, wie ich ihn kannte, war für diese Rolle nicht geeignet: Seine runden braunen Augen trafen sich nie mit meinen. Er alberte ständig mit seinen Freunden, anderen Jungen, herum. Wir unterhielten uns kaum und wenn, lästerten wir lediglich über Lehrer und andere Schüler, die er kannte.

Indirekt tauschten wir ein paar Worte über die Vergewaltigung aus. Ich wußte, daß er ein gewisses Mitgefühl oder Interesse an meinem Abenteuer hatte.

An einem Nachmittag in jenem Herbst bat mich meine Mutter, in ihr kleines »Privatzimmer« zu kommen. Sie hatte es zu ihrem eigenen erklärt und es mit dem Sekretär meiner Großmutter, einem Bett, einem Teppichrest und einem kleinen abstrakten Bild, dem einzigen, das sie selbst gemalt hatte, eingerichtet. Sie bat uns nur selten in ihr Zimmer. Ich fürchtete mich davor, was ich wohl zu hören bekäme.

»Ich mache mir ein wenig Sorgen darüber, daß es dir noch nicht wirklich wieder gutgeht«, sagte sie. »Seit der Vergewaltigung.«

Ich erschrak.

»Du sprichst überhaupt nicht darüber. Ist wirklich alles in Ordnung? Gibt es irgend etwas, worüber du mit mir sprechen möchtest?«

Sie war verlegen.

Ich sah zu Boden.

»Es ist alles in Ordnung, Mom«, sagte ich. »Es geht mir wirklich gut. Ich habe mit meinen Freunden darüber gesprochen und mich ein bißchen an Allens Schulter ausgeweint.«

Sobald ich konnte, verließ ich das Zimmer. Meine Mutter um Hilfe zu bitten, hätte für mich bedeutet, eine Niederlage einzugestehen. Es war sehr viel besser, ihr und mir vorzutäuschen, daß ich einen großen Freundeskreis hatte. Die Schule würde mich retten. In diese Welt mußte ich völlig eintauchen.

Der Teil der Lüge, in dem ich Allen erwähnte, war für mich eher Übertreibung als vollkommene Erfindung. Sicher könnte mir Allen sehr viel besser helfen als sie, wenn er sich nur dazu durchringen würde. Ich sehnte mich so sehr nach der Zeit, wenn dies geschehen würde, daß ich vorgab, es wäre bereits soweit.

Ich versuchte auch, sie zu beeindrucken. Ich wollte, daß sie mich respektierte, anstatt sich Sorgen zu machen und zu versuchen, mich zu trösten.

Ein Teil von mir sehnte sich immer noch nach ihrer Fürsorge. Ich konnte ihr nicht ins Gesicht sehen, konnte mich dem nicht stellen, was dann geschehen würde. Ich wandte mich halb von ihr ab und versuchte, mich zu verstecken. Wenn sie

ergründen wollte, wie sich die Vergewaltigung auf mich aus-
gewirkt hatte, würde ich es nicht zulassen. Tief in mir wußte ich, daß sie versuchte, uns noch eine Chance zu geben. Ich
fühlte nur, daß ich mich weigerte und dann wegen dieser
Weigerung Schuld empfand.

✳

Die Art, wie wir mit der Vergewaltigung umgingen, war
geprägt von dieser eigenartigen Förmlichkeit.

Physisch war sie in meiner Nähe, ja – mit mir im Auto, im
Krankenhaus, auf dem Polizeirevier und im Gericht, als ob
sie hoffte, ihre stille Gegenwart könnte eine beruhigende
Wirkung auf mich ausüben. Natürlich war das auch der Fall.
Am meisten jedoch spürte ich ihre Unsicherheit. Sie verhielt
sich ruhig, da auch sie sich in der Gegenwart von Rechtsan-
wälten oder Ärzten wie ein Kind fühlte. Wenn sie mit mir
zu Hause sprach, schien sie zu verstehen, was diese Männer
taten. Es beeindruckte mich sehr, wie bereitwillig sie ihre
Meinung über sie äußerte. Aber ich spürte auch, wie unfähig
sie sich fühlte, wenn sie sich ihnen gegenüber auf deren Ter-
ritorium zu behaupten hatte. Wenn ich mich an ihr Verhalten erinnere, muß ich an die tapfere Bauersfrau in einer fran-
zösischen Geschichte denken, die ein einziges Mal in ihrem
Leben wegen einer rechtlichen Angelegenheit nach Paris
kommt.

Sie war mit Ereignissen konfrontiert, die sie überforderten,
und hatte das Gefühl, daß andere mich retten mußten, diese Männer, die mich unter ihre Fittiche nahmen und taten,
was als Nächstes getan werden mußte.

Ich belog meine Mutter, meine Französischlehrerin (und
mich selbst), als ich ihnen erzählte, daß es mir gutging. Was
hätte ich wohl gesagt, wenn ich die Wahrheit hätte sagen
können?

Ich habe Angst, daß Frank Miller nicht der Täter war, und wenn er nicht verurteilt wird, wird er sich an mir rächen, da er weiß, daß er meinetwegen festgenommen wurde. Ich habe Angst, daß sich der wirkliche Täter, der vielleicht auf freiem Fuß ist, an mir rächen wird, weil ich ihn verraten habe.

Warum hat er es getan?

Warum habe ich das Gefühl, daß mich meine Familie nicht liebt?

Wie wird es sein, wenn ich vor Gericht aussagen muß?

Warum mögen mich die Leute an der Schule nicht?

Wie würde eine erwachsene Frau diese Dinge in Worte fassen? (Ich versuchte, eine erwachsene Frau zu sein.)

Wie konnte ich über das Ende des Ganzen sprechen, wenn doch seltsamerweise danach nichts zu Ende gegangen zu sein schien? Welche Art von Vertrautheit oder Sprache hätte es möglich gemacht, dies mit jemandem zu teilen?

Niemand kannte mich gut genug.

Das einleitende Verhör war keine große Sache, ein einfacher Schritt, wie mir Mr. Rittenhouse sagte, als ich am Tag vor dem Verhör wieder in dem roten Ledersessel in seinem Büro saß.

»Im Gerichtssaal werden sich nur der Richter und das Große Geschworenengericht befinden«, sagte er. »Die Verhandlung findet unter Ausschluß der Öffentlichkeit statt. In dem Verhör soll nur festgehalten werden, was passiert ist, damit die Geschworenen entscheiden können, ob gegen Frank Miller Anklage erhoben werden soll. Beantworte meine Fragen einfach so klar wie möglich. Es wird nicht lange dauern.«

Er gab mir die Abschrift meiner Aussage vom August und bat mich, sie durchzulesen, um mir ins Gedächtnis zu rufen, was ich am nächsten Tag zu sagen hatte. Als ich meine eigenen Worte mit der Schreibmaschine niedergeschrieben las, kam mir alles sehr nah vor, so als ob es eben erst passiert wäre. Es war etwas, das wieder passierte, oder etwas, das, wie ich jetzt begriff, immer wieder passieren würde.

Rittenhouse fragte mich die gleichen Fragen immer wieder, damit es keine unfreiwilligen Überraschungen gab, wenn ich im Gerichtssaal sprach. Während ich jedesmal dieselben Antworten gab, wurde mir klar, daß wir uns nicht nur auf das Verhör vorbereiteten, sondern es probten. Er und ich würden den Leuten im Gerichtssaal eine Vorstellung geben. Ich hatte den leisen Verdacht, daß etwas nicht erwähnt werden sollte, daß er sichergehen wollte, daß ich Teile der Geschichte nicht erzählte oder mich auf eine bestimmte Art und Weise benahm.

Ich hatte gedacht, daß ich der Autor dieser Geschichte war, der rechtmäßige Erzähler, und entdeckte nun, daß ich nicht als ich selbst in der Öffentlichkeit reden sollte.

Ich war auch verletzt, daß er ohne Berücksichtigung meines Stils meine Geschichte einfach umformulierte. Er machte sie langweilig. All die Intensität und die Atmosphäre dessen, was geschehen war – die schreckliche, lähmende Angst, die physische Verletzung, das Auftauchen und Verschwinden des Vergewaltigers wie ein Blitz oder ein wütendes Raubtier –, all dies wurde reduziert auf einen langatmigen Bericht von Zeiten, Orten und Vorgängen, der mit Worten wie »kommen« und »gehen« vorgetragen wurde und sich dabei meist auf die Antworten »Ja« und »Nein« beschränkte.

Als ich im Zeugenstand in dem widerhallenden Gerichtssaal Platz nahm, der bis auf die Geschworenen auf ihrer Bank völlig leer war, konnte ich meine Geschichte herunterleiern, ohne nachdenken zu müssen, was ich sagte. Ich war gespannt, welche Wirkung sie auf meine Zuhörer haben würde. Ich dachte nicht mehr länger darüber nach, was ich eigentlich sagte.

In meinem routinemäßigen Bericht kam ich zu der Stelle, wo

der Mann mich über die Straße in den Wald »geschleift« hatte, und hielt inne. Mr. Rittenhouse wählte diesen Moment, um den Geschworenen die Schwere der Tat zu verdeutlichen. Mit einer dreisten Stimme, die mich erschreckte, fragte er mich: »Und was tat er dann?«

Für einen Moment saß ich da wie versteinert. Er hatte mir diese Frage nicht gestellt, als wir alles miteinander einstudiert hatten. Ich war verwirrt, dann hatte ich Angst. Ich wollte das Wort »Vergewaltigung« nicht aussprechen. Ich war auch ärgerlich, denn ich begriff, daß er es mich absichtlich aussprechen lassen wollte.

Ich sagte schnell, mit ängstlicher Stimme: »Er zog sich aus und vergewaltigte mich.«

Das Wort »Vergewaltigung« brachte ich nur gepreßt hervor. Ich errötete und wäre beinahe in Tränen ausgebrochen, aber ich war entschlossen, mich zusammenzureißen. Und ich war wütend auf ihn.

»Wo warst du gestern?« fragte mich Allen.

»Ich mußte in dem Vorverhör gegen Frank Miller als Zeugin aussagen«, antwortete ich.

»Hattest du Angst?« fragte er.

»Es ging«, antwortete ich. »Außer an der Stelle, wo ich erzählte, wie ich mit meinem Rad nach Hause fuhr und er hinter mir aus dem Wald kam und mich in den Wald schleifte, und der Ankläger mich plötzlich fragte: ›Und was hat er dann getan?‹. Es war mir wirklich peinlich, und ich brachte nur hervor: ›Er hat mich *vergewaltigt*‹.«

Ein oder zwei Tage später standen Allen und ich mit seinen Freunden, herum. Wir kamen auf das Verhör zu sprechen. Vielleicht habe ich das Thema sogar selbst aufgebracht, weil ich damit angeben wollte.

»Und dann hast du gesagt: ›Er hat mich *vergewaltigt*‹«, sagte Allen und ahmte mich nach, wie ich mich selbst nachgeahmt hatte, als ich es ihm erzählt hatte.

Alle lachten.

Schweigend, zitternd, voller Scham und Wut wendete ich mich ab.

✱

Trotz unserer Differenzen schafften Allen und ich es irgendwann in diesem Herbst, einen Platz ausfindig zu machen, wo wir unser Interesse aneinander erkunden konnten. Loch war in diesem Herbst ins College gekommen. Eines Nachmittags kam Allen zu uns nach Hause, um darauf zu warten, daß er abgeholt wurde. Ohne ein Wort darüber zu verlieren, gingen wir in Lochs Schlafzimmer.

In stillschweigendem Einverständnis legten wir uns zusammen aufs Bett, das meine Mutter ordentlich mit einem gestreiften, indischen Bettuch bezogen hatte. Ich trug einen braunen Pullover mit Schildkrötenkragen und meine Jeans. Darunter hatte ich meinen verrückten Büstenhalter an. Ich legte mich zwanglos aufs Bett, mit dem Gesicht zur Wand, unfähig, ihn anzusehen. Als er sich neben mich legte, jubelte ich innerlich, zuckte zusammen und fühlte mich, als ob ich vor Spannung sterben würde.

Für einen kurzen Moment umarmten wir uns unbeholfen. Ich begann auf die Befriedigung meiner tiefsten Sehnsüchte zu hoffen. Nun würde ich vielleicht gerettet werden. Nun gab es vielleicht jemanden, mit dem ich über alles, was mich bekümmerte, weinen konnte. Nun hatte ich vielleicht einen Freund.

Ich war völlig unvorbereitet, als er seine kleine, warme Hand unter meine Bluse schob, um meine Brust zu berühren.

Er tat es schnell, bevor mir überhaupt bewußt wurde, was er tat.

Es fühlte sich merkwürdig und unwillkommen an und vor allem unwirklich. Er wollte etwas, an das ich nicht einmal gedacht hatte.

Ich hatte mich nach seiner Berührung gesehnt, nach seinen warmen Händen, die nach meinen Armen und Schultern griffen, meine Hüfte umfaßten, mein Haar liebkosten – von all diesen Umarmungen hatte ich geträumt. Seine erste Berührung an meiner Brust war eine fürchterliche Mischung aus etwas, das ich wollte, und etwas, das ich nicht ertragen konnte.

Ich schob seine Hand weg und sagte: »Nein.«

Ich war ärgerlich, und es war mir egal, ob er es merkte. Ich hoffte auch, daß er bei mir bleiben würde. Aber er zog sich zurück. Wir standen auf und verließen wortlos das Zimmer. Bis zum nächsten Tag begriff ich nicht, daß er sich mir gänzlich entzogen hatte. Immer noch in der Hoffnung, daß wir ein Paar würden, wagte ich es, mich beim Mittagessen neben ihn zu setzen und mit ihm zu sprechen, als ob wir Freunde wären. Er ignorierte mich und verhielt sich so, als ob er mich nicht kannte.

Als Allen meine Brust berührte, dachte ich nicht an die Vergewaltigung, nicht in dem Moment und auch nicht später. Wenn ich beide Erfahrungen miteinander verglich, fiel mir jedoch auf, daß das Gefühl, als Allen seine Hand unter meine Bluse schob, ähnlich war wie das nackte Grauen, das ich verspürt hatte, als der Vergewaltiger meine Brustwarzen mit seinem Mund berührte. Ich fürchtete mich nicht, als ich mit Allen zusammen war, aber beide Berührungen lösten die gleiche Verwirrung in mir aus: *Warum tat er es?* Ich konnte einfach nicht verstehen, warum mich jemand auf solche Weise berühren wollte, besonders ohne mich vorher zu fragen oder ohne daß ich ihn gefragt hätte.

Hätte ich auf Allens Berührung auch so ablehnend reagiert,

wenn ich nicht vergewaltigt worden wäre, folglich diese Berührung nicht mit solchem Horror verbunden hätte? Hätte es mich dann auch so verletzt, daß er mir nicht die Beruhigung und Hilfe gab, die ich suchte? Oder hätte ich dem leichten, erotischen Kitzel ein wenig nachgegeben und später lächelnd auf unsere Fummelei und Verwirrung zurückgeblickt?

Ich sehnte mich so sehr danach, daß mich jemand in die Arme nahm und tröstete. Jeden Abend malte ich es mir aus: Ein gottähnlicher Mann würde durch mein Fenster kommen, sich neben mich legen, mich umfangen, während ich schlief, und mich und meinen schönen Körper die ganze Nacht mit ehrfurchtsvoller Zärtlichkeit anblicken. Sexuelle Erregung und das Bedürfnis nach sexuellen Berührungen verspürte ich noch nicht. Ich träumte immer noch von der väterlichen Fürsorge, die ich nicht bekommen hatte, aber ich dachte, diese Fantasien bereiteten mich darauf vor, mit Männern zusammenzusein. Ich hatte schon vor meiner Vergewaltigung von dieser Art Aufmerksamkeit geträumt und dachte nicht, daß es irgend etwas mit der Vergewaltigung zu tun hatte, daß ich mich jetzt danach sehnte. Ich hatte nicht das Gefühl, daß es noch schmerzte, obwohl ich mich manchmal schon fragte, ob ich auf eine Art und Weise verletzt war, die ich nicht erkennen konnte. Es fiel mir auf, daß ich überhaupt nicht wegen der Vergewaltigung geweint hatte, und das kam mir merkwürdig vor. Ich hatte mir nicht erlaubt, mit meiner Mutter (oder dann schließlich mit Allen) zu weinen. Ich dachte, vielleicht sollte ich das nachholen.

Es gab ein neues Mädchen in unserer Klasse, sie hieß Eleanor, wurde aber Nora gerufen. Wie auch ich, war sie groß und dünn, mit glattem Haar, das in keine Form zu bringen war. Sie schien ernst und ruhig zu sein, wie ich. Von der neuen Frau ihres Vaters sprach sie mit pragmatischer Ironie. Ich hoffte, wir würden Freunde werden. Wir lernten uns kennen, und nach einer Weile verabredeten wir, eine Nacht bei ihr zu Hause zu verbringen.

Ihr Schlafzimmer überraschte mich, ein kleiner, düsterer Raum im oberen Stockwerk, dessen Wände dringend gestrichen werden mußten. Ich dachte, daß ihr Vater sie vernachlässigte, während er sich mit seiner neuen Freundin beschäftigte.

Vor dem Einschlafen erzählte sie mir, wie schwierig es für sie sei, in diesem Haus mit einer Frau zu leben, die nicht ihre Mutter war, wie sie es haßte, ihr Respekt zeigen zu müssen, und wie sehr sie *sie* haßte. Während ich ihr zuhörte, beschloß ich, ihr über die Vergewaltigung zu erzählen. Vielleicht konnte ich sogar darüber weinen. Selbst als ich den Beschluß faßte, schämte ich mich. Sie teilte spontan ihre Geheimnisse mit mir, während ich ein Drehbuch im Kopf hatte: die sorgfältig kultivierte Fantasie, getröstet zu werden.

Als ich tatsächlich begann, ihr über die Vergewaltigung zu erzählen, konnte ich spüren, wie sie sich distanzierte, als ob sie spürte, daß ich versuchte, sie zu benutzen. Ich sprach trotzdem weiter und brachte es fertig, mich so hineinzusteigern, daß ich schließlich in Tränen ausbrach. Als ich zu weinen aufhörte, fragte sie mich fast ungeduldig – als ob sie versuchte, ihre Skepsis gegenüber meiner Vorstellung zu verstecken –, ob sie etwas für mich tun könnte. Unfähig, mich zusammenzunehmen, bat ich sie, mir eine Tasse Kakao zu bringen. (Kakao war etwas, was meine Mutter nie im Haus hatte.) Widerwillig ging sie nach unten und brachte mir ein Glas. Ich haßte mich selbst dafür, daß ich ihre Gastfreundschaft ausnutzte, daß ich mein selbstsüchtiges Drama nicht unter Kontrolle hatte, und trank das Glas aus.

*

Eines Tages bat uns unser Lehrer im Englischunterricht, ein Gedicht über etwas zu schreiben, das uns beschäftigte. Ich schrieb ein Gedicht über meine Vergewaltigung. *Das wird sie beeindrucken*, dachte ich, als mir die Idee kam. Ich wußte, daß das Thema ungewöhnlich und schockierend war, aber es kam mir nicht in den Sinn, daß ich ein großes Risiko einging. Auf eine seltsame, unschuldige Weise war ich mir meiner eigenen Kraft bewußt, fast so, als ob mir die Vergewaltigung eine Kühnheit verliehen hätte, die ich vorher nicht gehabt hatte. Wie konnte man die Tortur einer Zeugenaussage vor Gericht oder das Schreiben eines Gedichtes mit der Vergewaltigung selbst vergleichen, dem qualvollen Erlebnis, das ich so gut hinter mich gebracht hatte? Wenn ich nach all dem noch als dieselbe Person weiterexistierte, was konnte ich dann nicht?

Ich schrieb das Gedicht schnell und sicher. Sobald ich damit fertig war, wußte ich, daß es großartig war. Ich hatte in Worte gefaßt, was eine Vergewaltigung war. Ich konnte es nicht erwarten, es laut vorzulesen. Als ich an die Reihe kam, holte ich tief Luft und begann meinen Vortrag mit wild klopfendem Herzen.

Während ich las, verstand ich, wie ungewöhnlich das Gedicht war. Meine Worte kamen kraftvoll aus meinem Mund. Meine Stimme stockte, als mir bewußt wurde, daß das Gedicht tief und empfindsam war, daß ich Zuhörer hatte und wußte, wer sie waren. Ich wurde zu meinem eigenen Zuhörer und begann zu fühlen, wie es war, so etwas zu hören. Aber ich las weiter mit zitternder, stolzer Stimme.

Als ich aufhörte, erhitzt und von meinen eigenen Worten inspiriert, saß jeder wie erstarrt in fassungslosem Schweigen. Ich wurde rot und sah auf den Tisch.

Bevor mich eine Woge von Scham überkam, hatte ich einen kurzen Moment des Triumphs erlebt, dann kam der Schock.

Das Schweigen, das sich ausbreitete, war nicht nur das meines Lehrers und meiner Schulkameraden, die schockiert und peinlich berührt waren. Mein Herz schien für einen Moment auszusetzen, und es waren meine eigenen Worte, die mich beunruhigten.

Im Raum hatte sich schlagartig eine unbehagliche Atmosphäre ausgebreitet. Ich hatte das Gefühl, eine furchtbare Niederlage erlitten zu haben. Ich schwitzte und errötete. Ich hatte laut über etwas gesprochen, das schmutzig, privat und zu sexuell für den Englischunterricht war. Niemand hatte es hören wollen. Vergewaltigt worden zu sein berechtigte mich nicht zu irgendeiner besonderen Aufmerksamkeit und ließ mich immer noch das verkrampfte, intelligente Mädchen bleiben, das nicht wußte, wie man freundlich war.

DAS GEDICHT

!was ist das
irgendein Witz ich habe Sinn für Humor
Erinnere dich an das Gesicht
erinnere dich an das Gesicht das ist kein Witz

was	mit
haben	miiiiiiiiiir
sie	zu
vor	tun

Nimm deine Große Hand von meinem
Mund. Ich werde nicht schreien.
. Ich werde nicht schreien.
. Ich werde nicht schreien.
hörst du mir zu
Schschließlich kann ich atmen
es sind nicht mehrere aber

eine
Vergewaltigung
Ich weiß Was Dies ist dies ist eine
Hier ist niemand
wenn
ich schreien würde, würde mich niemand hören
wenn
er mich tötet bin ich tot
Ich werde sterben
BITTE TÖTE MICH NICHT?
betteln
keine Jungfrau zu sein ist
wie eine Lücke
ein fehlender Zahn
weißt du??? du:

BRUTAL

Ich schrieb das Gedicht auf ein liniertes Blatt Ringbuchpapier. Auf die Rückseite schrieb ich:

Am 15. August im letzten Sommer wurde ich von einem Mann mit Strumpfmaske überfallen. Ich schob gerade mein Fahrrad eine entlegene Landstraße hinauf, die sich in der Nähe meines Elternhauses befindet. Man hat einen Mann festgenommen und angezeigt. Eine Gerichtsverhandlung hat noch nicht stattgefunden. Ich freue mich auch nicht darauf. Ich bin dreizehn Jahre alt.

Tief in mir dachte ich sehr wohl über meine verlorene Jungfräulichkeit nach. Vor der Vergewaltigung, mit zwölf oder dreizehn Jahren, hatte ich die Jungfräulichkeit für ein Geschenk der Liebe, für einen geheimnisvollen Besitz gehalten, den ich dem richtigen Mann schenken wollte. Ich war ein ziemlich kraftvolles, kein passives Mädchen. *Ich* würde *meine* Jungfräulichkeit dem Bewerber geben, der sie am meisten verdient, nicht einfach dem ersten Besten, der mich fragt. Mein erster richtiger Liebhaber, dem ich mich ganz hingeben würde, müßte auch mein rechtmäßiger Gatte, mein endgültiger und wahrer Lebenspartner sein.

Nach der Vergewaltigung gerieten all meine Vorstellungen durcheinander. Wie sich herausstellte, war das Zerreißen meines Jungfernhäutchens nichts allzu Besonderes. Ein kleines Ereignis, Teil des Erwachsenwerdens. Es tat mir nicht weh, daß ich es verloren hatte (ich verkündete diese Entdeckung in meinem Gedicht), und es hatte keine wirklich nützliche Funktion besessen.

Wenigstens hatte ich diese Sache hinter mich gebracht.

Ich war sogar ein wenig stolz darauf, zu wissen, was ein Geschlechtsverkehr war. Was noch keines der Mädchen in der zehnten Klasse wußte, wußte ich – wenigstens etwas davon. Ich wußte, wie sich das Jungfernhäutchen danach anfühlte, die zarte Fleischwand, die, zerrissen in zwei Hälften, in der Öffnung meiner Scheide übriggeblieben war. Ich war in gewisser Weise zur Frau geworden. Was auch immer es sonst noch bedeutete – keine Jungfrau mehr zu sein, bedeutete, fortgeschritten zu sein, sich vorwärts zu bewegen.

Diese Vergewaltigung muß mich nicht notgedrungen verändern. Wenn ich mein Leben weiterlebe, als ob nichts geschehen wäre, kann ich sein, als ob nichts geschehen wäre. Ich weiß, ich habe meine Jungfräulichkeit verloren. Aber ich brauche mir keine Gedanken darüber machen, wie es passiert ist.

Trotzdem hatte ich einmal geglaubt, daß es sehr wichtig sei, wie ich meine Jungfräulichkeit verlieren würde. Bei Allen war ich mir sicher gewesen, daß ich für einen Liebhaber noch nicht bereit war. War ich also irgendwie doch noch eine Jungfrau? Wollte ich noch eine sein? Ich verspürte das wehmütige Gefühl, etwas verloren zu haben, ich wußte nur nicht, was.

In einem Märchen schneidet ein Riese die Füße eines Mädchens ab, doch am Ende der Geschichte geben die Feen nach vielen Prüfungen dem Mädchen seine Füße zurück, und sie sieht aus wie vorher. Ich übertrug diese Sehnsucht auf die Vergewaltigung, diesen Wunsch und diese Hoffnung, daß ich durch magische Kräfte völlig wiederhergestellt werden könnte. Während ich versuchte, nicht daran zu denken, daß ich etwas verloren hatte, hatte ich eine vage Vorstellung, an die ich mich nur noch undeutlich erinnern kann: Eine gute Fee oder ein ähnliches Wesen könnte mir meine Füße, die Unantastbarkeit meiner Jungfräulichkeit – die Integrität meiner Person – wiedergeben.

Ich mußte feststellen, daß all dies nicht zu geschehen schien.

Schließlich beschloß ich, daß ich von einer Macht wiederhergestellt werden würde, die in einer für mich nicht erkennbaren oder nachvollziehbaren Art und Weise arbeitete. Der Zauber würde wirken, während ich weiterlebte, als ob nichts geschehen sei. Niemand hatte etwas dagegen, daß ich so tat, als ob nichts passiert sei. Niemand wagte es, etwas dagegen zu haben. Wenn sie wagten, etwas anderes vorzuschlagen, würde er vielleicht nicht wirken? Sie selbst, die Erwachsenen, glaubten an den gleichen Zauber.

Ich fragte mich jedoch sehr wohl, warum man mir nicht half. Ein Teil von mir wußte, daß ich reale Hilfe benötigte, nicht nur einen Feenzauber.

Es war die Logik eines Kindes, eine Mischung aus verschiedenen Impulsen – um Hilfe bitten wollen, nicht zugeben wollen, daß ich Hilfe benötigte, glauben, daß ich keine Hilfe bekäme, selbst wenn ich darum bitten würde. Diese undeutliche Logik nährte meine schon eher bewußte Schlußfolgerung, daß mein Bedürfnis, meine Erfahrung mit anderen zu teilen, völlig unangebracht war.

Wer konnte mir schon versprechen, daß ich nach einem derartigen Verlust sexuell geheilt werden könnte?

Nur eine Fee.

Ich fuhr fort, mir selbst wortlos zu versichern, daß ich irgendwie durch Zauberkraft geheilt werden würde.

Ich versäumte zwei Schultage, um zu der Gerichtsverhandlung gehen zu können, die am 13. März 1969 begann. Am Abend vor unserem ersten Tag im Gericht half mir meine Mutter, die passende Kleidung auszusuchen. Sie erklärte mir, es sei wichtig, daß ich seriös und anständig aussah. Ich hatte noch nie erlebt, daß sie solch ein Aufhebens um meine Kleidung machte.

Ich trug mein Lieblingskleid, das sie für mich aus einer indischen Tagesdecke genäht hatte. Es war aus einem weichen Blaßgrün und hatte glockenförmige Ärmel. Schwarze Elefanten marschierten auf einer großen Bordüre um das Kleid. Der leicht gefranste Saum reichte mir bis kurz über die Knie, etwas länger, als es Mode war. Wir fanden beide, daß es sich für den Gerichtssaal am besten eignete. Dazu trug ich cremefarbene Strumpfhosen und ihre hellbraunen Wildlederschuhe, die noch ein bißchen schöner als die Schuhe waren, die ich besaß. So gekleidet hätte ich auch zu einem Konzert oder einem Theaterstück in New York oder Princeton gehen können.

Am nächsten Morgen fuhren wir nach Flemington und stiegen die Treppen zum Gericht hinauf. Mr. Rittenhouse empfing uns in seinem Büro und führte uns durch eine imposante Halle in einen Raum, wo er uns bat, Platz zu nehmen und zu warten, bis wir »aufgerufen« würden.

Wir mußten lange warten. Wir sprachen kaum. Meine Mutter nähte. Ich war sehr nervös.

Als ich schließlich aufgerufen wurde, lief ich mit ihr auf die Türen des Gerichtssaals zu, und mein Herz klopfte wie wild.

Ich war die erste Zeugin. Ich wußte, daß alle Augen auf mich gerichtet waren, als ich durch den Mittelgang lief und mich auf unsere reservierten Plätze neben meine Mutter setzte. Der Raum war voll.

Ich beobachtete Mr. Rittenhouse, der sein Eröffnungsplädoyer den Geschworenen vortrug. Er lief vor der Geschworenenbank auf und ab, aber nicht so dramatisch, wie es immer im Fernsehen gezeigt wird. Er erzählte ihnen langsam und ruhig über die Vergewaltigung und die Anklage gegen Miller.

Seine Beschreibung schien seltsamerweise wenig mit mir zu tun zu haben. Was mir zugestoßen war – der Mann, der plötzlich aus dem Wald auftauchte, die sonnige Lichtung, auf der ich mich niederlegen mußte, sein Eindringen zwischen meinen geöffneten Beinen –, all das war in meiner Welt geschehen. Worüber er sprach – wo sich Miller kurz vor und nach der Vergewaltigung aufgehalten hatte, wohin er mit seinem Lieferwagen gefahren war, wie man nachweisen konnte, daß er genug Zeit hatte, das Verbrechen zu begehen –, war Teil einer anderen Welt.

Kurz vor dem Ende seiner Rede sagte Mr. Rittenhouse, daß Miller das Verbrechen »verübt« hätte. Da ich das Wort nicht als rechtlichen Fachausdruck erkannte, erschien es mir wie aus einem Liebesroman aus dem neunzehnten Jahrhundert. Ich glaubte, es sei das einzige Mal, daß er darauf anspielte, wie schrecklich das Verbrechen gewesen war. In meinen Ohren klang es einfach lächerlich.

Als ich in den Zeugenstand gerufen wurde, schlug mein Herz schneller.

Es war nicht das erste Mal, das ich auf einer Bühne stand. Ich hatte immer gern Theater gespielt und laut gelesen. Aber dies war nicht die Art von Lampenfieber, die ich bereits kannte. Ich wußte nicht genau, was Mr. Rittenhouse und vor allem

Edmund Bernhard, Millers Anwalt, mich fragen würden. Ich fürchtete mich davor, über die Vergewaltigung zu sprechen, davor, mit Miller im gleichen Raum zu sein. Ich wußte, daß meine Stimme zittern würde. Ich ging zum Zeugenstand und setzte mich. Die Tür wurde geschlossen, der Riegel vorgeschoben, und ich war eingeschlossen.

In diesem Moment begriff ich, wo ich war: isoliert, für jeden sichtbar wie ein Schaustück. Der Richter saß beunruhigend nah zu meiner Rechten hinter seinem hohen Tisch. Die zwei Tische der Anklage und Verteidigung befanden sich direkt unter mir. Die zwölf Geschworenen waren mittleren Alters und saßen mit aufmerksamen und gelassenen Gesichtern in zwei Reihen unter mir zu meiner Linken.

Wenn ich an die Gerichtsverhandlung zurückdenke, sehe ich den Gerichtssaal aus dieser Perspektive. Ich sehe rechts von mir eine Reihe großer Fenster, die am Ende des Raums, wo die Zuhörer sitzen, beginnen und hinter dem Richter enden. Ich sehe den Tisch vor mir, an dem Bernhard und Miller saßen. Das Gebiet um diesen Tisch hatte etwas Bedrohliches. Ich saß im Zeugenstand und versuchte, dieses Gefühl, so gut es ging, zu verdrängen, indem ich mir sagte, daß Miller mir in diesem Raum nichts anhaben könnte.

Er trug einen Anzug, der mich beunruhigte, da er darin soviel ordentlicher und zurückhaltender aussah als das letzte Mal, wo er mir vor dem Polizeirevier gegenübergetreten war. Seine Erscheinung verwirrte mich, und zweifelsohne sollte sie jeden im Raum verwirren. Er war nicht der kräftige Mann, der mit großen Sätzen auf mich zugerannt kam und dessen Kopf von der Strumpfmaske zu einer nackten und primitiven Form gerundet wurde. Er saß mit ordentlich gekämmten Haaren ruhig am Tisch und sah sich Papiere durch seine Brillengläser an. Konnte es wirklich möglich sein, daß er derselbe Mann war? Meine Zweifel an seiner Schuld wuchsen.

Ich spürte jedoch, daß sein Schweigen etwas Erzwungenes hatte. Sein Anwalt agierte an seiner Stelle, und er mußte zuschauen. Und ich spürte noch etwas anderes: Wie er so dasaß, kam er mir wie ein ausgestopfter Vogel vor. Jemand hatte versucht, gewaltsam etwas aus ihm zu entfernen und es mit Watte zu ersetzen. Es war nicht viel übriggeblieben. Er war kein richtiger Mann mehr.

Der Gerichtsbeamte kam und hielt mir die Bibel entgegen. Ich legte meine Hand darauf. Er murmelte etwas. Die Worte des Eids erschienen mir bedeutungslos. Ich hatte gedacht, sie würden mich inspirieren, aber ich war wie betäubt. Ich sagte »Ja«, und er hatte seine Sache erledigt.

Ich war allein.

Tief in mir fühlte ich, daß ich von Leuten umgeben war, die es nur gut mit mir meinten. Ich spürte die Wut und die Sympathie, die in den Frauen auf der Geschworenenbank und im Publikum aufstieg. In der Stille des Raums, die eine große Distanz zwischen mir und den anderen schuf, konnte ich die Anteilnahme spüren, und ich spürte die Neugier, die man mir entgegenbrachte.

Der Richter hieß Thomas Beetel. Er war nicht, was ich mir unter einem Richter vorstellte – eine freundliche Vaterfigur, die jedem im Gerichtssaal ein Gefühl der Sicherheit vermittelte, vor allem mir. Er sah völlig normal aus, war mittleren Alters und mittlerer Größe. Seine Gelassenheit überraschte mich. Er schien sogar etwas gelangweilt zu sein. Er war ebenfalls weit von mir entfernt – zu nah, aber doch isoliert in seinem dunklen Turm in der Mitte des Raumes. Um ihn war eine Aura von Düsternis und Einsamkeit: seine Macht. Er schärfte seinen Verstand, wie man einen Bleistift spitzt.

Mr. Rittenhouse kam auf mich zu und stellte sich mir gegenüber.

»Nun, Martha, könntest du uns bitte erzählen, was passierte, als du am Nachmittag des 13. Augusts dein Fahrrad die Quarry Road entlangschobst.«

Meine Worte kamen. Ich hatte sie schon viele Male zuvor gesagt. Meine Stimme kam, widerstrebend und kaum hörbar.

Der Richter lehnte sich nach vorn und bat mich, etwas lauter zu sprechen. Ich versuchte es.

Mr. Rittenhouse war nicht an meiner Seite, wie ich es gewohnt war. Er spielte seinen Part. Man hatte mich nicht darauf vorbereitet, daß er mir so unnahbar erscheinen würde und wie allein ich hier draußen mit ihm sein würde. Sein respektvolles und vorsichtiges Verhalten hatten mich immer beruhigt, und ich hatte gedacht, er würde mir bei der Verhandlung eine Stütze sein. Doch nun war er zu einem Fremden geworden. Seine Stimme war an den Richter, die Geschworenen und das Publikum gerichtet – ohne daß irgendeine Verbindung zu mir deutlich wurde.

Wir spielten beide unser Spiel, und er mußte sich darauf verlassen, daß ich mich an seine Instruktionen erinnerte. Er war jetzt davon abhängig, daß ich es allein schaffte. Er konnte mir nicht mehr vorsagen, mich ermutigen oder mir einen Wink mit den Augen geben.

Voller Angst, mit trockenem Mund und steifem Rücken, erstarrt in einer Position des Anstands, versuchte ich, es für ihn zu schaffen, obwohl ich wußte, daß ich es nicht wirklich für ihn tat. Die Fragen forderten meine ganze Aufmerksamkeit, und ich mußte mich sehr konzentrieren. Meine Stimme klang hoch, fast vornehm in dem riesigen Raum. So laut ich konnte, sprach ich die einzelnen Silben: Ja und Nein. Auf geheimnisvolle Weise verlieh mir mein schönes Kleid eine gewisse Macht, während ich so dasaß und sprach. Ich begann sogar, etwas stolz auf mich zu sein.

Mr. Rittenhouse hatte mir erklärt, daß die Fragen während

des Kreuzverhörs möglicherweise schwierig werden würden. Ich sollte dann nur weiterhin die Wahrheit erzählen und alles wäre in Ordnung. Doch als der Zeitpunkt gekommen war, wo Mr. Bernhard mich ins Kreuzverhör nehmen sollte, saß ich voller Angst auf der Zeugenbank.

Die Gefahr, die von Miller auszugehen schien, erstreckte sich auch auf Bernhard. Er war klein, seine Kleidung saß nicht gut. Er war ebenso scharfsinnig wie Rittenhouse, aber auf eine andere Art. Wenn er sich im Gerichtssaal übereifrig und wichtigtuerisch bewegte, schien er wie von einem Dynamo angetrieben. Wenn er vor dem Zeugenstand hielt, kam sein Gesicht dem meinen sehr nahe. Er sah mich mit kalten, intelligenten Augen an. Sie waren klein und leicht hervorstehend, und wenn er sprach, schienen sie mich mit einer unpersönlichen Bösartigkeit anzufunkeln. Während er mir seine Fragen stellte, konnte ich vor lauter Angst kaum denken und meinen Mund öffnen. Ich antwortete ihm langsam mit Ja und Nein und spürte, daß er versuchte, all unsere Ansichten zu verdrehen und Fakten anzuzweifeln, die wir niemals in Frage gestellt hatten. Er versuchte, mich zum Werkzeug seiner Strategie zu machen. Ich stellte fest, daß ich mir über das, was ich wußte, nicht mehr so klar war.

Er war mein Feind.

Ich fühlte mich wie jemand, der gegen das Ertrinken kämpft. Ich wurde mürrisch oder versuchte, etwas aus meiner Sicht zu sagen. Seine Versuche, den Eindruck zu erwecken, als ob man sich auf meine Aussagen nicht verlassen könne, weil ich nur ein Kind war, beleidigten mich.

Aber ich blieb bei meiner Geschichte, bei dem, woran ich mich erinnerte. Ich beantwortete seine Fragen weiterhin sehr direkt. Ich war eingezäunt auf dem Zeugenstand. Obwohl ich innerlich wirklich am Ertrinken war, wollte ich mich wehren, so gut ich konnte.

Am Abend des ersten Tages stand ich mit meiner Mutter vor meinem Kleiderschrank, und wir überlegten uns, was ich am nächsten Tag anziehen sollte.

»Vielleicht noch mal dasselbe wie heute«, schlug ich vor. Es hatte sich bewährt.

»Ich glaube, du solltest besser etwas anderes wählen, Liebling.«

»Warum?«

»Nun ... ich habe das Gefühl, das grüne Kleid ist ... zu attraktiv.«

Ich war sehr überrascht, diese Worte aus ihrem Mund zu hören. Sie hatte niemals ein Wort verlauten lassen, daß sie mich attraktiv fand. Ich war begeistert. Doch im gleichen Atemzug schien sie anzudeuten, daß eine solche Attraktivität vielleicht etwas Schlechtes war, wenigstens im Gerichtssaal. Ich hatte das vage Gefühl, daß ihre Reaktion auf einige Fragen zurückzuführen war, die Mr. Bernhard mir gestellt hatte, und sie dadurch ihre Meinung, was im Gerichtssaal angebracht war, geändert hatte. Ich wollte nicht darüber nachdenken, was sie genau damit meinte.

Gehorsam sah ich meinen Kleiderschrank durch und suchte mir etwas aus, das ich sonst an Schultagen trug: meinen rot-weiß-blau-karierten kurzen Faltenrock, den wir in einem Laden mit Billigware erstanden hatten. Die weiße, spitzenbesetzte Bluse, die sie für mich genäht hatte, steckte ich ordentlich in den Rock. Die Kleidung sah gut aus – sauber und ordentlich –, und ich wollte sie nicht tragen. Die Geschworenen, Anwälte, der Richter und das Publikum – alle würden mich für jünger halten, für ein naives Schulmädchen im Faltenrock. Das beeinträchtigte meine Stimmung, mit der ich dem zweiten Gerichtstag entgegensah.

*

Meine Eltern wohnten den verbleibenden Tagen des Prozesses ohne mich bei, da ich wieder zurück zur Schule mußte. Ich glaube, meine Mutter wollte verhindern, daß ich mich auch nur eine Sekunde länger als nötig im Gerichtssaal aufhielt, besonders wenn Miller aussagte. Die örtlichen Zeitungen berichteten über den Prozeß. Jeden Abend las ich diese Artikel, und meine Mutter erzählte mir, wie sich der Fall gegen Miller entwickelte.

Charlotte Tritt sagte aus, daß Miller an dem Tag, als er mit ihr in ihrem Auto in der Quarry Road saß, über Sex gesprochen habe. Sie erklärte, sie sei in keinerlei Weise darauf eingegangen.

»Bernhard versuchte, Charlotte als Flittchen hinzustellen«, sagte meine Mutter, »oder daß sie sich mit Miller eingelassen habe. Aber Rittenhouse erhob Einspruch, und Bernhard kam nicht sehr weit damit.«

Ihre Stimme klang angewidert und ärgerlich, wenn sie über Bernhard sprach, und bitter, als ob sie zu sich selbst sagte, *ich hätte wissen müssen, daß es so wird.*

Ich hatte genau angegeben, wo ich mich zum Zeitpunkt des Angriffs befunden hatte, welcher Route ich gefolgt war, als ich auf mein Fahrrad stieg, um nach Hause zu fahren. Betsy Retivov sagte aus, wann genau ich ihr Haus verlassen hatte. Mrs. Michel, eine Nachbarin, hatte mich auf dem Nachhauseweg gesehen und konnte sich noch an den genauen Zeitpunkt erinnern. Es wurde errechnet, wie lange es gedauert hatte, vom Haus meiner Lehrerin zum Ort der Vergewaltigung zu fahren und von dort weiter nach Hause. Daraus ließ sich genau ersehen, zu welchem Zeitpunkt die Vergewaltigung stattgefunden hatte.

Miller gab zu, daß er gesehen hatte, wie ich an seinem Haus vorbei in Richtung Quarry Road lief. Rittenhouse behauptete, sobald er mich gesehen habe, hätte sich Miller in seinen

Lieferwagen gesetzt und eine Abkürzung genommen, um vor mir zur Quarry Road zu kommen. Dort hätte er seinen Lieferwagen vor mir zwischen den Bäumen versteckt. Er wäre den Graben heruntergeschlichen, der sich neben der Straße befand, und hätte dort zusammengekauert auf mich gewartet. Als ich einige Meter an ihm vorbeigelaufen war, wäre er auf die Straße getreten und mir nachgelaufen.

Augenzeugen bestätigten den Zeitpunkt, zu dem Miller, wie er zugegeben hatte, in Raven Rock gewesen war und mich habe vorbeifahren sehen, ebenso den Zeitpunkt, zu dem mein Bruder ihn später mit Charlotte gesehen hatte. Mr. Rittenhouse konnte aufzeigen, daß es für Miller – logistisch betrachtet – zweifelsohne möglich gewesen war, das Verbrechen zu begehen.

Wenn ich es wie eine mathematische Aufgabe betrachtete, schien die Begründung von Mr. Rittenhouse überzeugend zu sein. Aber ich konnte sie mit meinen Erinnerungen nicht in Einklang bringen. Wie war es möglich, daß ich die Gegenwart eines Mannes nicht gespürt hatte, der sein Auto absichtlich vor mir geparkt hatte und einen langen Weg durch den Graben geschlichen war, um seinen Plan auszuführen?

Im Gerichtssaal hatte Miller wie eine ganz normale Person gewirkt. Oder ertrug ich es einfach nicht, ihn mit der Stimme des Vergewaltigers in Zusammenhang zu bringen, mit seinem heftigen und gierigen Keuchen, der Berührung schweißnasser Haut, dem Stoßen zwischen meinen Beinen, mit der Gestalt, die sich lautlos aus dem Gras erhob und verschwand.

Meine Mutter und Mr. Rittenhouse hatten mir erklärt, daß, falls Miller verurteilt würde, dies aufgrund eines »Indizienbeweises« geschehen würde. Ich war beunruhigt. Frank Miller paßte zufällig zum Sachverhalt. Vielleicht gab es noch jemanden, der ebenso paßte?

Ich stellte mir eine andere Person vor: einen rücksichtslosen, groben, maskierten Mann, der zuschlug und verschwand, ein Mann, der nachts lebte und kein Zuhause, keine Freunde, keine Familie hatte (Frank Miller hatte eine Frau und zwei kleine Töchter). Dieser Mann war vielleicht immer noch auf freiem Fuß.

Am Ende des Prozesses gab es eine Überraschung: die Zeugenaussage eines mit Frank Miller und seiner Frau befreundeten Paares. Der Ehemann sagte aus, er sei vor einigen Monaten, nachdem gegen Miller Anklage erhoben worden war, bei einem Besuch der beiden Familien allein mit Miller im Schlafzimmer gesessen. Er hätte ihn direkt gefragt, ob er es getan habe. Miller, sagte er aus, habe nichts gesagt, aber einmal genickt, indem er seinen Kopf langsam senkte.

Mr. Bernhard, erzählte mir meine Mutter, hatte die Vermutung geäußert, daß Millers Freund versuchte, sich an Miller zu rächen, da dieser eine Affäre mit seiner Frau hatte. Es war nicht eindeutig, ob eine solche Affäre überhaupt stattgefunden hatte, aber Mr. Bernhard hatte versucht, diesen Eindruck zu erwecken. Die Frau des Freundes mußte am Schluß ebenfalls aussagen, um die Aussage ihres Mannes zu den Geschehnissen in Millers Haus an jenem Tag zu stützen. Es herrschte eindeutig eine sehr schlechte Stimmung zwischen den Millers und dem anderen Paar, erzählte meine Mutter.

Dieser überraschende Beweis überzeugte mich auch nicht mehr als die anderen Beweise. Bernhard strahlte große Überzeugungskraft auf mich aus. Er hatte erreicht, daß ich sogar mich selbst in Frage stellte. Vielleicht wollte sich dieses Paar wirklich an Miller rächen. Ein einfaches Senken des Kopfes war noch kein Schuldeingeständnis.

Wenn mir meine Mutter vom Prozeß berichtete, schien sie mir ihre eigene Meinung vorzuenthalten. Sie schien zu versuchen, mir einen sorgfältigen und gewissenhaften Bericht zu geben, damit ich mir mein eigenes Urteil bilden konnte. Sie schien nicht wütend auf Miller zu sein und verhielt sich nicht so, als ob sie sicher wäre, daß er der Schuldige war. Vermutete sie, daß Miller schuldig war? Vermutete sie, daß ich das auch dachte? War das der Grund, daß ich meine tiefen Zweifel vor ihr verbarg? Vielleicht vermutete sie, daß ich besser durchblicken würde, als ich wirklich tat.

Am fünften Tag begannen sich die Geschworenen zu beraten. Niemand wußte sicher, wie ihre Entscheidung aussehen würde.

Ich wollte, daß sie ihn für schuldig erklärten. Das würde es mir leichter machen, von seiner Schuld überzeugt zu sein. Falls sie es nicht taten, würde alles noch viel schlimmer werden. Er wäre frei. Vielleicht würde er sich an mir rächen.

An diesem Abend sagte sie mir, daß sie ihn für schuldig befunden hatten. Ich spürte, daß ich noch immer nicht überzeugt war. Neue Zweifel stiegen in mir auf. Mir wurde bewußt, daß die Geschworenen sich genausogut irren konnten wie der Staatsanwalt. Meine Mutter erzählte mir, sie hätte gehört, daß Miller Berufung einlegen wolle. Vielleicht bedeutete das, daß er wirklich unschuldig war.

Der Richter verurteilte ihn zur Höchststrafe von fünfzehn Jahren. Sie sagte, jeder sei der Meinung gewesen, der Richter habe richtig gehandelt.

Wenn Miller freigelassen werden würde, rechnete ich mir aus, wäre ich achtundzwanzig – so alt wie er jetzt war. Diese Tatsache verband uns auf merkwürdige Art und Weise. Mit achtundzwanzig Jahren würde ich allerdings erwachsen sein und müßte mir wegen ihm keine Sorgen mehr machen.

Das Ende des Prozesses beendete auch eine bestimmte Art von Gesprächen. Während des Prozesses mußten meine Mutter, ich und andere über die Vergewaltigung sprechen, ob wir wollten oder nicht. Ein Dialog, auch wenn er noch so minimal war, hatte stattgefunden. Doch nun war die Vergewaltigung Teil der Vergangenheit. Das Thema wieder aufzubringen, würde mich oder andere vermuten lassen, daß es doch noch nicht erledigt war.

Ich erwähnte es nicht.

Nach dem Prozeß sprachen meine Mutter und ich nie wieder direkt über die Vergewaltigung. Mit meinem Vater sprach ich überhaupt nicht davon. Vielleicht hatte er mir tatsächlich seine Fürsorge zeigen wollen, sich dann aber nicht getraut, weil er fürchtete, daß seine Unbeholfenheit mich nur noch mehr verletzen würde. Ich vermutete, daß es seiner Meinung nach für ihn als Mann unpassend war, dieses Thema aufzugreifen. Loch und ich sprachen nie davon.

Alida fragte mich erst Jahre später nach der Vergewaltigung, als wir Anfang Zwanzig waren. Sie wollte wissen, was mit mir in der Quarry Road geschehen war.

Man hätte ihr gesagt, ich sei »angegriffen« worden, erklärte sie mir. Niemand hätte ihr je erzählt, was das bedeutete. Ich erklärte ihr ruhig, was passiert war, und versuchte gleichzeitig, ihre Neugier zu befriedigen und den Eindruck zu vermitteln, daß ich das Ganze gut überwunden hätte. Damals, in meinen Zwanzigern, war mir nicht bewußt, daß ich, indem ich auf ihre Angst vor einer Vergewaltigung einging, meiner

Schwester die liebevolle Fürsorge gab, die ich selbst nicht erfahren hatte.

*

Wann hatte das Schweigen begonnen? Es begann mit der Vergewaltigung, auf der Straße und auf der Lichtung.

Das Schweigen meiner stillen, staubigen Straße bekam eine andere Qualität, und diese Veränderung kündigte sich mit ein paar Geräuschen an: das Knirschen der Kiesel unter seinen Füßen. Seine ersten Worte: *Laß dein Rad nicht fallen.* Das leise Geräusch, als er das Rad an den Straßenrand legte. Dann das Geräusch seiner Schritte, als er mit mir die Straße überquerte, ein Knacken und Rascheln, als er mich mit sich durchs Gestrüpp zog?

Das Schweigen wurde tiefer, wurde zum Abgrund, zur Leere, griff um sich – Herzen schlugen, das Atmen beschleunigte sich zum Keuchen.

Die Vergewaltigung geschah schweigend. Vielleicht wendeten sich die Bäume, unfreiwillige Zeugen, ab und wandelten sich zu einer Hecke des Entsetzens. Vielleicht toste die Dunkelheit in meinen Ohren. Ich glaube, so war es. Auf die Lichtung fiel Dunkelheit, eine furchtbare Finsternis, die zwanzig Minuten andauerte. Als er ging, zählte ich laut, und meine klare Stimme maß die Zeit. Dann schwieg ich. Ich lauschte, aber er war nicht zu hören. Ich war allein im Schweigen der Lichtung. Rund um das Bett, das er gemacht hatte, stand aufrecht das Gras, in Sonne getaucht, und das Licht und die Schatten der Gräser pulsierten um mich wie der Herzschlag der Welt. Das lautlose Gras, mein vertrautes Gras, war niedergedrückt, fassungslos und gleichzeitig völlig unwissend. Es nahm mein Blut auf, wie ein leeres Blatt Papier ein gedrucktes Wort aufnimmt, unparteiisch und absorbierend. Mein Blut floß dorthin, wo die Käfer ihre schattigen Gänge hatten, ihre kleinen Höhlen zwischen den hellen Gewölben der Grasstiele, die uns klein erscheinen, ihnen aber riesig. Das Blut fiel in das Schweigen.

Der Schock, vergewaltigt worden zu sein, war wie eine laute, schreckliche Stille in meinen Ohren, als ob es keine Verbindung mehr gäbe zwischen Sinnen und Verstand. Ich stand auf, ich ging heim – auch dies in der Stille des Schocks.

Hat sich dieses Schweigen jemals »verflüchtigt«?

Nein, sage ich, es verschwand, aber wurde umgeformt in andere Arten des Schweigens.

Ich sehe es als ein Gemälde, ein mittelalterliches Arrangement: *Nach der Vergewaltigung.* Das Mädchen, verwundet und voller Blut, liegt auf einem Bett. Neben dem Bett stehen ihre Eltern und beugen sich über sie. Ihr Bruder steht hilflos daneben, sein Gesicht verzerrt von einem verzweifelten, versteckten Schmerz um sie. Ihre Schwester, die man ausgeschlossen hat, lehnt an der geschlossenen Tür und versucht, möglichst viel zu hören. In einem größeren Kreis direkt hinter den Eltern steht der Arzt mit besorgter Miene und zwei Polizisten, die wachsam, ländlich und aufmerksam auf den Moment warten, in dem das Kind vielleicht vernommen werden kann. Draußen läuft der Vergewaltiger davon, von Händen und Penis tropfen Blut, sein angsterfülltes Gesicht hebt sich grell von den langen Grashalmen einer sommerlichen Wiese ab. Hinter den Polizisten und dem Arzt stehen in einem weiter entfernten Kreis der Richter, auf dessen Gesicht sich Widerwillen abzeichnet, der Staatsanwalt, scharfsinnig und gewitzt, entschlossen, wütend und triumphierend mit seinem Bündel an Beweisen, der Verteidiger, schwammig und in Verschwörung mit dem Angeklagten. Die Geschworenen sitzen in einer doppelten Reihe entlang der Wand – in die Enge getrieben, unbehaglich, ehrfürchtig angesichts ihrer Aufgabe und entschlossen, sie gewissenhaft zu erfüllen. Charlotte Tritt sitzt rauchend in ihrem Volkswagen, ein junges Mädchen vom Land, nervös. Die Klassenkameraden des Mädchens versammeln sich vor dem Schulhaus, unterhalten sich, schweigen, machen unanständige Bemerkungen, wirken beklommen.

Mitglieder unserer Gemeinde bilden im Vordergrund des Gemäldes eine kleinere Gruppe, die die Szene beobachtet und klatscht. Sie sind empört und äußerst neugierig.

Jeder ist besorgt, aber gefangen in einer starren Haltung. Sie scheinen nah beieinander zu stehen, aber sie sind weder wirklich lebendig, noch stehen sie in Beziehung zueinander oder teilen ihren Schmerz. Statt dessen stehen sie stumm und unbeweglich da, wie es auf Bildern der Fall ist.

Als ich nach der Vergewaltigung auf der Lichtung stand, war ich von meinem Martyrium erlöst. Ich lebte. Ich hatte überlebt. Die Alltagswelt, die ich stürmisch umarmte in dem Drang, ein Gefühl von Sicherheit und Schutz wiederzugewinnen – den Schutz durch das Gesetz, die Vertrautheit des Familienlebens und der Schule –, all dies erschien mir schließlich in einer Art und Weise gefährlich, wie ich es mir weder vorstellen noch verstehen konnte. Am unerträglichsten war für mich das Schweigen, das über all diesen Erfahrungen hing, das Schweigen, das sich ausbreitete, weil alle um mich herum unfähig waren, in einer vertrauten Art und Weise mit mir über die Vergewaltigung zu sprechen.

Ich will gar nicht von Scham sprechen, auch nicht davon, daß ich bei jedem Versuch, mit anderen über die Vergewaltigung zu sprechen, das Gefühl hatte, es wäre ein dummer Fehler gewesen – denn so fühlte ich mich jedesmal. Es war eher so, als ob ich eine Erfahrung gemacht hätte, über die die anderen nichts wissen wollten. Die anderen wollen nicht in einer Welt leben, in der solche Dinge geschehen, eine Welt, in der du aber leben mußt. Natürlich schrecken sie zurück, fast wie

Tiere, und bleiben lieber auf der anderen Seite des Gatters. Du verstehst sehr gut, warum sie zurückschrecken, denn du fühlst wie sie. Aber du weißt nicht, wie du das sein sollst, was du nun bist.

In dem Schweigen mußte ich sowohl erraten, was in den Köpfen der anderen vorging, als auch, was in mir selbst vorgehen sollte. Ich mußte mehrere Vermutungen gleichzeitig anstellen, und alle mußten respektiert werden, denn jede konnte richtig sein. Ich hatte nicht das Gefühl, daß ich *Vermutungen* anstellte. Ich dachte, *ich vermute*, daß ... und beschloß, daß es so seine Richtigkeit hatte, um auf diese Weise ein Gefühl der Sicherheit herzustellen.

Eine andere Idee gedieh in dem Schweigen: die Idee, daß es notwendig war, weiter zu schweigen. Diese Idee bewachte das Schweigen sogar noch und verbarg all meine anderen Vermutungen, auch vor mir selbst.

Meine Vermutungen oder Interpretationen hatten nichts mit Tatsachen oder Gewißheit zu tun. Sie waren in dem Maße wahrheitsgetreu, wie ein Werk der naiven Malerei die reale Welt repräsentiert. Sie waren Fiktionen, Dinge, die ich mir ausdachte und die auch nicht falsch waren. Zwar meist unpassend, doch niemals ohne eigene Logik.

All meine Vorstellungen wurden wahr, weil ich daran glaubte und so lebte, als ob sie wahr wären. Ich wurde zu dem, was ich mir vorstellte, in dem Moment, in dem ich es mir vorstellte, beziehungsweise durch die Wiederholung dieser Momente.

Im Frühling nach dem Prozeß begann ich zum ersten Mal die Bedeutung der Schule anzuzweifeln. Ich war restlos fasziniert von Suzanne, einer Studentin im selben Studienjahr, die jedoch zwei Jahre älter, raffiniert und selbstsicher im Umgang mit Jungen war. Ich war glücklich, wenn ich bei ihr übernachten durfte und wir uns bis spät in die Nacht in ihrem

Schlafzimmer unterhielten. Ich war vierzehn und wollte wie sie sein: sexy, locker, selbstsicher, sechzehn. Meine Sehnsucht nach einem Freund war so stark, daß ich sie wie einen physischen Schmerz in meiner Brust spürte.

Den Englischunterricht gab eine ältere Studentin, die noch nicht viel Erfahrung hatte und uns Texte aus dem Beatles-Album *White Night* anhören und lesen ließ. Suzanne feierte das Erscheinen des Albums mit kühler Ehrfurcht. Ich hatte nie verstanden, was es eigentlich mit den Beatles auf sich hatte. Nun lehrte mich Suzanne, ihre Texte als Poesie zu verstehen: geheimnisvoll und voller Anspielungen.

Take these broken wings and learn to fly
blackbird, fly
into the light of the dark black night ...

Die Amsel erinnerte mich an meinen Bruder, groß und ungelenk, mit seinen langen schwarzen Haaren und seinem düsteren Gesichtsausdruck, sensibel, aggressiv und verhaltensgestört. Als ich das Lied hörte, dachte ich an ihn, als ob er im Wald vor unserem Haus lebte und nie wirklich hereingelassen worden war. In diesem Jahr mußte er noch weiter von uns fortgehen, aufs College nach Hiram in Ohio.

Meine Eltern hatten sich jahrelang wegen seiner Schulprobleme Sorgen um ihn gemacht. Seine Noten waren zwar nie richtig schlecht, aber seine Erfolge standen in keinem Verhältnis zu seinen gewaltigen Anstrengungen, als ob sein Verstand auf merkwürdige Weise gehemmt war – ein Problem, das sich auch an seinem Stottern bemerkbar machte. Ich hatte auch mitbekommen, daß er in der Schule irgendwie isoliert war, als ob er in seiner eigenen Welt gefangen war und nicht wußte, wie er herauskommen sollte. Er trat in den Hintergrund, unbemerkt.

Meine Eltern waren erleichtert, daß Hiram ihn aufnahm und ihn finanziell unterstützte. Mit unserem alten Wagen konnten sie ihn nicht dorthin fahren, und sie konnten auch nicht viel für seinen Unterricht zahlen. Wenn er in den Ferien nach Hause kommen wollte, mußte er bei anderen Schülern mitfahren oder per Anhalter fahren.

Ich machte mir Sorgen, ob seine Noten gut genug sein würden. Falls nicht, würde er die Schule verlassen müssen und seinen Studentenstatus verlieren. Man würde ihn vielleicht zum Militär einziehen, er müßte nach Vietnam gehen und würde getötet werden. Ich war sicher, daß er nicht lebend zurückkäme, weil ihm schon das alltägliche Leben so schwerfiel.

Das Lied traf auch auf mich zu, war wie eine Ermutigung. Ich fühlte mich wie diese Amsel, auch wenn es niemand wußte. Ähnelte ich nicht irgendwie dem verletzten Vogel? Singend, aber verkrüppelt, angewiesen auf die ermutigende Botschaft dieses Liedes: Gib nicht auf und versuch weiterhin, mit den anderen zurechtzukommen.

Vielleicht war das wichtiger, als Englisch zu lernen. Einmal schwänzte ich die Stunde und blieb bei einer Gruppe von Mädchen und Jungen, die nur herumhingen und ihre Zeit vertrödelten. Ich hatte eine interessante Unterrichtsstunde geschwänzt und daher das Gefühl, etwas Wichtiges verpaßt zu haben, doch gleichzeitig entdeckte ich dieses mächtige Gefühl, mich frei entscheiden zu können.

Hatte ich in jenem Frühling mehr Angst vor den anderen als vorher? Wäre die Vergewaltigung nicht passiert – hätte ich mich dann leichter getan, soziale Kontakte zu pflegen und gleichzeitig meine Hausaufgaben zu erledigen? Oder wäre es mir trotzdem unmöglich erschienen, beiden Anforderungen gerecht zu werden? Die Vergewaltigung und die Reaktionen der Leute hatten mich offensichtlich unsicher gemacht.

Wie alle Schüler in meiner Klasse hatte ich hauptsächlich mit Schule und Freundschaften zu kämpfen. Alle anderen in meiner Klasse waren zwei Jahre älter, und es fiel mir schwer, die Leute zu verstehen, zu denen ich gehören wollte. Ich wollte überhaupt nicht mehr an die Vergewaltigung denken oder nur noch in dem Sinn, daß ich etwas sehr Schlimmes glänzend überwunden hatte. Ich hätte es fast geschafft, sie völlig zu vergessen.

Das Schweigen macht es schwierig, fast unmöglich, in der Rückschau genau nachzuvollziehen, wie ich die Vergewaltigung über die Jahre hinweg verarbeitete. Es gab jedoch immer wieder Ereignisse, die Erinnerungen daran in mir auslösten. Ich versuchte, sie zu übersehen. Aber ich konnte nicht ganz darüber hinweggehen. Heute erscheinen sie mir wie ein Aufblitzen der Wahrheit, kleine Hinweise, was eigentlich in mir vor sich ging – einige einzelne Momente in dem komplizierten Prozeß meiner Adoleszenz, in der sich meine geistigen Barrieren öffneten und das Wissen, vergewaltigt worden zu sein, durchbrach.

Das erste Mal passierte es im Juni desselben Schuljahres. Ich war ungewöhnlich früh aufgestanden und hatte mich nach dem Frühstück auf die Küchenterrasse gesetzt, um die ersten Sonnenstrahlen zu genießen. Es würde ein heißer Morgen werden.

Eine Gestalt in Hosen und kariertem Hemd lief aus dem Wald auf unseren Rasen. Als sie zwischen den Bäumen hervortrat, ergriff mich nacktes Entsetzen. Er war es, um mich schließlich doch noch zu holen. Ich wußte, er würde mich sofort im Gras töten, in einem einzigen Moment, blendend wie ein Sonnenstrahl. Das Blut rauschte mir in den Ohren, ließ mich keinen klaren Gedanken mehr fassen und meine Stimme gefrieren. Ich spürte, daß ich mich im Haus verstecken sollte, blieb aber erstarrt wie in einem Alptraum sitzen.

Einige Sekunden später erkannte ich, daß die Gestalt unsere Nachbarin Judy Galuska war. Sie war den Weg von unserem Garten gekommen, wo meine Eltern arbeiteten. Sie hatte sie um ein Werkzeug gebeten und überquerte nun unseren Rasen, um zu unserem Keller zu gelangen, in dem das Gartenwerkzeug aufbewahrt wurde. Es war die normalste Sache der Welt.

Meine Erleichterung war ebensogroß, wie es meine Panik zuvor gewesen war. Die Welt war mit einem Mal völlig abscheulich und im nächsten Augenblick wieder vertraut geworden: der Rasen, spärlich gewachsen im Schatten meiner geliebten Hornsträucher, die Judys Kopf auf ihrem Weg zum Keller verdeckt hatten. Noch niemals war ich so froh darüber gewesen, daß ich einen Fehler gemacht hatte.

Ich redete mir ein, daß meine Angst töricht gewesen war. Niemand war hinter mir her. Frank Miller war sicher der Täter gewesen. Ich beschloß, so etwas nicht noch einmal geschehen zu lassen. Ich würde es niemandem erzählen. Ich würde dieses plötzliche Gefühl der Wehrlosigkeit für mich behalten. An diesem Morgen beschloß ich, daß mir niemand auf der Welt mehr etwas anhaben konnte, daß ich unverletzlich war. Ich würde meine Angst hinter einer Maske der Furchtlosigkeit verstecken.

Wenn ich später allein in der Stadt auf abgelegenen Straßen lief, stieg in mir ein Gefühl der Unbesiegbarkeit auf, ein Gefühl, meine Rechnung bereits beglichen zu haben. Erst zwanzig Jahre später wurde mir bewußt, daß meine Sensibilität gegenüber den Männern, denen ich auf der Straße oder im Wald begegnete, durchaus sehr wertvoll sein konnte.

✳

Im Juli erzählte Len, ein Freund der Familie, meinen Eltern, daß er im August nach Griechenland reisen und seine fünf Jahre alte Tochter mitnehmen würde. Er hatte sein ganzes Leben davon geträumt. Meine Eltern beschlossen in letzter Minute, daß ich mitreisen sollte. Ich konnte ab und zu auf

Rose aufpassen, und er würde sich um mich kümmern. Sie konnten es sich eigentlich nicht leisten, wollten mir aber diese Freude machen.

Es war eine wunderbare Überraschung. Wochenlang hatte ich schon davon geredet, wie gern ich dorthin reisen würde. Ich war begeistert von griechischer Kunst und Geschichte, die wir bereits in der Schule durchgenommen hatten.

Am Ende des Schuljahres hatten wir im Englischunterricht *The King Must Die* von Mary Renault* gelesen, ein Roman, der auf dem Mythos von Theseus basiert, der mit Hilfe der Ariadne aus dem Labyrinth des Minotaurus herausfindet. In der Erzählung *The Bull From The Sea*** besiegt Theseus die Amazonen und nimmt ihre Königin Hippolyta gefangen. Er liebt sie wegen ihrer Königlichkeit, die der seinen gleicht. In einer stürmischen Liebesszene ergibt sie sich ihm schließlich und weint in seinen Armen, ohne ihre Kriegernatur aufzugeben, sondern indem sie auf seine reagiert. Diese Szene nahm mich völlig gefangen. Griechenland war der Ort, wo die Götter gelebt hatten und solche Dinge geschehen waren.

Ich war auch froh darüber, im August, dem ersten Jahrestag der Vergewaltigung, nicht zu Hause sein zu müssen. Ich würde nie vergessen, was am 13. August, einem Dienstag, ungefähr um vier Uhr nachmittags, geschehen war, und dem Jahrestag sah ich mit wachsender Furcht entgegen. Ich wollte nicht mehr über die Vergewaltigung nachdenken müssen, aber ich wußte, daß mir an diesem Tag nichts anderes übrigbleiben würde. Den anderen Familienmitgliedern würde es nicht anderes gehen, und ich sah dieser schwierigen Situation mit Unbehagen entgegen. An einem anderen Ort wäre alles einfacher. Meine Eltern empfanden vielleicht ebenso.

* Knaur TB: Der König muß sterben
** Knaur TB: Der Stier aus dem Meer

Während wir Pläne schmiedeten, fragte ich mich, ob sie auch an den bevorstehenden Jahrestag dachten. Vielleicht hofften sie, daß neue Erlebnisse an einem anderen Ort mir dabei helfen würden, etwas von dem Trauma der Vergewaltigung zu vergessen.

Vom Hotel aus, in dem wir in der ersten Nacht in Athen schliefen, konnte man auf einen Straßenmarkt sehen. Schon früh am Morgen wurde ich von lauten Männerrufen unter unseren Fenstern geweckt. Ich war plötzlich voller Lebensfreude – seit langem wieder das erste Mal. Ich ging allein hinunter auf die Straße. Herrlicher Sonnenschein erwartete mich dort, Männer mit Eselskarren und kleine Katzen, die zwischen Abfällen hin und her liefen.

Die Ladeninhaber öffneten ihre Fenster mit enormem Klappern, Lastwagen ratterten vorbei und hupten, all diese Geräusche hallten an den Hauswänden wider, die sich eng aneinanderlehnten. Ich kaufte mir mein Frühstück in einem kleinen Laden mit Milchprodukten. Noch zwanzig Jahre später kann ich mich an den Geschmack dieses Frühstücks erinnern, das ich im Stehen zu mir genommen hatte: an den frischen, mit etwas weißem Zucker bestreuten Joghurt aus einem großen Gefäß hinter der Glasscheibe eines Kühlfachs und an den Pfirsich. Der Mann, der beides aus der Kühlung holte und mir reichte, lächelte mich an, als ob er mir zuprosten wollte.

In meinem neuen Kleid, das meine Mutter extra für diese Reise genäht hatte, promenierte ich in den Straßen um unser Hotel und erkundete die Gegend. Verkäufer flüsterten mir zu, um mich und andere Passanten dazu einzuladen, ihre Waren zu begutachten. Als ich an einem Café vorbeikam, pfiffen mir die Männer hinterher.

So eine Wirkung nur im Vorbeilaufen zu erzielen! Ich hatte richtig gelegen mit meiner Vermutung, daß meine Figur, die ich schon sooft vor dem Spiegel geprüft hatte, den Männern wirklich gefallen würde. Das Kleid hatte lange Ärmel, aber ich fühlte mich ausgesprochen wohl in der trockenen, mediterranen Hitze. In meinen Augen bewunderten sie mich zu Recht, und ich fühlte mich nicht bedroht. Als ich einige Tage später nähere Bekanntschaften machte, sagte ich mir immer wieder, daß ich keine Angst zu haben brauchte. Ich schloß jeden weiteren Zwischenfall aus. Ich konnte nicht noch einmal vergewaltigt werden. Ich konnte nicht noch mehr beschmutzt werden, oder vielmehr, ich konnte ebensogut noch mehr beschmutzt werden, da das Verbrechen bereits verübt worden war. Traurig, festzustellen, daß sich bereits mit vierzehn in mir eine bestimmte Verbitterung entwickelt hatte.

Wir blieben zwei Wochen auf der Insel Paros in einem winzigen Appartement mit Blick auf eine weiß gekalkte Gasse. Ich hatte meine Flöte dabei, und am Abend stand ich auf dem Balkon und spielte in die samtene Nacht hinein. Ich hatte das Gefühl, es war passend und angenehm, ohne Worte zu meinen Nachbarn zu singen. Eines Abends blieb ein junger Mann stehen, um zuzuhören, und wir begannen uns zu unterhalten. Er studiere Zahnmedizin, erzählte er. Er war nicht sehr groß und sah bescheiden aus, war aber kräftig gebaut unter seinem Anzug. Er hatte die sanfteste Stimme, die ich je gehört hatte.

»Ich werde dir Griechischunterricht geben«, sagte er und sah mit seinen dunklen Augen voll überraschend sanfter Sehnsucht zu mir auf. Er lud mich ein, später, um zehn Uhr, mit ihm schwimmen zu gehen. Ich dachte an zehn Uhr am nächsten Morgen und willigte ein. Er kam später am Abend vorbei und fragte, ob ich ein Stück mit ihm spazierengehen würde. Ich lehnte ab, überzeugt, daß er den nächsten Tag gemeint hatte. Schließlich ging er. Am nächsten Morgen wartete ich vergeblich auf ihn.

Lens Freunde in Paros, Gene, ein Fotograf, und seine Freundin Beverly sagten, daß er wahrscheinlich zehn Uhr abends gemeint hatte. Sie lachten mich aus, weil ich so wenig über Männer wußte und einen griechischen Mann ernst nahm. Len beachtete uns nicht, was mir recht war.

Am Strand traf ich einen Jungen, der etwas jünger war als ich und der mich zum Abendessen einlud. Er führte mich in ein teures Restaurant mit Blick über den Ozean. Wir aßen köstliche Garnelen. Anders als der junge Mann gab er sich keine besondere Mühe, mit mir zu reden. Nach dem Abendessen gingen wir in die Nacht hinaus, und er führte mich von der beleuchteten Straße zu einem verlassenen Stück am Strand, das voller scharfer Felsbrocken war. Schließlich hielt er an einer niedrigen Steinwand. Bevor ich einen klaren Gedanken fassen konnte, begann er, mich zu streicheln und ließ seine Hand zwischen meine Oberschenkel gleiten, etwa an der Stelle, wo mein Rock endete. Einen Moment lang stand ich regungslos da, erschrocken über das merkwürdige Zucken in meinem Bein, ein rasches Aufflackern als Reaktion auf seine sanfte Berührung. Es beunruhigte mich. Ich schob seine Hand beiseite. Seine Hand kam wieder. Ich schob sie wieder beiseite. Wir stritten uns darüber, ob er das Recht hatte, mich zu berühren. Da jeder des anderen Sprache nicht mächtig war, war es ein Streit, der durch den Tonfall unserer Stimmen geführt wurde. Ich sagte mehrere Male laut »Nein«. Er war nicht einverstanden. Ich entzog mich ihm und stolperte zwischen den Felsbrocken zurück auf die Lichter der Stadt zu. Er ließ mich gehen, trottete hinter mir her und beklagte sich unablässig. Ich war aufgebracht, ärgerlich und etwas ängstlich, aber es kam mir in keiner Sekunde in den Sinn, daß er mich vergewaltigen könnte.

Sobald ich wieder in der Stadt war, ging ich zu Gene und Beverly.

»Du bist schwanger«, scherzten sie, sobald ich zur Tür hereinkam und sie mich sahen.

Ich erzählte ihnen atemlos die ganze Geschichte. Sie lachten darüber, als ob ich ihnen alles nur zur Unterhaltung erzählte. In ihren Augen waren wir einfach nur Jugendliche, die mit Sex experimentierten. Sie konnten nichts Schlimmes daran finden. Ich schämte mich. Meiner Meinung nach hätte ich mich von dem Jungen nicht so durcheinanderbringen lassen dürfen oder wenigstens ihnen nicht zeigen sollen, daß ich durcheinander war. Ich blieb nicht lange. Sie wußten nicht, daß ich vergewaltigt worden war, und ich wollte nicht, daß sie es erfuhren.

Einige Tage später jährte sich der Tag der Vergewaltigung. Ich wachte auf und fragte mich, wie der Tag werden würde, wie ich mich wohl fühlen würde. Ich war froh, daß dieser August ein anderes Gesicht hatte, in diesem staubigen, sonnigen und freundlichen Land. Die Vergewaltigung war weit entfernt. Len hatte den Einfall, eine Inselrundfahrt zu machen, um sich die anderen Städte anzusehen. Wir fuhren mit dem Bus bis zur ersten Haltestelle. Als wir auf dem Marktplatz eines winzigen Dorfes standen, wollte ich plötzlich nicht mehr in den Bus zurück. Ich wollte allein zur der größeren Stadt zurücklaufen. Gene hatte uns erzählt, daß man auf der Insel per Anhalter fahren könne, und ich wollte diese Möglichkeit nutzen, falls der Rückweg zu lang für mich wäre.

Ich trug Shorts und ein T-Shirt, genau richtig gekleidet für einen Ausflug. Tief in mir wußte ich genau, daß ich diesen Spaziergang machte, weil ich am Jahrestag der Vergewaltigung allein sein wollte. Ich war umgeben von kleinen, niedrigen Hügeln, die in der Hitze völlig verlassen und nur spärlich von rauhem Gras bewachsen waren. Ich kam an einem Olivenbaum vorbei – noch nie zuvor hatte ich Olivenbäume gesehen. Ihre knorrigen, gedrungenen Stämme, deren Blätter im Wind flüsterten, spendeten einer ganzen Hügelseite Schatten. Ich erinnerte mich daran, daß der Olivenzweig ein Friedenssymbol ist, da ein Olivenbaum zwanzig Jahre benötigt, bis er zum ersten Mal Früchte trägt. Ich kam an einer kleinen, blendend weiß getünchten Kapelle und an einer kleinen Quelle neben der Straße vorbei, nur ein Wasserhahn, aus dem das Wasser inmitten einer Wüste in eine Pfütze tropfte. Ich war begeistert und fühlte mich zu Hause.

Hier war ich, frei auf dieser Insel, wo weiß getünchte Häuser über die Hügel verteilt waren wie in einer Märchenstadt und das Meer, geschmückt mit weißen Schaumkronen, strahlend blau war. Die Götter und Geister waren hier zum Greifen nahe. Ich fühlte mich offen für ihre Gegenwart. Ohne es mir selbst einzugestehen, wußte ich, daß ich meilenweit in der Hitze laufen wollte, auch, um mich von den Erinnerungen an den letzten Sommer abzulenken. Als ich schließlich genug gelaufen und so erschöpft war, daß keine Gefahr mehr bestand, mich in Erinnerungen zu verlieren, beschloß ich, per Anhalter in die Stadt zurückzufahren. Ich war stolz auf mich, denn ich war ziemlich weit gelaufen, fast sieben Meilen. Ich hatte diesen Tag überstanden. Ich hatte ihn durchlebt und mich nicht von den Erinnerungen überwältigen lassen. Ich hatte gekämpft und diese zweite Runde, mit der Hilfe der Götter und Olivenbäume, überstanden. Niemand würde je wissen, wie glücklich ich darüber war. Niemand wußte, wie sehr ich im Juli den nahenden August 1969 gefürchtet hatte.

Ein Mann auf einem schwarzen Motorrad kam um die Kurve und hielt an. Er trug eine schwarze Lederjacke, und sein steifes schwarzes Haar stand in einem nicht sehr modernen Haarschnitt zu Berge. Von nahem sah ich, daß er bereits Falten im Gesicht hatte und mittleren Alters war. Ich stieg auf das Motorrad, setzte mich hinter ihn und hielt mich an seiner Taille fest, wie er es mir gesagt hatte. Ich hatte nicht gedacht, daß ich auf dem Rücksitz eines Motorrads, dem Fahrer so nahe, den Nachhauseweg antreten würde. Aber vielleicht würde sonst niemand mehr vorbeikommen, und ich war sehr müde. Ich beschloß, keine Angst zu haben.

Nach ungefähr einer Meile, einer Fahrt von ein paar Minuten, hielt er am Stadtrand an. Ich stieg ab und bedankte mich. Er lud mich zu einem Abendessen bei sich ein. Als ich dankend ablehnte, wiederholte er seine Einladung. Er bat mich, sie anzunehmen. Er sah mich an, als ob er nicht verstehen konnte, warum ich die Einladung nicht annahm. Wieder lehnte ich ab. Als er mich schließlich weiter dazu drängte, wendete ich mich ab und lief davon. Es war unhöflich, das wußte ich, aber wie hätte ich ihm sonst begreiflich machen können, daß ich wirklich nicht wollte? Hinter mir ließ er den Motor an und knatterte dann ärgerlich davon.

Ich lief mit einem schlechten Gewissen nach Hause. Vielleicht hätte ich gar nicht erst auf sein Motorrad aufsteigen sollen. Wie die beiden anderen auch, hatte er wahrscheinlich geglaubt, er könne mich verführen.

Aber es war großartig! Ich war nicht auf ihn eingegangen, hatte ihn einfach stehenlassen. Dieser Mann in seiner schwarzen Kleidung mit seinem schwarzen Motorrad hatte mich an den Vergewaltiger erinnert. Aber ich hatte ihn abgewehrt und vertrieben.

Es kam mir vor, als hätte ich den Vergewaltiger wiedergetroffen und mich bei dieser Begegnung in gewisser Weise vom Einfluß der Tat befreit. Jahre später kam mir noch zweimal bei Männern, zu denen ich mich sehr stark hingezogen fühlte, ein ähnlicher Gedanke.

Ich lief durch die Stadt zu unserem Appartement. Bald würde ich Len, Gene und Beverly erzählen, wie mutig ich den Mann abgewehrt hatte. Diesmal würden wir alle lachen – über ihn. Da es schon Abend wurde, konnte ich vergessen, was für ein Tag es gewesen war, ohne weiterhin an die Vergewaltigung denken zu müssen.

In meinem Tagebuch erwähnte ich an diesem Abend jedoch, daß es der Jahrestag der Vergewaltigung gewesen war. Ich führte mein Griechenland-Tagebuch in Form eines langen Briefs an meine Familie, um so mein Heimweh zu bekämpfen und dieses teure Abenteuer mit ihnen zu teilen. Ich wußte, sie hatten den Jahrestag nicht vergessen, warum also sollte ich so tun, als ob nichts gewesen wäre? Ich versuchte, ihn nur als Nebensächlichkeit zu erwähnen, als ob wir ganz selbstverständlich daran dachten und uns gratulierten: Martha hat ein ganzes Jahr hinter sich gebracht, und es geht ihr gut. Wir haben es zusammmen geschafft, haben es gut hingekriegt. Es war so sicher, in einer Entfernung von einigen tausend Meilen über dieses Thema zu schreiben.

Dienstag, 12. August – nachmittags

Len und ich standen früh am Morgen auf, um mit dem Bus nach Lefkes, einem Dorf am anderen Ende der Insel, zu fahren. Wir hielten uns dort eine Weile auf, und ich machte ein paar Fotos. Nach einer Pause in einer Taverne, wo wir Kuchen aßen und Kirschsaft tranken, machte ich mich auf den Weg zurück nach Parikia, während Len weiter nach Pisa Livadia fuhr.

Ich lief sieben Meilen durch die wunderschöne Landschaft von Paros, vorbei an Bergen und durch Talsenken. Mir wurde bewußt, daß ich morgen vor einem Jahr mein Fahrrad auf dem Rückweg von einem Besuch bei den

Retivovs eine einsame Straße in New Jersey entlanggeschoben hatte. Plötzlich fiel mir auf, wie lange das schon her ist und wie schnell die Zeit vergangen ist.

Nun bereite ich mich auf die Abreise vor, wasche und packe. Ich bin ganz aufgeregt, daß wir Paros verlassen und Orte besuchen werden, die ich noch nie gesehen habe.

Als wir im Herbst aus Griechenland zurückkehrten, war Solebury in finanziellen Schwierigkeiten und konnte mir kein Stipendium mehr geben. Statt dessen besuchte ich in diesem Jahr Hunterdon Central, die nächstgelegene staatliche Schule. Sie befand sich in einem riesigen Gebäude, einem ausgedehnten Komplex gefliester Korridore mit Hunderten von Schließfächern. Solebury hatte zweihundert Schüler, Hunterdon Central eintausendfünfhundert. Zwischen dem Unterricht schwärmten sie lautstark durch die Korridore. Ich fühlte mich verloren in all dem Wirrwarr und verbrachte meine Tage dort schweigend. Hatte ich die Umgangsformen in Solebury verwirrend gefunden, so war ich hier völlig überfordert. Ich sprach kaum mit jemandem. In einem Versammlungsraum trafen sich die Schüler jeden Morgen, um der Flagge Treue zu geloben und Ankündigungen anzuhören, die durch einen runden Lautsprecher an der Wand über der Tafel verkündet wurden. Ich wußte nicht, wie ich mit jemandem in diesem Raum ein Gespräch beginnen sollte, es war einfach nicht genug Zeit dafür.

Die Sportstunden, an der zum Großteil ältere Mädchen teilnahmen, die sich schnell und laut unterhielten, während sie sich ungezwungen umzogen und duschten, waren für mich eine Qual, da mich Fremde nackt sahen. Während wir in einer Reihe vor der Kantine warteten, blödelten ältere Jungen in ihren kurzen Sportjacken herum und riefen den Vorübergehenden widerliche Bemerkungen zu. Ich hatte schreckliche Angst, daß ich vielleicht ihr Opfer werden würde. Jeden Tag aß ich allein in einer riesigen Cafeteria, wo Crosby, Stills und Nash blechern aus Lautsprechern sangen, die hoch oben an den Wänden befestigt waren. Manchmal sprach ich kurz mit einem Lehrer nach dem Unterricht.

Ich strengte mich jeden Morgen an, mich möglichst so anzuziehen wie die anderen, aber es schien mir nie richtig zu gelingen. Ich glaubte, wenn ich das schaffen würde, könnte ich auch Freunde gewinnen. Ich war von meinen Haaren besessen und begann, morgens um halb sieben aufzustehen, um mich zu duschen, bevor der Schulbus kam. Ich tat es, so oft ich konnte – und versuchte den Ärger meiner Mutter zu ignorieren. Sie sagte, wir könnten es uns nicht leisten, soviel warmes Wasser zu verbrauchen. Von da ab wusch ich meine Haare morgens mit kaltem Wasser und schlich mich unter die Dusche, da ich wußte, daß sie etwas dagegen hatte.

»Warum wäschst du deine Haare nicht abends? Dann müßtest du nicht mit nassen Haaren aus dem Haus und würdest dir keine Erkältung holen.«

»Es ist fettig, wenn ich es am Abend vorher wasche. Es sieht dann nicht gut aus.«

»Ich finde, es sieht gut aus. Meiner Meinung nach schüttest du zuviel heißes Wasser über deine Kopfhaut, das ist überhaupt nicht gut. Der Arzt meint, dir könnten deshalb später einmal die Haare ausgehen.«

Sie merkte nicht, daß ich ihr beinahe wirklich geglaubt hätte. Vielleicht würde ich später bestraft werden, weil ich jetzt schöne Haare wollte. Ich war ein Sklave meiner Sehnsucht nach Schönheit, eine geheime Sucht, die ich nicht zügeln konnte. Sie wußte nicht, wie sehr ich mich davon befreien wollte, wie gern ich darüber stehen und es ihr recht machen wollte. Ich würde ein besserer Mensch sein, wenn ich nicht die ganze Zeit darüber nachdachte, wie ich aussah. Ich wäre rein, und meine innere Schönheit würde zur Geltung kommen. Ich versuchte, dies mit ganzem Herzen zu glauben. Doch wenn ich in den Spiegel sah, konnte ich kein inneres Leuchten erkennen.

Der Frühling kam. In der Schule plante man eine Veranstaltung, einen Tag, an dem jeder seine Ansicht über den Krieg in Vietnam und die Umweltproblematik zum besten geben sollte. Mr. Falcone, mein Lieblingslehrer, fragte mich eines Tages nach der Schule, ob ich an einer Podiumsdiskussion teilnehmen würde, die für die ganze Schule organisiert und im Auditorium abgehalten werden sollte. Er dachte, ich wäre geeignet, da ich »sprachlich so gewandt« sei. Ich sagte zu.

Dann erzählte mir Mr. Falcone, daß einer der Diskussionsteilnehmer Edmund Bernhard, ein Rechtsanwalt aus Flemington, sei. Mir stockte der Atem. Natürlich konnte ich Mr. Falcone nicht sagen, daß ich ihn bereits kannte.

An diesem Abend erzählte ich meiner Mutter von der Podiumsdiskussion und sagte, daß ich mir nicht sicher wäre, ob ich dabeisein wollte. Sie stellte mir einige Fragen. Was war es genau, vor dem ich mich fürchtete? Wie schlimm war es? Wollte ich es tun oder nicht?

Natürlich wußte sie nicht, daß ich absolut nicht daran teilnehmen wollte. Sie wußte nicht wirklich, was die Vergewaltigung und der Prozeß für mich bedeutet hatten, denn ich hatte nicht zulassen wollen, daß sie es erfuhr. Ich wollte es immer noch nicht. Deshalb dachte ich, es sei besser, es einfach zu machen. Ich würde es schaffen. Vielleicht würde er sich nicht mehr an mich erinnern. Außerdem hatte er bei dem Prozeß nur seinen Job gemacht. Er hatte sicherlich persönlich nichts gegen mich.

Aber ich hatte ihn gehaßt mit seinen kleinen Augen. Warum hatte man ihn gewählt, damit er als ein Beispiel für alle von verantwortungsbewußter Bürgerschaft sprechen sollte? Ich wollte ihn niemals wieder sehen und noch viel weniger mit ihm an einem Tisch vor eintausendfünfhundert Teenagern sitzen.

Als der Tag kam, brachte ich alles ganz gut hinter mich. Mr. Falcone stellte mir Mr. Bernhard vor der Podiumsdiskussion vor, als die Teilnehmer miteinander bekannt gemacht wurden. Er schien mich nicht wiederzuerkennen. Verhielt er sich etwas distanzierter, als er es getan hätte, wenn er mich wirklich nicht erkannt hätte? Ich versuchte, nicht darüber nachzudenken.

Als ich an die Reihe kam, hielt ich eine kleine Rede über die Revolution, da meine Mutter sicher gewesen war, daß die Sprache darauf kommen würde, und drückte mich so gewandt wie möglich aus. Ich spürte, daß das Publikum mich seltsam fand, aber ich war entschlossen, ihnen die Ansichten unserer Familie mitzuteilen. Der Augenblick war schnell vorüber. Es ist schwer zu sagen, was das Rauschen in meinen Ohren verursachte: die ungewohnte Größe des Publikums oder die Angst, nur ein paar Stühle entfernt von Edmund Bernhard sitzen zu müssen.

Im nächsten Herbst konnte mir Solebury wieder ein Stipendium geben. Ich war nun sechzehn und kehrte schüchtern, aber voller guter Vorsätze zum Campus zurück. Suzanne begrüßte mich lächelnd, als ich mit meinen neuen Büchern unter dem Arm aus dem winzigen Buchladen in der alten »Scheune« kam.

»Mala Sundstrom hat von dir gesprochen«, sagte sie. »Sie hat mir erzählt, daß sie dich gesehen hat und daß du bei ihr im Kunstunterricht bist. Sie sagte: ›Ich bin so froh, daß Martha wieder zurück ist. Und sie sieht so gut aus!‹«

Ich konnte nicht genug kriegen von allem, was mit Solebury zu tun hatte: die kleinen Klassenzimmer, meine Vertrautheit mit den Lehrern, die allgemeine Aufregung über die großen Veränderungen, die in der Welt vor sich gingen und von denen niemand in Hunterdon Central gehört hatte. Voller Elan stürzte ich mich in das Leben dort. Ich suchte Callanan auf, einen der beliebtesten Lehrer in Solebury, der in diesem Jahr Schulleiter war, und überredete ihn, mir in seinem Büro mit einem anderen Oberstufenschüler namens Chris Lateinunterricht zu geben.

Callanan verhielt sich nie so, als ob er Dinge lehrte, die er bereits wußte. Man hatte den Eindruck, ihn zu begleiten, während er sein eigenes Wissen vergrößerte. In seinem Unterricht konnte man sich erwachsen fühlen. Eines Tages, in einer Stunde, die ich nie vergessen werde, änderte sich etwas in meinem Verständnis für diese Sprache. Wir lasen gerade Ciceros Briefe. Die lateinischen Wörter, die ich seit fast vier Jahren auswendig lernte und zusammenzusetzen versuchte wie ein Puzzle, erschienen mir plötzlich wie eine lebendige Einheit, wie eine *Sprache*. Plötzlich konnte ich die Bedeutung eines ganzen *Satzes* auf Anhieb erspüren. Diese Briefe wurden zu Briefen, die ein wirklich existierender Mann seinen Lieben in einer Sprache geschrieben hatte, die ähnlich funktionierte wie meine eigene.

Nach und nach wurden Chris und ich zu Freunden, während wir über unseren Lateinaufgaben brüteten. An einem Tag im Frühling wurde mir klar, daß ich ihn liebte. Eine Gruppe aus unserer Klasse verbrachte den Abend im Haus unserer Biologielehrerin. Ich wollte neben Chris sitzen, so nah, daß wir uns berührten. Warum legte er seine Hand nicht auf meinen Arm?

Auf der Heimfahrt saßen wir zu dritt hinten im Auto, und es gelang mir, mein Bein an seines zu lehnen. Im gleichen Augenblick durchströmte eine süße und heiße Erregung meinen ganzen Körper.

Ich träumte davon, Chris zu küssen, und zweifelte nicht an seinem Entgegenkommen. Er war weiterhin freundlich, ruhig und liebevoll. Er konnte sich nie dazu durchringen, mich zu küssen, auch nicht, als ich ihn schließlich in meiner Verzweiflung darum bat.

Einige Wochen später erzählte ich einer anderen Oberstufenschülerin von meiner Liebe zu Chris und wie enttäuscht ich war. Sie sagte: »Hast du schon mal an Andy gedacht? Ich glaube, er mag dich.«

Andy war schüchterner als Chris, aber schien nichts dagegen zu haben, seine Zeit mit mir zu verbringen. Wir arrangierten den zweiten Satz von Bachs Italienischem Konzert als Duett. Er spielte Cembalo, ich Flöte. Wir erhielten die Erlaubnis, es auf dem jährlichen Schulfest vorzuspielen.

Nach dem Konzert in der Turnhalle waren wir berauscht von der Musik, dem Applaus und dem Frühling und beschlossen, einen Spaziergang im Mondschein zu machen. Ich wußte, wenn er mich je berühren würde, dann in dieser Nacht. Meine Eltern waren zum Konzert gekommen und warteten vor der Turnhalle, um mich abzuholen. Aber wenn ich ihn nur einen Moment stehenließ oder nur darum bat, auf mich zu warten, während ich mit ihnen sprach, würde er seine Meinung vielleicht ändern. Ich blieb also einfach bei ihm und weigerte mich, an meine Eltern oder irgend etwas anderes zu denken.

Wir spazierten am Teich vorbei, durch die Felder bis zum Waldrand und wieder zurück, ohne viel zu reden. Er übernachtete in einem Zimmer auf dem Campus, da er weit entfernt wohnte. Ich fragte, ob ich bei ihm bleiben könne. Er sagte, er hätte nichts dagegen. Wir verbrachten die Nacht verbotenerweise zusammen in einem winzigen Schlafzimmer unter dem Dach, das die Krankenschwester manchmal für kranke Schüler benutzte. Er setzte sich aufs Bett und lehnte sich gegen die Wand. Ich setzte mich ebenfalls aufs Bett und lehnte mich mit dem Rücken an ihn, so daß wir nicht beide zusammen im Bett lagen, sondern halb saßen. Unbeholfen lehnte ich meinen Kopf gegen seinen Nacken. Ich weiß nicht mehr genau, ob er mich einmal wirklich auf die Stirn geküßt hat. Das, wenn überhaupt, war alles. Wir sprachen nie davon.

Ich kann mich nicht mehr genau erinnern, wo ich schlief oder ob ich überhaupt schlief.

Ich erzählte Andy nie, welchen Preis ich gezahlt hatte, um ihm nah sein zu können. Am nächsten Tag erzählte mir ein Lehrer nebenbei, daß meine Mutter außer sich vor Wut nach dem Konzert in die Bibliothek gekommen sei, wo er Nachtdienst hatte. Sie verlangte zu wissen, wo ich war, aber er konnte es ihr nicht sagen. Schließlich hatte sie aufgegeben und war nach Hause gefahren.

Ich rief sie an diesem Nachmittag nach dem Unterricht an und sagte beiläufig: »Ihr könnt mich jetzt abholen.«

Wie gewöhnlich holte mich mein Vater ab. Als ich zur Tür hereinkam, empfing sie mich mit der schneidenden Bemerkung: »Wehe, du verschwindest noch einmal, wenn wir dich abholen wollen.«

Es war das erste und das letzte Mal, daß ich mich mit einer solchen Heftigkeit gegen meine Eltern auflehnte. Ich war über meine eigene Grausamkeit entsetzt. Ich hatte Verzweiflung und Wut in ihr ausgelöst, und ich hatte sie tief verletzt, indem ich sie ignorierte. Aber es war so wunderschön gewesen, mit Andy die ganze Nacht zusammenzusein. Wie war es möglich, sich zur gleichen Zeit so richtig und so falsch zu verhalten?

Wir wußten beide, was es bedeuten konnte, die ganze Nacht wegzubleiben, aber wir wagten nicht, davon zu sprechen. Sie fragte nicht, wo ich gewesen sei, und tat so, als sei es meine Angelegenheit, was ich machte, solange ich die Freundlichkeit besaß, ihr Bescheid zu geben. Ich kam nicht auf den Gedanken, daß sie sich wahrscheinlich Sorgen um mich machte, vielleicht gerade weil ich bereits einmal so sehr verletzt worden war.

In diesem Frühling begann ich, bis zum Abendessen in der Schule zu bleiben. Ich spürte, wie die Welt sich öffnete und ich an Selbstsicherheit gewann. Manchmal saß ich mit gemischten Gefühlen am Tisch einer meiner Lehrer vom zweiten Studienjahr namens Knight. Er war die schlimmste Tratschtante, die man sich vorstellen konnte, und verbreitete völlig skrupellos seine Ansichten über das Klima unter den Lehrern und das Sexleben der Leute an der Schule. Ich wollte alles darüber wissen und wollte nichts davon wissen.

Eines Abends kam er darauf zu sprechen, welche Mädchen an der Schule wohl keine Jungfrauen mehr wären. Ich sah eine Chance, mich in die Runde einzubringen, außerdem wollte ich ihm sein Spiel verderben.

»Ich bin natürlich auch keine Jungfrau mehr, wie Sie wissen, Mr. Knight«, ergriff ich das Wort. »Erinnern Sie sich? Ich wurde mit dreizehn vergewaltigt.«

Er hielt inne, wenigstens für einen Moment. Darauf war er nicht gefaßt gewesen. Er murmelte: »Das zählt natürlich nicht«, und wechselte das Thema.

Ich schämte mich, sobald ich die Worte ausgesprochen hatte. Doch etwas in mir hatte darauf bestanden, ihm dies zu sagen. Ich hatte meine Jungfräulichkeit verloren, aber anders als alle anderen. War ich also immer noch eine Jungfrau oder nicht? Wenn jemand eine Antwort darauf hatte, dann war es Knight. Und ich war immer noch, unabhängig von meiner Person, stolz auf meine Vergewaltigung und wollte es als eine Art Leistung sehen, obwohl ich nicht genau wußte, ob es eine war.

Der Gedanke an meine Vergewaltigung war in diesem Jahr nur durch diesen Vorfall wieder aufgetaucht, nicht deshalb, weil ich mich spontan zu Chris und Andy hingezogen fühlte. Knights unverblümte Art, über Sex zu sprechen, ließ die Erinnerung in mir wach werden. Im Gespräch mit Knight wollte ich meine sexuelle Erfahrung zeigen. Was ich von Andy und Chris wollte, als ich erste sexuelle Gefühle entwickelte, war dem sehr ähnlich, was ich von Allen zwei Jahre vorher gewollt hatte – von jemand liebevoll berührt und geliebt zu werden.

Es würden Jahre vergehen, bis ich wieder eine solche Zärtlichkeit, wie ich sie für diese beiden Jungen gefühlt hatte, für einen Mann empfand.

Eine schlechte Mahlzeit im Speisesaal der Schule war mir lieber, als zum Abendessen nach Hause zu gehen. Ich wollte an dem, was dort vor sich ging, nicht teilhaben. Ich hätte nicht sagen können, was es genau war, das ich dort zu spüren glaubte – vielleicht das Gefühl, daß sich die Probleme meiner Eltern immer mehr zuspitzten. Sie sorgten sich um Loch, sie sorgten sich um Geld, und es war die Schuld meines Vaters. Er arbeitete nicht genug. Am meisten ärgerte sie sich über sein Trinken, das immer schlimmer wurde. Sie befanden sich ständig im Kriegszustand, ihre Auseinandersetzungen führten zu keinem Ergebnis, und ihr Ärger nahm kein Ende. Er kroch vor ihr, schmeichelte ihr, tat alles, um sie wieder zu beruhigen, konnte ihr aber nie ins Gesicht sehen. Alles, was ich wußte, war, daß es mir immer unmöglicher wurde, mich zu Hause aufzuhalten, an einem Ort der Unruhe und Einsamkeit, wo ich nicht atmen konnte.

Jeden Abend bereitete sie eine raffinierte Mahlzeit zu, als ob dadurch die Dinge wieder das würden, was sie einmal waren, als ob dadurch wettgemacht würde, daß Loch nicht mehr da war und es ihm vielleicht nicht gutging und ich vielleicht auch bald fortgehen würde. Doch die Schönheit der Welt, die sie erschaffen hatte – ihre Gärten, der große, sonnendurchflutete Raum, in dem Alida und ich unsere Näharbeiten und Zeichnungen neben ihrem Klavier aufbewahrten, die Küche mit der großen Lochwand, an der Gewürztöpfe und Pfannen hingen –, konnte mich nicht halten. Ihre Macht war am Schwinden. Schuldbewußt drückte ich mich davor, ihr zu helfen, wann immer ich konnte. Und wenn ich ihr half, war sie nicht zufrieden. Sie war in einer Art und Weise unglücklich, daß ich ihr nicht helfen, sondern nur versuchen konnte, mich zu entziehen.

Sie und mein Vater wußten nicht, was mit meiner Ausbildung am College werden sollte. Sie hatten kein Geld, um sie zu finanzieren. Ich würde eine Schule finden müssen, die mir volle finanzielle Unterstützung zukommen ließ. Sie hofften, daß dies möglich war, da ich Drittbeste in meiner Klasse in Solebury war. Alle – meine Eltern, meine Lehrer und sogar ich selbst – waren sich nicht ganz sicher, ob ich mit meinen sechzehn Jahren wirklich schon aufs College gehen sollte. Aber niemandem fiel eine gute Alternative ein. Ich spürte, daß es nicht gut für mich war, weiterhin bei meinen Eltern und in der sich ständig verdüsternden Atmosphäre unseres Hauses zu wohnen. Die Schule war der Ort, wo ich relativ glückliche und fröhliche Tage zubrachte.

Ich bewarb mich bei drei Colleges, die Unterricht in Griechisch und Anthropologie anboten. Ich wollte unbedingt Griechisch lernen, die Sprache der Odyssee. Ich wollte klassische Archäologin werden, nach Griechenland und Italien gehen und dort antike Ruinen ausgraben, die Gefäße berühren, die die Menschen jener Zeit berührt hatten.

Jahre später erzählte mir meine Mutter, daß sie sehr beunruhigt gewesen sei, als ich so jung aus dem Haus gegangen wäre. Sie hätte aber beschlossen, daß es das Beste für mich gewesen sei, »rauszukommen« – aus einem Haus voller Bitterkeit.

Ich ging ans Trinity College in Hartford, Connecticut, eine kleine, liberale, geisteswissenschaftlich ausgerichtete Universität, deren Seminar für Altphilologie mir sehr empfohlen worden war. Ich kam dort allein an, nachdem ich meinen vollgepackten Koffer eine Meile vom Bahnhof in Hartford bis zum College geschleppt hatte. Als ich meine Sachen in meinem winzigen, leeren Zimmer im Wohnheim auspackte, hatte ich ein flaues Gefühl im Magen. Ich sah andere Studenten, die ihre Koffer aus den Kombiwagen ihrer Eltern entluden, mit ihren Müttern loszogen, um billige Bücherregale und Vorhänge zu besorgen. Meine Familie war weit weg wie eine Zigeunerkarawane, die draußen in der Nacht kampierte. Sie konnten mir nicht sagen, wie ich mich in diesen Stein- und Zementgebäuden, in Wohnheim und Speisesaal, zu betragen hatte. Ich hatte das Zuhause, das ich unbedingt verlassen wollte, nun wirklich hinter mir gelassen.

Aber alles würde gut werden. Ich würde wirklich gut in meinem Studium sein, und meine Lehrer würden mich mögen. Vor allem würde ich Freunde haben, Liebhaber, Männer. Ich sagte gern: »Männer«. Ich würde wie die Erwachsenen lieben. Ich würde eine erfahrene und sexuell attraktive Frau werden.

Trinity hatte erst zwei Jahre vorher, infolge starker Proteste seiner Studenten, die Koedukation eingeführt. Frauen waren jedoch auf dem Campus immer noch in der Minderheit. Ich war glücklich. Der Gedanke, daß eine männlich dominierte Institution vielleicht keine sehr fruchtbare Umgebung für mich sein könnte, kam mir nicht. Ich dachte nur, daß unter all den Männern sicher einer dabei war, der meinen Traum erfüllen würde.

Jemand erzählte mir, daß einige der älteren Studenten das Erstsemesterhandbuch, in dem ein Foto jedes neuen Studenten abgebildet war, das »Schweinebuch« nannten. Sie sahen es sich zusammen an, brachten die Gesichter der Mädchen in eine Reihenfolge und entschieden, wen sie wollten.

Ich wollte wirklich aufgerissen werden und ging mit dem Ersten, der sich für mich interessierte, ins Bett. Meine Wahl fiel auf ihn, weil er groß, blond und dreiundzwanzig war, nicht mehr so kindlich wie die Jungen aus dem Erstsemester oder die Altphilologiestudenten, die ich getroffen hatte. Er wirkte sexuell erfahren und war bereit, mich einzuweihen. Nachdem wir miteinander geschlafen hatten, sagte er mir, ich sei einfach wundervoll gewesen.

»Du wirst unzählige Liebhaber haben«, sagte er. Ich war überwältigt.

Ich wußte, daß sich meine Mutter Sorgen um mich machte, als ich ans College kam. Vor meinem geistigen Auge sehe ich sie, wie sie in einem Zimmer unseres Hauses im Halbdunkel einen Vorlegelöffel mit einem Geschirrhandtuch trocknet. Sie ist mitten in ihren täglichen Haushaltspflichten, hängt die Wäsche auf, arbeitet im Garten, bereitet das Essen vor. Vielleicht ist sie gerade von ihrem Mittagsschlaf aufgestanden, sie ist erledigt, und es graut ihr davor, mit den Vorbereitungen fürs Abendessen beginnen zu müssen. Sie hält einen Moment lang inne – sie sieht mich, Martha, jung, groß und eifrig beim Studieren, und sie fragt sich, ob es mir gutgeht. Ich laufe auf einem Weg, der von Ulmen gesäumt ist, mit einem Stapel Bücher auf dem Arm. Meine Schultern sind hochgezogen, einen Moment lang erschrecke ich und halte inne. Ich bin mir nicht mehr sicher, ob ich noch in die Bücherei oder irgendwo anders hingehen möchte. Es ist, als ob sie mich nach Hause ruft, als ob sie mich halten und behalten möchte – und ich fühle ebenso.

Ich schrieb ihr einen Brief und erwähnte beiläufig, daß ich zu einer Beratungsstelle für Familienplanung gegangen war und ein Diaphragma erhalten hatte. Ich war stolz auf mein verantwortungsvolles Handeln und dachte, es würde ihren Beifall finden. Sie schrieb mir zurück: »Deine Mitteilung, ein Diaphragma erhalten zu haben, klingt, als ob du mir mitteilen wolltest, daß du die Zulassung an eine Universität erhalten hast. Sex ist mehr, als einen netten Freund zu haben, und es dauert Jahre, bis man damit umgehen kann.«

Ich war schockiert und zeigte den Brief der Lehrerin, die für mein Wohnheim verantwortlich war. Sie bewunderte die Direktheit meiner Mutter und sagte, sie sei der gleichen Meinung. Doch ich verstand nie, was meine Mutter meinte, besonders mit den Worten »einen angenehmen Freund haben« – das war etwas, was ich sehr schön fand. Vielleicht wollte sie mich warnen. In Wahrheit war ihr Brief ein Vorwurf und eine Bestrafung, und aus jeder Zeile sprach ihr Ärger.

Meine Eltern und ihre immer größer werdenden Probleme setzten mir in diesem Herbst sehr zu. Kurz vor dem Erntedankfest riefen meine Eltern an und erzählten mir, daß Loch einen Nervenzusammenbruch gehabt hätte. Er war auf dem Campus in Hiram nackt und völlig abwesend herumgelaufen. Sie mußten mit unserem 57-Chevy nach Ohio fahren, ihn aus dem Krankenhaus holen, in das das College ihn gebracht hatte, und nach Hause bringen. Sie fanden einen Nachbarn, der mich am Bahnhof in Trenton abholen würde, damit ich wie geplant nach Hause kommen und dort bei Alida bleiben konnte.

Während wir ein oder zwei Tage allein zu Hause waren, frag-

151

ten wir uns, was wohl passieren würde. Alida war vierzehn und ich sechzehn, aber nun war ich die ältere Schwester, die vom College nach Hause gekommen war. Ich versuchte, zuversichtlich und verantwortlich zu erscheinen. Wir wollten nicht, daß sie sich Sorgen machte.

Ich habe nie ganz verstanden, was mit Loch in jenem Herbst eigentlich passiert war. Er hatte mit seinem Studium zu kämpfen und war unfähig, ein Hauptfach zu wählen, bis es schließlich fast zu spät war. Bis zum Erntedankfest hatte er sich in eine Lage manövriert, wo er Gefahr lief, einige Fächer nicht zu bestehen. Wie die meisten Studenten in dieser unruhigen Zeit rauchte er viel Marihuana, vielleicht mehr als die anderen, obwohl er jemand war, der wahrscheinlich am besten überhaupt nicht geraucht oder getrunken hätte. Jahre später deutete er mir gegenüber an, daß er glaube, jemand habe LSD in sein Getränk getan, was dann seine Wahnvorstellungen hervorgerufen habe. Es war ein trübes Erntedankfest. Meine Eltern waren verzweifelt. Meine Mutter konnte sich dazu durchringen, ein Abendessen zuzubereiten, und wir rangen uns dazu durch, es zu essen. Wir saßen um unseren Tisch wie Waisenkinder, die keine Ahnung hatten, was mit ihnen passieren würde.

Als ich ans College zurückkehrte, stellte ich fest, daß mein neuer Liebhaber das Interesse an mir verloren und eine andere gefunden hatte. Ich war am Boden zerstört. Es stellte sich heraus, daß es doch nicht so leicht war, in sexuellen Dingen raffiniert zu sein. Meine Hausaufgaben begannen mir schwerzufallen. Ich fragte mich langsam, ob ich vielleicht kurz davor war, einen Nervenzusammenbruch wie Loch zu bekommen.

Ich versuchte, zu Hause anzurufen, in der Hoffnung, meine Eltern könnten mir helfen. Ich sehnte mich nach Sicherheit und glaubte, allein ihre Stimmen könnten mir dieses Gefühl vermitteln. Ich konnte ihnen jedoch nicht alles erzählen, sondern machte nur ein paar Andeutungen. Doch mir fehlten die Worte, mit ihnen über meine Gefühle zu sprechen. Sie hörten mir zu, doch ich spürte, daß es ihnen lieber war, ich würde sie nicht mit Problemen belasten, die sie nicht verstehen oder lösen konnten. Am Ende der Telefonate waren beide Seiten frustriert.

Mein erstes Semester schloß ich mit der besten Benotung in sechs Fächern ab.

Mein erster Liebhaber war ein sexueller Abenteurer gewesen, der von einer Eroberung zur nächsten eilte. Ich folgte seinem Beispiel und begann, mit verschiedenen Männern ins Bett zu gehen. Ich war unbeirrbar und sah in jeder neuen Begegnung eine Chance auf eine mögliche Liebesbeziehung, obwohl es nie dazu kam. Ich sehnte mich leidenschaftlich danach, daß mein Partner mich liebte (und bildete mir ein, daß meine Sehnsucht danach Liebe war), und hatte ein starkes Bedürfnis nach Bestätigung, nach der Bewunderung, die ich, wie ich herausgefunden hatte, von Männern bekam, indem ich sie einfach dazu einlud, meinen Körper anzusehen und zu berühren.

Beides existierte nebeneinander – meine zärtlichen, schüchternen Versuche, mich zwei Jungen in Solebury zu nähern, die mich gemocht hatten, und dieser Drang, meine körperlichen Reize freimütig zur Schau zu stellen und anschließend Sex zu haben. Im College existierten diese zwei unterschiedlichen Mädchen nebeneinander in mir und versuchten, sich in einem erbitterten, nicht endenden Kampf zu behaupten. Die eine, die sich immer noch nach der Versicherung gegenseitiger Zärtlichkeit sehnte, ließ sich nicht unterdrücken und sabotierte all meine Versuche, mich wie eine erfahrene Erwachsene zu geben. Im Bett mit einem Mann kam sie manchmal zum Vorschein, schwamm in Tränen und gestand verzweifelt Bedürfnisse, die, wie ich wußte, hier fehl am Platze waren.

Ich weigerte mich, mir vorzustellen, daß einer der Männer, mit denen ich schlief, mich als »leichtes Mädchen« betrachtete. Aber ich schnappte Bemerkungen auf, die die Leute um mich über Sex machten. Ihre Vorstellungen verfolgten mich. Was ich tat, nannte man »mit jedem ins Bett gehen«. Wenn ich einen »One Night Stand« hatte, bedeutete das, ich »hatte keinen Respekt« vor mir. Der Begriff von »Selbstachtung« blieb mir ein Rätsel. Meine Mutter meinte, daß ich keine hätte, weil ich zu schnell bereit war, mit jemandem Sex zu haben. Und auch mir selbst war klar, daß ich keinen Respekt vor mir hatte, denn ich bemerkte, daß ich mich jedesmal schämte, wenn ich mit jemandem schlief. Aber warum?

Kurze Zeit später fand ich doch noch einen Freund – allerdings, weil er sich in mich verliebte und nicht umgekehrt. Ich dachte, alle meine Probleme wären nun gelöst. Er gab mir nach einer Zeile bei Shakespeare den Kosenamen Mooncalf, Mondkalb, und kürzte ihn manchmal Mooney ab. Er vergötterte mich, und ich wußte es. Er bewunderte meine Intelligenz und mein Aussehen, und wenn ich ihn nicht gerade mit Wutausbrüchen oder Angstzuständen verrückt machte, behandelte er mich mehr oder weniger wie eine jüngere Schwester, mit neckender Zuneigung.

Er war anständig und hatte ein großes Herz. In sexuellen Dingen war er nachlässig. Als wir zum ersten Mal miteinander schliefen, war mir klar, daß ich mich niemals in ihn verlieben könnte. Ich konnte vielleicht mit ihm lachen, vor Wut oder Enttäuschung weinen, mich weigern, mit ihm zu schlafen oder ihn dazu anstacheln, aber er würde sich nie besonders anstrengen, mich zu befriedigen.

Ich überlegte, ob es vielleicht an mir läge. Schließlich war ich ja vergewaltigt worden. Weil ich damals so jung gewesen war, hatte es irgendwie meine Anatomie verändert, und ich konnte infolgedessen keinen Orgasmus mehr bekommen. Ängstlich gestand ich meine Befürchtungen einer älteren Studentin, die ich sehr bewunderte.

»Was machst du, wenn du onanierst?« fragte sie mich ganz direkt.

»Ich habe versucht, Dinge in meine Scheide einzuführen«, sagte ich. »Aber es scheint nichts zu passieren.«

»Weißt du, wo deine Klitoris ist?«

»Ich glaube schon.«

»Nun, lege einfach deine Hand an deine Klitoris und reibe daran. Hör nicht auf damit. Wenn du immer weitermachst, kommst du irgendwann. Ganz sicher.«

Ich versuchte es zu Hause in meinem Zimmer, denn in der Atmosphäre des Wohnheims, in der wir nur wenig Intimsphäre hatten, hätte ich mich nicht getraut. Es dauerte eine Stunde. Als es schließlich klappte und ich spürte, wie sich die Erregung langsam in meinem ganzen Körper ausbreitete und sich dann in meinem Unterleib in einer beglückenden, ruhigen Welle brach, war ich außer mir vor Freude, als ob sich ein Wunder ereignet hätte. Ich konnte einen Orgasmus bekommen. Ich war nicht frigide, und wenn ich es selbst konnte, dann konnte ich sicher lernen, wie ich mit ihm zusammen kommen konnte.

Sobald ich ihn das nächste Mal sah, erzählte ich ihm voller Stolz davon.

»Stell dir vor, ich hatte einen Orgasmus!« sagte ich. »Ich habe herausgefunden, was ich tun muß, habe es ausprobiert, und es hat funktioniert.«

»Oh«, meinte er vage. »Eine Weile ist es ganz schön, zu onanieren. Aber dann interessierst du dich für andere Dinge.«

Seine Antwort entmutigte mich, aber ich hoffte sowieso, es würde passieren, wenn wir miteinander schliefen, ohne daß er etwas dazu tun müßte. Es war nicht so. Nichts hatte sich geändert, und wenn wir miteinander geschlafen hatten, war ich jedesmal unglücklich und enttäuscht. Schon bald begann ich wieder zu glauben, ich sei frigide. Psychologen hatten geschrieben, daß Frauen, die keinen vaginalen Orgasmus bekommen konnten, unreif waren. Reife Frauen kamen auch beim Sex mit einem Mann zum Höhepunkt, nicht nur wenn sie masturbierten. Eine Frau sollte es erregen, ihren Partner zu befriedigen. Ich spürte nur Wut, und das mußte bedeuten, daß ich – ob im Bett oder außerhalb – keine Bindung eingehen und nichts für andere empfinden konnte. Vielleicht konnte ich nicht lieben.

Als ich mich anderthalb Jahre später von ihm trennte, sagte ich ihm, ich wolle einfach wieder frei sein. Es war die Wahrheit, denn die Beziehung ließ mir nicht genug Freiraum. Er war sehr getroffen, aber es berührte mich nicht. Trotz all seiner Zuneigung und Unterstützung konnte ich nicht vergessen, wie egoistisch er im Bett gewesen war. Ich hatte nie direkt mit ihm darüber gesprochen.

Als ich nach Abschluß meines zweiten Studienjahres im Sommer zu Hause wohnte und in einem kleinen Restaurant am Ort arbeitete, um mir Geld fürs College zu verdienen, kam meine Mutter eines Tages vom Einkaufen zurück und erzählte mir, daß Frank Miller nun offenbar einen Mord begangen hätte. Sie hatte eine Zeitung gekauft und gab sie mir zum Lesen.

Ich las den Artikel hastig in der Küche, als niemand dort war. Ich wollte nichts mehr über Frank Miller wissen, aber irgend etwas zwang mich dazu. Am 13. August 1973 – am zweiten Tag seines ersten Hafturlaubs und genau fünf Jahre nach meiner Vergewaltigung – hatte er sich einem siebzehnjährigen Mädchen auf der elterlichen Farm genähert. Er sagte, er habe eine entflohene Kuh gesehen, und schlug ihr vor, in sein Auto zu steigen und nach ihr zu suchen. Zufällig trug sie einen Badeanzug. Er fuhr mit ihr an einen entlegenen Platz, ermordete sie auf brutalste Art und Weise, schnitt ihr die Kehle durch und verstümmelte ihre Brüste und Genitalien mit einem Messer. Ihr Vater und ihre Brüder, die der Polizei halfen, fanden ihren Körper später in einer Schlucht. Einer der Brüder erkannte Millers Auto, und innerhalb weniger Stunden war er verhaftet.

Jetzt konnte ich eigentlich davon überzeugt sein, daß er der Mann gewesen war, der mich vergewaltigt hatte. Das Datum des Mordes war schließlich ausgesprochen überzeugend, oder etwa nicht? In meinen Augen war das Geschehen immer noch völlig irreal. Auch wenn er es gewesen war und auch wenn ich mich daran erinnerte, vergewaltigt worden zu sein, kam es mir nicht so vor, als ob wirklich ich es gewesen war, die man vergewaltigt hatte. Ich redete mir ein, daß er nichts mehr mit mir zu tun hätte. Ich war dankbar, im College und weit entfernt von ihm zu sein.

Mein Vater hob den Zeitungsartikel bei seinen Unterlagen auf. Er läßt ganz deutlich Dinge erkennen, die ich 1973 wohl nicht sehen wollte. Auf dem Foto sieht Miller wie ein Mörder aus: Er hat ein schmales, eingefallenes Gesicht, aus seinem Blick spricht unterschwellig Gewalt. Sein Opfer war eine Schülerin in Hunterdon Central gewesen, die dort hervorragende Leistungen erbracht hatte. Wie ich hatte sie braune Augen, braunes, gescheiteltes Haar und einen ernsten Blick. Sie war siebzehn, so alt wie ich. Ich muß mich damals einfach gefragt haben, so wie ich es auch jetzt tue, ob er ein Mädchen überfallen hat, das ihn an mich erinnerte, an die, die ihn fünf Jahre vorher verraten hatte. Es schien, als sei die blutige Vision, die ich auf der Lichtung, als ich sah, wie mein Körper in einem Graben lag und mein Vater und Bruder mich fanden, Realität geworden. Ich hatte das Schicksal, das mir zugedacht war, abgewendet und so vielleicht auf sie übertragen.

Ich hatte ihn ins Gefängnis gebracht, und im Gefängnis war er zum Mörder geworden. Ich hatte nicht nur ihn zerstört, sondern auch dieses Mädchen. Sie hatte keine Chance gehabt.

Ich sprach mit niemandem darüber und versuchte, es so schnell wie möglich zu vergessen.

Die geheime Wahrheit über mich am College war, daß ich nur ein mächtiges, wirkliches Bedürfnis hatte, nämlich geliebt, gerettet und geheilt zu werden – und all das durch einen Mann. Ich würde ihn an einem sicheren Zeichen erkennen: Wenn wir miteinander schliefen, würde ich einen Orgasmus bekommen. Er liebte mich, und wenn wir miteinander schliefen, war er geduldig und sehnte sich danach, mich zum Höhepunkt zu bringen. Er wollte mir nicht nur behilflich sein, sondern vermochte auch, mich kraftvoll zu nehmen und aus dem Gefängnis meines so gequälten Körpers zu befreien. Um mich vollständig, entspannt, sexuell und weiblich zu machen. Um mich zu *ent-vergewaltigen*.

Wenn ich nach dem Sex neben jemandem lag, erregt, aber immer noch unbefriedigt, glaubte ich manchmal, in meiner Not verrückt zu werden. Ich verzehrte mich nach dieser einen Sache. Ich konnte nichts tun, außer zu warten, es weiterhin zu versuchen und einen Freier nach dem anderen heimlich auf die Probe zu stellen.

Es gab Momente, in denen die Wahrheit greifbar nahe war – wenn mein Liebhaber befriedigt neben mir lag und ich mich manchmal über meine körperliche Unzufriedenheit in verschlüsselten Worten beklagte, die nur ich verstand. Manchmal weinte ich auch und konnte dann getröstet werden, so, als ob das den unvollendeten Geschlechtsakt wettmachte. Es hatte den Anschein, als ob einige Männer das Gefühl hatten, ich hätte ihnen etwas vorgetäuscht, während andere glaubten, ich hätte lediglich einen schlechten Tag gehabt, und sich weiter keine Gedanken darüber machten.

Jahrelang führte ich eine Liste mit meinen Liebhabern. Indem ich ihre Namen aufschrieb, erschienen mir die Begegnungen realer. Ich hatte sie gekannt, wenn auch nur flüchtig. Dieses Kennen war etwas, das ich wie einen Schatz hütete, und ich wollte nicht die Übersicht verlieren. Auch wenn mich keiner von ihnen wirklich geliebt hatte, so hatte mich doch jeder ein bißchen geliebt, und das war besser als nichts.

In einem peinlichen Spiel mit einem von den Netteren ließ ich ihn raten, mit wie vielen Männern ich geschlafen hätte, und gab schließlich zu, daß es siebzehn gewesen waren.

»Das sind nicht zu viele«, meinte er rücksichtsvoll. »Du brauchst dir keine Gedanken machen, daß du es zu toll getrieben hast.«

Ich hatte die Hoffnung auf sexuelle Intimität nun schon fast aufgegeben.

Obwohl ich die Augen vor meiner eigenen Einsamkeit verschloß, wurde die willkürliche Wahl meiner Liebhaber unbewußt zu einem Handel, den ich mit dem Schicksal machte. Ich konnte einem Mann nicht meine eigentlichen Bedürfnisse mitteilen und sagen: »Laß uns warten, bis wir einander etwas besser kennen.« Ich konnte mir selbst nur schweigend meine sexuelle Enttäuschung bewußt machen und denken, Gott, er ist genau wie alle anderen.

Der Geschlechtsakt und die damit verbundene Penetration ließen zwangsläufig meine Erinnerung an die Vergewaltigung wiederaufleben. Trotzdem gab es für mich überhaupt keinen Zusammenhang zwischen der Vergewaltigung und dem Bedürfnis, das mich in meine sexuellen Abenteuer trieb. Die Vergewaltigung spielte keine Rolle bei meinen ständigen Überlegungen, ob ich mit mir und meiner Umwelt im reinen war. Wenn ich an die Vergewaltigung dachte, sah ich den Mann vor mir, der mich auf der Straße überfallen hatte. Ich konnte mich nicht mehr an das Schweigen derjenigen erinnern, die mich hätten trösten sollen. Ich dachte daran, wie weh es getan hatte, als er mein Jungfernhäutchen durchstieß, und nicht daran, daß ich mich so sehr geschämt hatte, daß ich mit niemandem darüber reden konnte.

Manchmal dachte ich, *wenn ich ihm von der Vergewaltigung erzähle, interessiert er sich vielleicht mehr für mich oder geht vorsichtiger mit mir um*, sowohl sexuell als auch emotional. Wenn ich ihm davon erzählt hatte, fragte ich mich selbst, *wie konntest du nur die Vergewaltigung dazu benutzen, mehr Aufmerksamkeit zu bekommen? Du solltest es besser wissen, du weißt doch, daß es zu nichts führt und nur ein billiger Trick ist.*

Erzählte ich von der Vergewaltigung, um die Liebe und Unterstützung zu bekommen, die ich immer noch so sehr nötig hatte? Oder war die Vergewaltigung eine Form des Schmerzes, die nach Aufmerksamkeit schrie? Beides traf zu. Indem ich die Vergewaltigung ins Spiel brachte, holte ich mir etwas und brachte gleichzeitig ein wirkliches Bedürfnis zum Ausdruck. Bei beidem war ich mir nicht sicher, ob ich ein Recht darauf hatte.

Jedesmal, wenn ich einem Mann von meiner Vergewaltigung erzählte, hoffte ich insgeheim, daß meine Erzählung auch von einer Empfindung begleitet sein würde, auf die er reagieren könnte. In seinen Armen könnte ich vielleicht das Weinen nachholen, das ich mir auf dem Bett meiner Mutter verboten hatte.

Es muß meine Liebhaber verunsichert haben, wenn ich ihnen in dem Moment, wo klar wurde, daß wir miteinander schlafen würden, von meiner Vergewaltigung erzählte. Wie konnten sie, die in ihren eigenen sexuellen Problemen gefangen waren, auch wissen, daß ich sie zum Teil dazu benutzte, mit dem dunklen Ereignis in meiner Vergangenheit fertigzuwerden? Ich wußte es ja selbst nicht. Für gewöhnlich machten wir jedenfalls weiter und schliefen miteinander. Einige Male meinte der jeweilige Mann bestürzt: »Laß uns aufhören, ich habe ein komisches Gefühl dabei.« Wenn das passierte, fühlte ich mich zurückgewiesen.

Beinahe wie in einem Ritual folgte dem enttäuschenden Sex das Gefühl einer weiteren Verletzung, die ich nicht benennen konnte: das Gefühl, bei einem Fremden zu sein, benutzt worden zu sein, das verzweifelte aufgewühlte Verlangen nach Mitgefühl und Verständnis, das sichere Wissen, daß ich eben dies nicht bekommen würde: und schließlich eine vertraute, immer wiederkehrende Wut über all dies.

Meine sexuellen Erfahrungen, die sich in einem dunklen, fast unbewußten Bereich ereigneten, brachten mich völlig aus dem Gleichgewicht. Sie bedrohten und störten meinen vertrauten Lebensrhythmus und konkurrierten schamlos mit meiner Begierde und Liebe, zu lernen. Ich war begeistert von Latein und Griechisch, obwohl ich wußte, daß beide Sprachen vielen trocken und überholt vorkamen. In den antiken Klassikern suchte ich nach dem Sinn des Lebens.

Ein Teil meines Interesses hing damit zusammen, daß ich zu verstehen versuchte, was mit mir im Alter von dreizehn Jahren geschehen war. In der griechischen und lateinischen Literatur wurde die Thematik der Vergewaltigung häufig aufgegriffen. Europa, Leda, Daphne, die Sabinerinnen – viele Nymphen, Mädchen, Ehefrauen und sogar weibliche Tiere waren von Göttern oder Männern vergewaltigt worden. Ich hatte davon geträumt, von einer göttlichen Männergestalt bewundert zu werden. Statt dessen hatte ich einen ordinären und groben Mann bekommen, eine furchtbare Parodie meiner Vorstellungen. Und doch fühlte ich eine gewisse Verbundenheit mit den Mädchen, die von einem Gott vergewaltigt worden waren. In den Mythen sprachen die Vergewaltigten nie, außer wenn sie die Götter baten, sie auf irgendeine Weise zu erlösen. Sie waren einfach verletzt oder verwandelten sich – manchmal auch beides. Ich erkannte, daß diese Mädchen in ihren eigenen Geschichten nur kleine Rollen spielten.

Wie war es wohl für *sie* gewesen? Die Mythen sprachen seltsamerweise nicht davon. Kein Erzähler und keine der Figuren brachte Entsetzen oder Entrüstung darüber zum Ausdruck, die Vergewaltigungen waren vielmehr ein Teil des Ganzen. In der Welt der Mythen wurden Frauen überwältigt, weil man sie überwältigen konnte: so einfach war das. Es enttäuschte mich, daß jede nützliche Einsicht fehlte. Aber wenigstens war es keine Welt, in der eine Vergewaltigung überhaupt nicht erwähnt wurde.

Ich vertraute mein Verlangen, das Leben zu verstehen, der Obhut meiner männlichen Professoren an. Doch meine ehedem so liebevoll gepflegten Freundschaften mit den Lehrern hatten sich verändert, und ich war nun an sie gebunden in einer qualvollen Routine von Eifer und Schuld. Wann immer ich meine Aufgaben vernachlässigte, weil mich meine sexuellen Bedürfnisse, meine Hoffnungen und meine Wut ablenkten, waren meine Entschuldigungen, auch wenn es mich so sehr dazu drängte, weder akzeptabel, noch konnte ich sie formulieren.

Ich war weiterhin zerrissen zwischen meiner intellektuellen Suche nach Erleuchtung und meinem körperlichen, sexuellen Appetit, als ob er mich der letzten Befriedigung meines tiefsten Bedürfnisses zuführen könnte. Ich mußte weiterhin in meiner Zerrissenheit ausharren und weiter von einem zum anderen pendeln, das eine verlassen, weil ich mir von dem anderen mehr versprach. Wenn ich mich einem von beiden völlig verschrieb, so würde ich schmerzhaft seine Unzulänglichkeit entdecken.

Mein Bruder hatte ebenfalls Schwierigkeiten, erwachsen zu

werden, sich seinem Studium zu widmen, sich in der Welt zurechtzufinden. Er war nach Hiram zurückgekehrt, um noch einmal zu versuchen, sein letztes Studienjahr zu beenden. Während der Herbstferien bekam er einen zweiten Nervenzusammenbruch, der dem ersten in Zeitpunkt und Art ziemlich ähnlich war. Er lebte nun zu Hause.

Was hätte ich meinen Professoren sagen können?

Ich kann mich nicht auf meine Arbeit konzentrieren, weil mein Bruder zwei Nervenzusammenbrüche gehabt hat und seine Chancen schlecht stehen. Meine Eltern glauben nicht, daß er eingezogen werden kann, weil er psychisch labil ist, aber sie sind sich nicht sicher, und sie sind sich nicht sicher, ob er als Kriegsdienstverweigerer aus Gewissensgründen überzeugen würde.

Sie wissen nicht, wie sie ihm helfen können, und sie wissen nicht, wie sie mir helfen können.

Ich weiß immer noch nicht, warum ich so ein Außenseiter bin, und vieles von dem, was Leute miteinander tun, erscheint mir dumm.

Ich weiß nicht, worüber ich mich mit anderen Leuten unterhalten soll oder wie ich Freunde finden kann.

Ich glaube, ich fühle mich sehr einsam und ausgeschlossen. Ich versuche, zu den anderen durchzudringen, indem ich Sex habe, und ich weiß, daß es nicht funktioniert, aber ich kann einfach nicht aufhören, es weiterhin zu versuchen, und jedes Mal, wenn ich es versuche, werde ich wieder verletzt.

Ich möchte einfach nur, daß mich jemand hält, aber ich sollte inzwischen wirklich darüberstehen.

Ich sollte weiter meine Arbeit machen, unabhängig davon, was meine »persönlichen« Schwierigkeiten sind. Aber warum? Und wie?

Ich weiß nicht, was das Wort »Selbstachtung« bedeutet.

Im Gegensatz zu meinem Bruder bekam ich trotz allem nie eine schlechtere Note als Zwei.

Es ist unmöglich für mich, zu analysieren, welche Rolle die Vergewaltigung bei meinen Verwirrungen und Schwierigkeiten in diesen Jahren gespielt hat. Sicherlich haben viele junge Frauen in diesem Alter ähnliche Probleme. Es steht für mich jedoch fest, daß die beiden Männer, für die ich als junge Frau – mit achtzehn und vierundzwanzig – am meisten empfand, mich stark an den Vergewaltiger erinnerten. Es ist für mich deshalb im nachhinein besonders aufwühlend, mich an diese Begegnungen zu erinnern.

Mitten in meinem vorletzten Studienjahr traf ich den ersten. Ich glaubte, er sei mein Retter, der Licht und Hoffnung in meine düstere und qualvolle Lage bringen würde. Meine Leidenschaft für ihn begleitete mich, als ich das College verließ und in die Welt hinausging. Sie dauerte bis zum Frühling 1976 an, als ich einundzwanzig Jahre alt war.

Dieser junge Mann war von Sex besessen. Er war ein Vergewaltiger: keiner, der Frauen auf verlassenen Straßen überfällt, aber jemand, der sich einer Frau aufdrängt, nachdem sie ihn in ihr Zimmer gelassen hat. Anders als alle, die ich vorher getroffen hatte (und danach treffen würde), ließ er »Nein« nicht gelten. Ich erfuhr davon nach und nach durch andere, die mir von seinem Verhalten erzählten.

Ich war gerade am Anfang eines Studienjahres am Dartmouth College, wo ich an einem Austauschprogramm teilnahm, das ursprünglich dazu dienen sollte, einige Frauen auf den Campus zu bringen. Wie auch Trinity war Dartmouth bis vor wenigen Jahren ausschließlich ein College für Männer gewesen. Ich genoß die Landschaft dort, meine Heimat, die vertrauten Kiefernwälder und verschneiten Hügel am Rande des Connecticut River, der in New Hampshire tief ist und mit starker Strömung in einem engen Flußbett fließt. Doch ich fühlte mich noch einsamer als in Trinity. Die frauenfeindliche, trunksüchtige Kultur der Verbindungen trat in Dartmouth noch stärker hervor. Weibliche Studenten waren dort dünn gesät. Nicht, daß ich wirklich mit Frauen zusammensein wollte. Ich setzte immer noch all meine Hoffnung auf den Mann, der in mein Leben treten würde.

Ich traf ihn an einem Winternachmittag, als es draußen bereits dunkel war und ich unter einer Lampe in der Bibliothek der englischen Abteilung arbeitete, wo ich mit gebeugtem Kopf über meinen Griechischaufgaben für den nächsten Tag saß.

Er setzte sich mir gegenüber hin und schwieg. Er war nicht zum Lernen gekommen. Genauer gesagt war er gar kein Student in Dartmouth mehr, da er ungefähr ein Jahr zuvor seinen Abschluß gemacht hatte. Er war klein und wirkte schüchtern. Er beobachtete mich. Er hörte nicht auf, mich anzustarren, und so blickte ich auf. Als ich ihn zum ersten Mal sah, schien es mir, als ob er hereingekommen war, um in diesem warmen, gemütlichen Raum in der Nähe anderer Menschen zu sein.

Er erwiderte ruhig meinen Blick und grüßte mich stumm, erfreut über meine Aufmerksamkeit. Neugierde stieg in mir auf. Ich spürte eine Mischung aus Interesse, Gleichgültigkeit und Einsamkeit. Ich fühlte, daß er ein Mensch war, der in Schwierigkeiten steckte. Er hatte etwas Hungriges an sich, wie ein ausgehungertes Tier, das im Winter durch den Wald läuft. In diesem Moment erinnerte er mich flüchtig an meinen Bruder, an eine Amsel, die versucht, in die schwarze Nacht hinauszufliegen. Er sah aus, als ob ihn hungerte – nicht nach einer Mahlzeit, nach Gesellschaft oder Sex, sondern nach etwas Größerem, das nicht zu finden war. Meine Mutter hatte diesen hungrigen Ausdruck im Gesicht, wenn sie in einer ihrer depressiven Stimmungen war. Ihr Blick nahm dann etwas Verträumtes an. Sie schien mit einem Ohr darauf zu warten, daß eine übermenschliche Stimme sich meldete, die all ihre Fragen beantwortete, eine Stimme, die sie zwar im Stich gelassen hatte, auf die sie aber immer weiter hoffte.

Ich bin mir sicher, daß er es vom ersten Moment an auf Sex und einen Platz zum Schlafen abgesehen hatte. Ich saß schweigend und konzentriert über Wörterbuch und Text gebeugt. Mein glattes, braunes Haar hing mir ins Gesicht. Ich trug keinen Büstenhalter unter meiner braunen Bluse. Er erzählte mir später, dies hätte ihn zuallererst angezogen. Ich bin sicher, daß meine eigene Einsamkeit für jeden offensichtlich war, der danach suchte. Aber ganz so einfach war es doch nicht. Er sehnte sich ebenfalls nach etwas Undefinierbarem, und es war, als würde er von einem mächtigen inneren Zwang getrieben.

Er begann eine Unterhaltung mit mir – das erste sinnvolle Gespräch seit Tagen. Er schien sich für mich, mein Leben und mein Studium in einer Art zu interessieren, die ich von den Männern, die ich traf, einfach nicht mehr erwartete. Er war ein angenehmer Gesprächspartner. Ich fühlte weder auf seiner noch auf meiner Seite sexuelles Interesse. Ich war froh darüber, denn ich hatte langsam genug von Sex und Männern.

Die Uhr schlug fünf, es gab Abendessen. Er erwähnte, was für einen großen Hunger er habe, und wir gingen zusammen zum Speisesaal. Beim Essen setzten wir unsere Unterhaltung fort. Er war mir gegenüber sehr aufmerksam und stellte mir weitere Fragen, wollte mehr über mich wissen, mich kennenlernen. Ich öffnete mich ihm bereitwillig.

Er erzählte, er sei wegen eines neuen Jobs nach Hanover gekommen und arbeitete nun in einer Theatergruppe, die ihn engagiert habe. Sie hatten ihn bis jetzt noch nicht bezahlt, und er gestand, daß er noch keinen Platz zum Schlafen hätte. Ich teilte mein Zimmer mit einem Mädchen, die ich nie sah, weil sie mit ihrem Freund in seinem Wohnheim lebte. Ich bot ihm ihr winziges Zimmer an, das neben meinem lag. Er traf mich abends in der Bibliothek, nachdem ich mit meiner Arbeit fertig war. Wir liefen zusammen vom Speisesaal ein ganzes Stück durch den Schnee zu meinem Zimmer.

Nachdem wir uns in meinem Zimmer weiter unterhalten hatten, brachte er unerwartet und wie beiläufig Sex ins Spiel – nicht als unsittlichen Antrag, sondern eher in Form eines kurzen, aber hypnotischen Vorschlags, der sich in unsere Unterhaltung eingeschlichen hatte. Ich weiß nicht mehr, ob ich mit der gleichen Beiläufigkeit mit einem *Nein* antwortete oder ob ich überhaupt eine Antwort darauf gab. Es war eher so: Er gab ruhig bekannt, daß er es tun würde, und ich hörte einfach nicht zu, das heißt, ich hörte es, glaubte aber nicht, es gehört zu haben.

Jahre später erschien es mir, als hätte er sich genau überlegt, wie er mich *überlisten* konnte, Sex mit ihm zu haben, noch bevor ich überhaupt wußte, was vor sich ging, und daß mich die Beharrlichkeit, mit der er dieses Ziel verfolgte, abgestoßen hätte, wäre ich nicht von seinem scheinbar großen Interesse für mich völlig abgelenkt gewesen.

Er hielt sich nicht erst mit langen Reden auf, die mir sowieso nur allzu vertraut waren und zu heißen Gefühlsregungen, Unschlüssigkeit und schließlich zur Kapitulation führten. Vielleicht spürte er, daß ich in diesem Moment für so etwas nicht offen war. Noch nie hatte sich mir ein Mann auf eine so direkte und zugleich distanzierte Art genähert.

Nichts von dem, was er sagte, war bedrohlich oder erniedrigend, aber er übte kontinuierlich einen subtilen, intensiven Druck auf mich aus. Meine unterschwelligen Bedenken nahm er mir schnell und geschickt, indem er sie einfach ignorierte oder auf ungewöhnliche und unsinnige Weise darauf reagierte. Damit traf er mich stets unvorbereitet. Er benahm sich, als ob er wirklich ein wenig verrückt wäre und dies mit mir teilen wolle. Er schien mich spielerisch in unser Gespräch einzuladen, damit ich meine gewöhnlichen Skrupel vergessen und mich mit ihm auf eine Andersartigkeit einlassen könnte, wo wir beide etwas Neues entdecken konnten, sofern ich dazu bereit war.

Wie in einem Traum legten wir uns in mein winziges Bett. Es war ein schönes Gefühl, ihn zu spüren. Aus irgendeinem Grund dachte ich immer noch nicht, daß wir Sex haben würden, glaubte, wir würden einfach nur nebeneinander schlafen. Ich dachte, es sei offensichtlich, daß ich keinerlei Interesse hatte. Ich hielt es nicht für möglich, daß er daran interessiert sein könnte, wenn ich es nicht war.

Das Nächste, woran ich mich erinnern kann, ist, daß ich plötzlich hellwach war: Nachdem wir bereits zusammengepfercht in dem winzigen Bett lagen, hatte er begonnen, seinen harten Penis drängend gegen meinen Oberschenkel zu pressen. Empört und erschrocken schrie ich: »Hör sofort damit auf, ich bin an deinem Schwanz nicht interessiert.«

Er schien völlig perplex.

Sein Körper entspannte sich.

»Was meinst du damit?« fragte er zu meiner Verblüffung. Es klang, als ob er es wirklich wissen wollte.

Ich wollte einfach nur, daß er damit aufhörte. Ich hatte nicht erwartet, daß er erneut Interesse dafür zeigen würde, was in mir vorging. Er schien überrascht, daß ich keinen Sex mit ihm haben wollte, als ob er nie mit dieser Möglichkeit gerechnet hätte. Er schien wahrhaftig überrascht zu sein. Er wollte wissen, warum genau ich mich nicht für seinen Schwanz interessierte. Meine Bemerkung schien ein derartiger Schock für ihn gewesen zu sein, daß ihm plötzlich wieder bewußt wurde, daß ich eine Person war, so, als ob er es vorher vergessen hätte.

Anschließend wurde er sehr zärtlich.

Meine Verärgerung löste mir die Zunge, und ich erzählte ihm, daß ich vergewaltigt worden war. Es war anders als die Male zuvor, wenn ich es Männern erzählte: Es war mir egal, wie er darauf reagierte. Als er mir Fragen darüber stellte, fing ich plötzlich zu weinen an, diesmal nicht mit Absicht, nicht in der Hoffnung, getröstet zu werden, sondern einfach nur aus Schmerz. Es hatte den Anschein, als ob mein Reden und Weinen eine Tür in ihm geöffnet hatte, und er erzählte mir von etwas Furchtbarem, das ihm widerfahren war. Sein jüngerer Bruder war vor kurzem im Alter von siebzehn Jahren an einer tödlichen Krankheit gestorben. Er hatte bisher mit niemandem darüber sprechen können. Plötzlich weinte auch er um seinen verlorenen Bruder, und ich hielt ihn in meinen Armen.

Noch nie hatte ich so etwas mit einem Mann erlebt.

Zum ersten Mal fühlte ich mich so getröstet, wie ich es seit Jahren ersehnt hatte.

Als er dann plötzlich und überraschend in mich eindrang, erschien es mir wie eine seltsame Vergewaltigung, die keine war, eine Überraschung, die mir nicht unangenehm war.

Vielleicht bewirkte die Hitze dieses Augenblicks, meine Wut und meine Tränen, daß ich mich plötzlich fallenlassen konnte. Während er noch in mir war, beschloß ich einfach, mich selbst zu stimulieren.

»Hast du etwas dagegen, wenn ich mich anfasse?« fragte ich ihn, ohne mich zu fragen, ob es ihm etwas ausmachen würde oder nicht.

»Nein«, antwortete er abwesend. »Warum sollte ich etwas dagegen haben?«

Während ich gerade benutzt wurde, begann ich also zum ersten Mal, beim Geschlechtsverkehr zu masturbieren. Ich spürte, wie ich mich hingab und Wärme meinen ganzen Körper erfüllte. Noch nie zuvor hatte ich so empfunden. Ich hatte zwar keinen Orgasmus, aber in diesem Moment war ich mir sicher, daß ich mit einem Mann den Höhepunkt erreichen konnte.

Es war, als hätte er einen schweren Vorhang abgerissen, ein dickes Fenster eingeschlagen, und ich hätte mich erstaunt in der warmen, weichen Luft wiedergefunden. Es war unwichtig, daß er sich hereingeschlichen und es die ganze Zeit nur auf das eine abgesehen hatte. Danach fühlte ich mich wie jemand, dessen Haus zerstört worden war und der an nichts anderes denken konnte als daran, was für eine Bürde es gewesen war. Es war, als ob ein Einbrecher oder Straßenräuber während eines Diebstahls innehalten würde, um etwas erstaunlich Menschliches zu sagen.

Aneinandergepreßt wie zwei Napfschnecken schliefen wir in meinem winzigen Bett ein.

Am nächsten Morgen befanden wir uns in ausgelassener Stimmung und verabredeten uns für die kommende Nacht. Ich lief in den Schnee hinaus und fühlte mich wie neugeboren. Der Gott, dämonisch, ganz Tier und ganz göttlich, war schließlich doch noch zu mir gekommen und hatte Wärme und Licht in meinen Körper und mein Herz gebracht.

Jedes Mal wenn ich zurückblicke, habe ich das Gefühl, daß unsere Verbindung völlig rein war, daß unsere Seelen sich fanden und einander in vollkommener Aufrichtigkeit wie zwei verlorene Kinder umarmten. Ich bin mir nicht sicher, ob er dieses Gefühl teilte. Doch Tatsache war, daß diese zufällige Vereinigung mit ihm für mich eine Transzendenzerfahrung war, die – wie sooft in diesen Momenten – wahrscheinlich von meiner Sehnsucht nach Nähe ausgelöst worden war.

Er blieb auch in dieser Nacht, und er brachte seine Gitarre mit. Wie in einem Traum sog ich seine Schlaflieder in mich auf. Am nächsten Tag machte er sich nach einem bedauernden, aber kurzen Abschiedsgruß auf den Weg und versprach mir wie in einem Märchen, daß er wiederkommen würde, leider aber noch nicht wisse, wann. Ich blickte ihm nach, wie er mit seiner norwegischen Wollmütze auf dem Kopf durch den glitzernden Schnee lief. Mein Herz jubilierte.

Die Tage und Wochen verstrichen, und mir wurde klar, daß ich ihn nicht oft sehen würde. Ich redete mir ein, daß es mir nichts ausmachte. Er erwiderte meine Gefühle, doch seine neue Anstellung als Tänzer erforderte harte Disziplin und machte ihn unabkömmlich. Erfolglos versuchte ich mehrere Male, ihn anzurufen. Monate vergingen. Ich trauerte, fixierte mich völlig auf ihn, tobte und war hoffnungslos verliebt. Er war ein Engel, mein Vermittler zwischen meiner sexuellen Erweckung und dem Göttlichen. Ich traf ihn nur einige wenige Male und geriet immer mehr in seinen Bann.

In einem verzweifelten Moment ging ich während seiner Abwesenheit zu seiner Wohnung. Einer seiner Mitbewohner bat mich herein. Ich warf einen Blick in sein Zimmer, öffnete seinen Schrank und sah mir die Briefe an, die er dort in einer Schachtel aufbewahrte. Neben meinen leidenschaftlichen Briefen lagen die einer Studentin aus Bennington, die genauso klangen. Ich begriff, daß er mit mir das gleiche wie mit anderen getan hatte. Ich fragte mich, ob er die Rolle der talentierten, liebevollen, außergewöhnlichen Person, deren seltene Zärtlichkeiten mich verändern würden, nur gespielt hatte? Irgendwie ahnte ich sogar, daß meine eigene Sehnsucht ihm diese Macht verliehen hatte. In mir hatte er ein nur allzu williges und leichtgläubiges Opfer gefunden.

Einige Monate nach unserem ersten Treffen begann ich, ein Tagebuch zu führen, weil ich das Bedürfnis hatte, mir die Ankunft meines Befreiers immer wieder zu bestätigen. Es gab so viel, was ich ihm noch zu sagen hatte. Der Frühling war gekommen, und meine Freude war so flüchtig wie eine Illusion, und ich brachte sie zu Papier, um zu versuchen, sie so am Leben zu erhalten.

Das Thema Vergewaltigung tauchte bereits auf der ersten Seite auf.

27. 5. 1974

Ich fühlte mich wie Leda oder Europa, was ich ja schon immer wollte ... Ich habe diese Jungfräulichkeit verloren, ich bin ent-vergewaltigt worden. Bitte verzeih mir, daß ich es wieder und wieder tun möchte. Nein, das bringt dich zum Lachen – verzeih mir meine merkwürdigen Anwandlungen in der Nacht und mein Verhalten am Tag, mein Schmollen und Weinen. Ich habe keine dieser Tränen mit Absicht geweint.

Ich begann, Virginia Woolfs Tagebuch zu lesen. Ich schloß daraus, daß ein wirklicher Schriftsteller über Charaktere, Szenen und Gedanken von Leuten schreibt, die sich intellektuell betätigen. In Momenten der Entschlossenheit versuchte ich, über diese Dinge zu schreiben, doch schuldbewußt kehrte ich immer wieder zu meinen eigenen drängenden Fragen zurück. Die Tagebuchaufzeichnungen dieser Monate in Dartmouth lassen auf eine junge Frau in einer traurigen Verfassung schließen: einsam, launisch, gefangen in überflüssigen, emotionalen Kämpfen, mit denen sie nicht fertig wird, und ohne jede Orientierung im Leben, außer der neugewonnenen Überzeugung, daß sie Schriftstellerin werden will.

Mein Tagebuch war mein erster, verläßlicher Freund. Im Gegensatz zu meinen Traummännern oder verschwommenen Vorstellungen von Göttern, war dieses Buch ehrlich, real und verläßlich. Wenn ich es brauchte, nahm ich es mit, und wenn nicht, ließ ich es in meinem Zimmer. Es stellte keine Forderungen an mich, gab mir aber ein unverfälschtes Bild meiner Person. In meinen Zeilen konnte ich gewisse Anzeichen von Macht entdecken und in meinem Schreiben meinen Entschluß, gesund zu sein, bestätigen.

16. 7. 1974

Am Sonntag abend habe ich meine erste Geschichte geschrieben. Ich fühle mich jetzt anders ... Ich beginne zu verstehen, daß ein Schriftsteller nicht sosehr eine unabhängige Vorstellungskraft benötigt; er ist vielmehr ein Sammler der unterschiedlichsten Reste, die er geduldig zu einer Patchworkdecke verarbeitet, indem er verschiedene Formen und Muster entwirft. Das ist seine besondere Gabe ... Ich saß im Klassenzimmer mit einer Flasche Grapefruitsaft, und der Raum erschien mir als einer der schönsten, in denen ich mich jemals aufgehalten habe. Die meiste Zeit war ich völlig allein und ungestört ...

Bei einem seiner seltenen Besuche beschloß mein geheimnisvoller Liebhaber zu meiner großen Freude, mich für ein Wochenende zu begleiten, um gemeinsam zu einer Freundin nach Trinity zu fahren. Sie bot uns an, die Nacht in ihrem

Zimmer zu verbringen, da ihre Mitbewohnerin nicht da war. Während ich im Bett ihrer Mitbewohnerin lag, rollte er sich aus seinem Schlafsack am Boden, kroch in ihr Bett und versuchte, mit ihr zu schlafen.

Völlig außer sich erzählte sie mir am nächsten Tag davon.

»Er kam einfach in mein Bett und versuchte, in mich einzudringen«, sagte sie. »Ich mußte das Bettlaken über meine Beine ziehen, um mich zu schützen.« Er war stark – auf der Bühne hob er andere Tänzer hoch. Aber sie war ebenfalls stark – sie ruderte in einer Mannschaft.

»Hast du denn nichts gehört?«

Ich hatte Geräusche gehört, aber versucht, nichts zu hören, da ich glaubte, sie würden miteinander schlafen. Ich hatte mir eingeredet, daß er auf seine seltsame, verrückte Art Talent hatte. Ich konnte es tolerieren, weil wir eine ganz besondere Art von Nähe zueinander hatten, die niemand sonst verstehen konnte. Außerdem hatte sie ihn dazu angestachelt, oder nicht? Sie hatte den ganzen Tag mit ihm geflirtet, als wir drei zusammen auf dem Campus umhergelaufen waren.

Ungefähr ein Jahr später, nachdem ich bereits meinen Abschluß gemacht hatte, vergewaltigte er eine andere Freundin in New York, deren Telefonnummer ich ihm einmal gegeben hatte, damit er mich anrufen konnte, während ich bei ihr auf Besuch war. Sie erzählte mir, er hätte sie aus heiterem Himmel angerufen, sich vorgestellt und sie gebeten, die Nacht auf ihrem Fußboden schlafen zu dürfen, da er in New York nirgends unterkommen könne. Er vergewaltigte sie in ihrer Wohnung, und dieses Mal hörte ich sehr aufmerksam zu.

Ich rief ihn an und war insgeheim froh, eine Entschuldigung zu haben, ihn damit zu konfrontieren.

»Sie wollte es«, sagte er, nicht im Ton der Verteidigung, sondern sanft und vertraulich, als ob er mich immer noch dazu einlud, seine ganz besondere Vertraute zu sein, die die Wahrheit verkraften konnte. Verwirrt hängte ich ein. Unfähig, von ihm zu lassen, wollte ich ihm eher glauben als ihr. Gleichzeitig wußte ich, daß ich nie wieder mit ihm sprechen würde, und schließlich begriff ich, daß diese Frauen meine Freundinnen waren und er sie verletzt hatte.

Ich habe mir nie verziehen, daß auch ich eine Schuld an dem Ganzen trug. Zweifellos habe ich meine beiden Freundinnen verraten, indem ich mich zu einer Art Zuhälter für ihn machen ließ. Mit meiner Schwäche und Selbsttäuschung habe ich meiner zweiten Freundin sehr geschadet. Warum habe ich sie nicht gewarnt? Warum habe ich die Augen davor verschlossen, mit was für einer Art Mann ich mich eingelassen hatte?

Ich schäme mich dafür, daß ich seine Vergewaltigungsversuche derart verharmlost habe und insgeheim stolz darauf war, ihn entwaffnet zu haben – in der festen Überzeugung, daß meine Freundinnen dazu nicht in der Lage gewesen waren. In ihren Augen war er ein Vergewaltiger, obwohl wir das Wort damals nicht benutzten. Für mich war er ein Junge, der aus einem gewissen Bedürfnis heraus versuchte, Dinge zu erzwingen. Er hatte an meiner Brust gelegen und geweint.

Ich sehe ihn heute in einem anderen Licht, und ich entschuldige sein Verhalten nicht mehr. Aber ich muß dem Mädchen vergeben, das ich war, selbst wenn sie mit achtzehn oder einundzwanzig alt genug war, um es besser zu wissen.

Ich machte meinen Abschluß am College mit zwanzig, nicht viel klüger als zu Beginn meines Studiums. Kurz davor fragte ich meinen Tutor, ob ich meine Studien fortsetzen solle.

»Ich glaube nicht«, erwiderte er.

»Warum nicht?« fragte ich bestürzt. Ich habe gut gearbeitet, dachte ich, einen Preis in griechischer Übersetzung gewonnen und eine sehr gute Note in meiner Abschlußprüfung erhalten. Es hatte mir sogar Spaß gemacht, mich auf diese spezielle Prüfung vorzubereiten, meinen Homer zu wiederholen, auszukosten, was ich gelernt hatte, Zusammenfassungen römischer Geschichte unter einem Baum zu lesen.

»Ich denke nicht, daß Sie genügend engagiert sind«, antwortete er trocken.

Ich hatte keine Ahnung, was ich nach dem College tun sollte. Tief in mir wollte ich nach Hause zurück und dort bleiben. Ich konnte mir einfach kein besseres Leben als das meiner Familie vorstellen – im Wald, mit unserem Garten, gemeinsamen Mahlzeiten, Musik und Büchern, dem Kamin in der Bibliothek, den Wäscheleinen zwischen den Hornsträuchern auf dem Rasen. Aber dieser Traum konnte nicht mehr wahr werden.

✳

Als ich das letzte Jahr am College war, wurden meine Besuche zu Hause immer schwieriger. Sowohl Loch als auch meine Mutter hatten unablässig irgendwelche Streitereien mit meinem Vater, wobei die meines Bruders sehr viel sinnloser waren. Er trieb die Idealvorstellung meiner Mutter, sich völlig selbst zu versorgen, bis zum Extrem und hatte ständig etwas an dem zuweilen etwas inkonsequenten Verhalten meiner Eltern auszusetzen.

»Es ist ungesund, Fleisch zu essen, Mom, es ist voller giftiger Chemikalien.«

»Fred, es wäre doch wirklich nicht unbedingt notwendig gewesen, mit dem Auto nach Stockton zu fahren.«

»Mom, warum hast du diese Plastiktüte weggeworfen? Du hast doch gesagt, wir sollten sie auswaschen und noch mal benutzen.«

Zuweilen verließ er sein Zimmer kaum, war mürrisch und mißgelaunt. Man konnte förmlich spüren, wie er hinter seiner Tür rastlos wie ein eingesperrtes Tier hin und her lief, gefangen in einer Privatfehde mit den Medikamenten, die er täglich nehmen mußte.

Alida besuchte nun die Kunstakademie in Baltimore und hatte die drei in einer qualvollen Dreiecksbeziehung zurückgelassen. Wenn ich sie besuchte, saßen wir bei einem Glas Wein bis spät am Abend am Tisch zusammen und versuchten krampfhaft, unsere alte Zusammengehörigkeit wiederherzustellen. Aber es schien, als ob unsere Gespräche sich im Kreis drehten, während wir uns immer mehr in Ärger und Verzweiflung verstrickten. Plötzlich fiel mir auf, daß mich zu Hause eine gewisse Stimmung überkam, die mir ansonsten fremd war: eine finstere Erstarrung. Ich konnte es nicht verstehen. Ich dachte, ich liebte es, nach Hause zu kommen, zu den Mahlzeiten meiner Mutter, den Wäldern, meinem kleinen alten Schreibtisch und dem Himmelbett.

Eines Abends stand ich in der Küche und verstand es plötzlich – was ich da beobachtete, war eine Tragödie wie aus einem Stück von Eugene O'Neill. Diese Menschen waren hoffnungslos in den Schmerz des jeweils anderen verstrickt. Kein Wunder, daß ich mich so schrecklich fühlte.

Aber ich konnte mich davon distanzieren, indem ich die Rolle des Beobachters einnahm. Eines Tages würde ich vielleicht darüber schreiben und eine große Dramatikerin werden.

✳

Meine Mutter sagte zu mir in entschiedenem Ton: »Du wirst dir eine Arbeit suchen müssen, denn wir können es uns nicht mehr leisten, daß du hier wohnst, ohne zu zahlen.« Ich nahm einen Job bei einem obskuren Magazin in New York an und machte das Schreiben zu meinem Lebensinhalt. In der U-Bahn machte ich mir Notizen davon, was um mich herum passierte, und nach fünf Uhr tippte ich meine Gedichte auf der Schreibmaschine im Büro.

Nach ein paar harten Monaten entschloß ich mich, nach Boston zu ziehen, wo das tägliche Leben einfacher war als in New York. Ich fand einen Job in einer Bücherei und zog bei ein paar Studenten ein, die im letzten Semester in Cambridge studierten. Zweimal riß ich dort Männer in einer Bar auf und ging mit ihnen ins Bett. Aber diese reinen Bettgeschichten waren außerhalb des Colleges nicht mehr dasselbe. Es kam mir durch und durch erbärmlich und etwas unheimlich vor, mich in einem seltsamen Appartement in der Stadt auszuziehen, und ich tat es nicht wieder. Es half mir, in Gesellschaft von Leuten zu leben. Nachts beruhigte mich die Nähe meiner schlafenden Mitbewohner. Ich begann, jeden Tag aufzustehen, rechtzeitig zu meinem Routinejob zu erscheinen und etwas von meinem Gehalt auf einem Sparbuch beiseite zu legen. Freundschaften entwickelten sich, mit Männern und Frauen.

Als ich dreiundzwanzig Jahre alt war, am Anfang meines jungen Erwachsenenlebens, wurde ich von der Nachricht erschüttert, daß meine Mutter Krebs habe. Nach einer Operation erholte sie sich nicht mehr völlig, konnte nicht mehr essen, kochen, nicht mehr im Garten arbeiten. Mit wilder Entschlossenheit bestand sie darauf, daß mein Vater das Haus verlasse, und er quartierte sich bei Freunden ein. Sie teilte mir am Telefon mit, daß sie einen Punkt erreicht habe, wo sie ihn einfach nicht mehr um sich ertragen könne.

Ich wußte, daß mir nichts anderes übrigblieb, als nach Hause zu gehen. Sie bat mich nicht darum. Doch jemand mußte sich um sie kümmern, und ich war scheinbar die einzige, die dazu in der Lage war. Loch war nicht dazu imstande. Er lebte inzwischen in einer offenen Anstalt. Alida war immer noch auf der Akademie. Ich zog wieder nach New Jersey und blieb bei ihr bis zum Ende, in einem ständigen Zustand von Panik, Rebellion und Trauer.

Ich erinnere mich an ... mich selbst: Ich stehe mit einem Glas in der Hand in unserer Küche. Ich habe mir gerade selbstgepreßten Karottensaft eingeschenkt. Jeden Tag arbeite ich unter ihrer strengen Aufsicht im Garten. Ich bin zu ihren Händen, ihren Beinen, ihrem Dienstmädchen geworden. Demütig beuge ich mich ihrem Willen, möchte zu ihrem Leben werden, damit sie leben kann. Ich frage mich, wie lange es wohl noch so weitergehen kann. Ich wünschte, ein Mann käme, um mich zu retten. Doch am Morgen, wenn ich ihr das Frühstück bringe und sie mich anlächelt, erfüllt mich die Hoffnung auf ihr Weiterleben wie ein Sonnenstrahl. Ich stehe draußen beim Wäscheaufhängen und hoffe von ganzem Herzen, daß sie es schafft. Unser Wille kann sie am Leben erhalten.

In der Zeit ihres Sterbens wurden unsere Gespräche nicht tiefer, sondern noch oberflächlicher. Sie konnte nicht darüber sprechen, was mit ihr passierte. Nichts, was wirklich Bedeutung hatte, wurde erwähnt und vor allem nicht meine

Vergewaltigung. Das Schweigen zwischen uns blieb weiterhin bestehen.

In den Tagen nach ihrem Tod trafen wir Geschwister uns zu Hause mit Fred. Eine seltsame Vertrautheit entstand auf einmal zwischen uns, als ob wir uns plötzlich unserer Zuneigung zueinander bewußt geworden wären. Während dieser Zeit erzählte mein Vater Alida, daß unsere Mutter mit dreiundzwanzig Jahren vergewaltigt worden sei. Ich war zu sehr mit meiner Trauer beschäftigt, um diese Mitteilung wirklich wahrzunehmen. Ich fragte ihn nicht direkt, was er darüber wußte. Es wäre nach all den Jahren, in denen ich ihn auf Distanz gehalten hatte, einfach zu vertraulich gewesen. Ich kam auch nicht auf den Gedanken, ihn zu fragen, warum sie mir dies in all den Jahren nicht erzählt hatte. Ich wußte es. Ich verstand nun, daß sie nicht dazu fähig gewesen war, anderen Menschen viel von sich anzuvertrauen. Ich wußte, daß sie geglaubt hatte, es würde mich zu sehr belasten, wenn sie mir davon erzählte.

Der Moment von Vertrautheit und Nähe konnte nicht andauern in all dem unverarbeiteten Schmerz, den sie in uns zurückgelassen hatte, und in der Trauer, von der wir nicht wußten, wie wir sie miteinander teilen sollten. Es kam zu Wutausbrüchen. Mein Vater trank den Whiskey jetzt nicht mehr nur heimlich aus kleinen Gläsern und versuchte nicht einmal, sich in den Griff zu bekommen. Ich floh nach New York, wo ich während der Monate, in denen ich für meine Mutter gesorgt hatte, ab und zu gearbeitet hatte.

＊

In den Wochen nach dem Tod meiner Mutter dachte ich nicht an die Vergewaltigung. Doch ihr Tod bewirkte eine Veränderung in mir, die bald dazu führte, daß ich mich mit einem Mann einließ, der die Erinnerung an den Vergewaltiger stärker in mir wachrief als jeder andere Liebhaber davor oder danach.

Als sie starb, hatte ich das Gefühl, als würde ein Teil von mir selbst sterben. Gleichzeitig verspürte ich ein unglaubliches Gefühl der Befreiung. Ich konnte die Straßen in New York entlanglaufen, ohne mir Gedanken darüber zu machen, wie sie sich wohl fühlen würde, wenn mir etwas passierte. Wenn mir etwas gestohlen wurde, mußte ich nicht ihre Vorwürfe über mich ergehen lassen. Ich konnte weiterhin eine arme, junge Dichterin sein, ohne daß mich ihre Sorgen verfolgten, ob ich gesund und glücklich war. Schuldbewußt freute ich mich darüber, daß ihr Tod für mich zu einem wichtigen Thema geworden war, mit dem ich mich in meinen Gedichten befassen konnte.

Sie konnte sich nicht mehr länger sorgen oder ihr Urteil zu etwas abgeben. Ich mußte mich nie wieder fragen, ob mein Umgang mit Männern oder speziell mit dem Mann, mit dem ich gerade zusammen war, ihre Zustimmung finden würde. Ich hatte mir immer den Kopf zerbrochen über ihre scheinbar beiläufigen Kommentare zu Männern, die ich ihr vorgestellt hatte. Sie war von keinem begeistert gewesen, obwohl sie versucht hatte, ihre Reaktionen zu verbergen.

Nun fühlte ich mich voll neuer Energie, Selbstliebe und Enthusiasmus. Es war jetzt ganz allein meine Sache, wie ich leben und wen ich lieben wollte. Ich hatte mich noch nie so auf mich gestellt, so mutig und unverwundbar gefühlt. Dem erstbesten Mann, der auch auf ein Abenteuer aus zu sein schien, stürzte ich mich in die Arme.

Er war quer durchs Land in einem faszinierenden, selbstgebauten Wohnmobil aus dem Westen gekommen. Sein Teint war dunkel, seine Augen dunkel und glühend, und er war sich deren Wirkung sehr wohl bewußt. Er wollte die Küste Neuenglands entlang zu einer alten Kirche nach Kanada fahren, die er für fünfzehntausend Dollar gekauft hatte, ohne sie vorher gesehen zu haben. Er spielte mit dem Gedanken, sie herzurichten und dann darin zu leben. Ob ich ihn begleiten wollte? Ich wollte.

Meine Entscheidung schien ihn zu erstaunen und zu ehren. Er schien mich anzubeten, beinahe zu verehren, und trotzdem war er eine weitere Reinkarnation des Vergewaltigers. Ich war mir dessen wohl bewußt, während ich meine ganze Sehnsucht nach Heilung auf ihn projizierte. Ich stellte mir vor, wie ich zart und weiß in den Armen dieses rauhen Zigeuners liegen würde. Ich war nicht wirklich in ihn verliebt. In meinen Augen war er ein Gott der Unterwelt, ein dämonisches Pferd, das mich davontragen und in die dunkle, animalische Liebe einweisen würde. Ich glaubte nicht, daß er mir helfen oder mich dazu führen könnte, meine eigene Befriedigung zu erlangen. Statt dessen würde er mich dazu zwingen.

Ich dachte natürlich nicht, daß eine Vergewaltigungsfantasie dasselbe sei wie eine Vergewaltigung, aber ich stellte mir vor, daß dieser Mann, der ja in mir die Erinnerung an den Vergewaltiger wachrief, meine Vergewaltigung in einer Art doppelter Verneinung umkehren könnte. Er würde eine schreckliche Dunkelheit mit einer guten Dunkelheit schwärzen, um mich in eine Dunkelheit zu bringen, in der ich leben konnte.

Was mich natürlich auch noch anzog, war das Bedürfnis, meiner Mutter in die Nacht zu folgen.

David gab mir zu verstehen, er wisse, warum ich mich in seinen Bann begab. Er war bereit, mich dorthin zu zwingen, wohin ich selbst nicht gelangen konnte. Er würde mich vollkommen umkrempeln. Allein wie er mich ansah, wußte ich, er würde es schaffen. Er war über vierzig und führte mich mit meinen dreiundzwanzig Jahren in neue Sexualpraktiken ein. Die ersten paar Male im Bett mit ihm waren ungestüm und wild. Ich versuchte, mich dabei körperlich ganz hinzugeben, und es kümmerte mich nicht, daß ich mich immer noch nicht so entspannen konnte, daß ich als Teil des Ganzen einen Orgasmus hatte.

Die Realität machte sich zum erstenmal schlagartig bemerkbar, als wir eine der großen Brücken, die aus New York hinausführten, überquerten. Ein großer Werkzeugkasten, den er aus Sperrholz gebaut und unten an seinem Wohnmobil angekettet hatte, lockerte sich und fiel mit einem lauten, heftigen Knall auf die Brücke. Es war eine schwere Truhe, in der zwei Kinder Platz gehabt hätten. Während der Straßenverkehr eine Handbreit an uns vorbeidonnerte, hoben wir die Kiste ins Fahrzeug, und er kletterte unter seinen Bus, um die schweren Ketten zu befestigen, die lose herabhingen. Es hätte lustig sein können, wenn ich nicht tief in meinem Inneren gespürt hätte, daß dies die ersten Anzeichen eines katastrophalen Lebens waren. Fluchend mühte er sich ab und tat, was getan werden mußte, während ich ihm dabei half. In diesem Moment war mir seine Nähe unbehaglich.

Nachdem wir bereits eine Weile zusammen waren, versuchte David vorsichtig einige Male sadistische Praktiken mit mir. Ich ließ zu, daß er mich zwickte. Vielleicht gelang es mir wirklich, infolge des Schmerzes eine tiefere Befriedigung zu finden. Doch was ich spürte, war einfach nur Schmerz. Seine Gewalt hatte keine erotische Kraft, die mich dazu gebracht hätte, mich ganz hinzugeben. Sie war einfach nur Gewalt. Die Vorstellung mag aufregend sein, von einem geheimnisvollen Liebhaber mit einer gewissen Brutalität genommen zu werden, sich eine Art geballte, männliche, sexuelle Energie vorzustellen. Ich stellte jedoch fest, daß es etwas ganz anderes war, wirklich zu einer solchen Vorführung eingeladen zu werden.

Wir waren in Richtung Norden unterwegs zu der Insel, auf der sich die Kirche befand. Dort lebten wir in seinem Bus, während wir an seinem neuen Zuhause arbeiteten. Nach einigen Wochen hatte ich genug von ihm. Seine neuen Nachbarn waren wütend, weil wir auf ihrem Grundstück zu lange kampierten. Neue Freunde baten uns, auf ihr Segelboot aufzupassen. David tat nichts dergleichen. Dinge gingen kaputt, ohne daß er sie reparierte. Es schien eine enorme Anstrengung für ihn zu sein, sich mit den praktischen Notwendigkeiten des Lebens zu befassen. Ich verstand noch immer herzlich wenig von diesen Notwendigkeiten, aber ich sah, daß er einfach nicht zurechtkam.

Trotzdem wollte ich die Insel nicht verlassen. Die Wellen des Meers brachen sich kraftvoll im Rhythmus der Gezeiten in der Bucht. Unsere neuen Freunde nahmen uns auf ihrem Segelboot mit, eine völlig neue Erfahrung für mich. Unsere Nachbarn waren Inselbewohner, die infolge von Armut und Isolation ein wenig verschroben geworden waren, etwa wie die Bewohner der Appalachen. David schien sie in einer Art und Weise zu verstehen, die ich nicht nachvollziehen konnte. Es kam mir vor, als ob er mich aus mir selbst herausführen wollte, damit ich Teil der menschlichen Rasse werden könne.

Als sich der Sommer seinem Ende näherte, wollte er, daß ich nach New York zurückginge, um dort Geld zu verdienen, da wir bald keines mehr haben würden. Schließlich erklärte ich ihm, daß ich nicht mit ihm in New York leben wolle. Aber er ließ einfach nicht locker, und nach einer Weile erlaubte ich ihm, bei seiner Rückkehr nach New York für kurze Zeit bei mir zu wohnen. Ich war traurig, als er mir zum Abschied durch das Busfenster zuwinkte, die klägliche Gestalt eines Mannes in Schwierigkeiten, jemand, der mich für sich gewonnen hatte und nun meine Hilfe benötigte. Während unserer letzten gemeinsamen Tage hatte er es geschafft, die magische Atmosphäre unserer ersten Zeit wiederaufleben zu lassen, und mir eingeredet, daß unsere Liebe von unvergleichlicher Bedeutung für uns beide sei. Dieses Gefühl hielt jedoch nur einige Stunden an. Die Busfahrt von Bangor, Maine, nach New York ist ziemlich lang. Als ich in New York ankam, wurde mir klar, daß ich mein eigentliches Leben weiterführen wollte und dieses rein gar nichts mit Personen wie ihm zu tun haben sollte. Doch bedrängte er mich erneut am Telefon, und als er nach New York zurückkehrte, ließ ich ihn zu mir ins Appartement ziehen.

Nan, eine Freundin von mir, die mich David vorgestellt hatte, erzählte mir nun einige Geschichten über ihn. Sie habe ihn zum ersten Mal getroffen, als sie im Süden auf dem Land lebte. Sie und seine damalige Frau seien zur gleichen Zeit schwanger gewesen. Eines Tages sei Davids Frau zu Nan gekommen und habe ihr erzählt, daß sie David verlassen wolle. Als sie es ihm gesagt habe, »habe er sie zusammengeschlagen«. Nach der Geburt des Kindes hatte sie ihn tatsächlich verlassen und war mit dem Kind zu ihrer Mutter gezogen. Ihre Eltern hatten dafür gesorgt, daß er das Kind nicht sehen durfte. Er hatte mir eine traurige Geschichte erzählt: Die spießige Familie seiner Exfrau habe ihm sein Kind weggenommen. Er war untröstlich, daß sein Kind niemals wissen würde, was es bedeutete, so frei zu sein, wie er es war. Als ich ihn auf Nans Geschichte ansprach, sagte er, sie sei nicht wahr.

Eines Nachts war ich wild entschlossen, mich von ihm zu trennen, und rief Alida an, die in der Innenstadt lebte. Ich bat sie um Hilfe, damit ich das Haus verlassen konnte. Sie und ihr Freund holten mich ab und fuhren mit mir zur Wohnung eines Freundes, wo ich zwei Nächte verbrachte, während ich David am Telefon klarzumachen versuchte, daß er mein Appartement verlassen müsse. Die nächsten Tage waren schwierig. Ich verbrachte Stunden in der U-Bahn, um zwischen meinem Appartement in der 181sten Straße, wo ich Kleider und andere Dinge des täglichen Bedarfs holen mußte, der Wohnung meines Freundes am anderen Ende der Stadt in SoHo und meinem Job in der Stadtmitte hin und her zu fahren. Bald war ich körperlich völlig am Ende. David gelobte am Telefon Besserung, er wolle sich nur noch von seiner besten Seite zeigen. Er tat alles, um mich umzustimmen, klagte und jammerte, malte nun, da er ja wußte, daß es mir ernst war, ein gemeinsames Leben in den rosigsten Farben aus. Ich kehrte zurück.

Der Gedanke, mir ein paar Tage freizunehmen, um die Situation zu klären, oder vielleicht Freunde zu bitten, mir dabei zu helfen, ihn aus der Wohnung zu bekommen, kam mir nicht. Ich schämte mich, irgend jemandem, besonders mir selbst, einzugestehen, in welchen Schwierigkeiten ich wirklich steckte.

Alles wurde nur noch schlimmer. Eines Tages kam ich nach Hause, fand die Wohnungstür offen vor und stellte schließlich fest, daß jemand meine Flöte gestohlen hatte. Jahre später wurde mir klar, daß David auf diese Art wahrscheinlich etwas Geld flüssig gemacht hatte. Als wir eines Tages eine Auseinandersetzung hatten, griff er nach einer kleinen Eisenpfanne auf dem Küchenbuffet und warf sie quer durch den winzigen Raum. Sie brach entzwei. Ein andermal stritten wir uns wieder, und er stieß mich rückwärts gegen eine Tür. Ich registrierte, daß er diese Dinge getan hatte, und während sie geschahen, fürchtete ich mich. Doch ich konnte einfach nicht glauben, daß mir so etwas passieren konnte, und so tat ich, als ob nichts gewesen wäre.

Zwei Anzeichen von Gewalt genügten, und ich ergab mich in meine Gefangenschaft. Es war sehr einfach, mich zu halten. Ich hatte einmal auszubrechen versucht und war gescheitert. Ich wußte nicht, wohin ich hätte gehen sollen. Ich versuchte, mein Leben weiterzuführen und mir einzureden, daß alles ganz normal sei – ich ging zur Arbeit, erledigte die täglichen Besorgungen, arbeitete am Abend manchmal an meinen Gedichten. Er fuhr abends Taxi und war wenig im Appartement.

Im Frühling fühlte ich mich voll neuer Energie und vereinbarte einen Termin bei einem Psychiater, den mir ein Freund empfohlen hatte, ein väterlicher Mann, der kurz vor der Pensionierung stand. Er machte einen freundlichen Eindruck auf mich, und in seinem Büro mit zwei großen Ohrensesseln und einem mit Reben und Blumen verzierten Teppich fühlte ich mich sicher. Ich erzählte ihm von meiner Situation, ohne wirklich zu wissen, was ich beschrieb.

Ruhig und überlegt sagte er: »Es gibt verschiedene Formen von Gefangenschaft.«

Gefangenschaft. Das beschrieb genau meine Situation. Ich hatte das Gefühl, dieser Mann verstand meine Lage. Das war jedoch alles, was ich begriff.

Nach unserem Gespräch saß ich für eine Weile auf einer geschwungenen Bank vor dem Gebäude, einem wunderschönen, weißen Appartementhaus auf der Upper East Side, um David wie vereinbart zu treffen. Ein Mann in einem dunklen, vornehmen Anzug – ein typischer Vertreter dieses Stadtteils – setzte sich ans andere Bankende. David kam und machte mir wegen meines Besuchs beim Psychiater eine Szene, er schimpfte und schrie, daß ich einen großen Fehler mache. Der Mann auf der Bank war schockiert, unterbrach uns und fragte mich, ob mit mir alles in Ordnung sei oder ob er mir irgendwie helfen könne. Ich sagte, nein, es sei alles in Ordnung. David stieß einen Fluch in seine Richtung aus. Er stand auf, zuckte die Schultern und ging davon. Ich werde diesem Fremden immer dankbar sein, weil sein Verhalten mich meine Beziehung zu David hinterfragen ließ – Teil meines langsamen, versteckten Erkenntnisprozesses.

Im Mai, ungefähr ein Jahr nachdem ich David getroffen hatte, lud mich eine neue Freundin, eine Malerin, ein, den Sommer in ihrem Ferienhaus in Vermont zu verbringen, wo sie malen und ich ein paar Wochen lang schreiben könnte. Ich kratzte mein letztes Geld zusammen, kündigte meinen Job und fuhr los.

In dem Haus in Vermont, an Tagen voller Sonne, Regen und Frieden, konnte ich wieder frei atmen. Ich saß stundenlang an meinem Schreibtisch und blickte von unserer abgelegenen Hügelkette aus auf blaue Berge, die in der Ferne verschwanden. Ich beschloß, nicht nach New York zurückzukehren, wo mir das Leben schwierig und anstrengend erschien, sondern nach Boston zu gehen. Ich war mir kaum bewußt, daß ich diese Entscheidung traf, um von David fortzukommen, und daß ich ihm nicht mehr gegenübertreten wollte. Im Hinterkopf war ich mir jedoch klar, daß Boston den Vorteil hatte, daß er nicht dorthin kommen würde.

Ich verließ für ihn nicht nur mein Appartement, sondern gleich ganz New York.

Einen Monat nach dem Tod meiner Mutter, kurz bevor ich David kennenlernte, nahm ich zum ersten Mal an einem Workshop teil, der sich mit dem Schreiben von Gedichten befaßte und von einem Mann geleitet wurde, der einen wichtigen Einfluß auf mein Schreiben ausübte. Mein Thema war der Tod meiner Mutter, und dieser Lehrer würdigte es. Es schien, als ob dieses Thema mich zu einer Dichterin machte.

Ein Jahr später stellte ich an meinem Zufluchtsort in der frischen Luft und der friedvollen Atmosphäre des Hauses meiner Malerfreundin fest, wie sehr es mir Freude machte, jeden Tag Gedichte zu schreiben und zu lesen. Die meisten der Gedichte, an denen ich mich dort versuchte, habe ich – wie sooft – nie vollendet. Der folgende Rohentwurf über die Vergewaltigung ist eines dieser Gedichte – seit meinem dreizehnten Lebensjahr das erste, das sich wieder mit diesem Thema auseinandersetzt.

Vergewaltigung mit Dreizehn

In dem Abschnitt des Lebens
vor der Dämmerung der Realität,
wenn wir einige der Worte kennen.
Sie konnte es aussprechen: »Vergewaltigung«,
doch in Wirklichkeit war es eine Verschwörung,
eine dunkle, gestattete »Liebe«.
Ich weiß es jetzt besser.

Sehe das tagträumende Mädchen,
langbeinig, mit ihrem Rad,
die schmutzige Straße. Ein kranker, kräftiger Mann.
Sie war eine leichte Beute.
Und ich sehe nun heimliche Arme,
die sich aus der Erde strecken und sie festhalten
durch den seltsamen, unschuldigen Schmerz.

Meine Aufarbeitung hatte begonnen – vorsichtig und eher unbewußt. Ich war fünfundzwanzig Jahre alt.

Schreiben war für mich eine erste Therapie. Als ich nach der Vergewaltigung nach Hause kam, ließ ich schnell mein erstes impulsives Verlangen nach mütterlichem Trost hinter mir und ging über zu meinem zweiten, völlig natürlichen Bedürfnis: die Welt zu informieren. Ebenso natürlich war mein Bedürfnis mit fünfundzwanzig Jahren, meinen Schmerz zu teilen, ein Bedürfnis, das untrennbar mit meinen Wunsch verbunden war, mich zu rechtfertigen oder in den Augen der Welt erfolgreich zu sein. Der Gedanke, *vielleicht wäre es eine gute Idee, mit einem Therapeuten über diese Vergewaltigungsgeschichte zu sprechen*, kam mir nicht. Ich begann eine Therapie, als ich nach Boston zurückzog, aber ich wollte mit meiner Therapeutin nicht über die Vergewaltigung sprechen.

Selbst als ich andere Gedichte schrieb, in denen ich eine Verbindung zwischen meiner Vergewaltigung und meinen Schwierigkeiten mit Männern zog, hatte ich das Gefühl, daß ich die Vergewaltigung vor allem als literarisches Material betrachtete. Sie war für mich weniger als Erinnerung, sondern eher in Form einer Metapher interessant. Ich legte diese Gedichte in einem Ordner mit der Aufschrift »Vergewaltigungsgedichte« ab und bewahrte sie in ihrem unvollendeten Zustand separat auf. In derselben Mappe heftete ich meine Aufzeichnungen zu einem Traum ab, den ich auf eine

Begegnung mit David zurückführte, als er nach Boston gekommen war, um mich zurückzugewinnen.

30. Dezember 1980

Dies ist die zweite Nacht in Folge, in der ich von der Vergewaltigung geträumt habe. Gestern nacht lief ich eine Landstraße hinunter ... Zwei Bauernburschen schafften es, mich irgendwie zu überraschen und zu überfallen. Aber ich hatte keine Angst, sondern ließ mich in die Arme des einen fallen, der groß, dünn und blond war, ein sehniger, kräftiger Mann namens Don. Wir liebten uns einige Male leidenschaftlich – die längsten Liebesszenen eines Traums, an die ich mich erinnern kann. Doch letzte Nacht war es ein junger, dunkelhäutiger Teenager, der nicht sehr bedrohlich aussah. Aber ... ich jagte ihn und bekam ihn schließlich hinter einem Appartementhaus aus Backstein zu fassen ... und brach seinen kleinen Finger. Es war gar nicht so einfach. Ich mußte mich wirklich anstrengen, so, als ob ich einen harten Stock brechen wollte, aber ich ließ nicht locker, und schließlich brach der Finger. Es war alles gut zu erkennen – der hellbraune Knochen in der Mitte und blutiges Fleisch an beiden Teilen, die ich auseinandergebrochen hatte. Er schrie vor Schmerz, und sein Schrei war eine Wohltat in meinen Ohren.

Die brutale Gewalt in diesem Traum war merkwürdig und auffallend und beunruhigte mich derart, daß ich versuchte, sie in einem Gedicht zu verarbeiten. Etwas an David hatte mein verborgenes Entsetzen und meine Wut wieder an die

Oberfläche gebracht. Doch ich konnte dieses Entsetzen und meine Wut in dem Gedicht nicht allein stehen lassen, sondern mußte das Überleben der kindlichen Unschuld und die Heilkräfte der Natur hervorheben.

Ich schrieb auch weiterhin über die Vergewaltigung nicht als Erinnerung, sondern eher so, als ob ich sie neu erfinden würde. Die Gedichte sprachen tapfer von meiner Vergewaltigung, leugneten sie jedoch gleichzeitig. Auf eine Weise, wie es bei meinen anderen Gedichten nicht der Fall war, verlangten sie nach einem glücklichen, hoffnungsvollen Ende.

Drei Jahre später beschloß ich, einen Kurs an der Universität in New York zu besuchen, um meine Schreibfähigkeit weiterzuentwickeln. Gleichzeitig begann ich eine zweite Therapie, die mich immer mehr erkennen ließ, wie sehr mich meine Eltern im Stich gelassen hatten. Ich begann, in meiner Familie die Muster zu erkennen und zu benennen, die Psychologen als typisch für Alkoholismus bezeichnen. Seit dem Tod meiner Mutter war mein Vater immer weiter in einen Zustand trunkener Nachlässigkeit und Apathie abgerutscht. Am Erntedankfest besuchte ich schließlich auf Anraten eines befreundeten Schriftstellers ein Treffen von Al-Anon, für »erwachsene Kinder von Alkoholikern«. In der Zeit dieses Familienfestes wurde mir langsam klar, daß meine Mutter wortwörtlich von uns gegangen war, mein Vater geistig nicht mehr bei uns war und wir meinen Bruder schon vor langem an Alkohol und geistige Umnachtung verloren hatten. Meine Schwester und ich waren in unserem gegenseitigen Gefühl der Verlassenheit unfähig, uns in den anderen hineinzufühlen, und hatten uns auseinandergelebt.

»Mir ist gerade klargeworden«, sagte ich zu dieser Gruppe trauriger Fremder, »daß ich keine Familie habe«, und brach in Tränen aus. Wie es bei Al-Anon-Treffen so üblich ist, beschrieben nun andere ähnliche Gefühle. Überrascht stellte ich fest, daß ich mich anerkannt und verstanden fühlte. In ihrer Trauer waren diese Leute geeignete Gefährten für meine eigenen Gefühle.

Es war ein entscheidender Schritt, an den Al-Anon-Treffen teilzunehmen. Vor dieser Zeit hatte ich Freunde und einen Therapeuten. Ich hatte einen Mann kennengelernt, der fürsorglich und liebevoll war. Aber noch immer hatte ich das Gefühl, daß es niemanden gab, der mich wirklich verstand. Bei den Treffen begann ich zum ersten Mal, in kaum bewußten und flüchtigen Momenten Mitgefühl zu spüren und ein Gefühl für meine Beziehung zur Welt zu entwickeln. Das Gefühl *Niemand weiß, wie sehr man mir weh getan hat* wurde zu *Wir sitzen alle im gleichen Boot*. Die Verletzungen, die viele erlitten hatten, hörten sich schlimmer an als meine eigenen. Ich empfand eine Mischung aus Besorgnis, Machtlosigkeit und Gleichgültigkeit diesen Leuten gegenüber. Mir wurde klar, daß die Leute um mich herum in der Vergangenheit dabei versagt hatten, mir zu helfen.

Ich begann zu verstehen, daß alles mit mir in Ordnung war, ich eine wertvolle und liebenswerte Person war, fähig zu lieben.

Während ich an meinem ersten Gedichtband für meine Abschlußarbeit arbeitete, holte ich »Vergewaltigung mit Dreizehn« hervor und las das Gedicht noch einmal durch. Ich sah, was ich vor fünf Jahren, mit fünfundzwanzig, zu sagen versucht, aber nicht geschafft hatte, und vollendete das Gedicht.

Bekenntnis

Mit dreizehn konnte ich Worte benutzen
wie *Tod, Bankrott, Liebe machen*
der Arzt, die Schwester, die zwei Polizisten brauchten
Worte von mir, und ich gab sie ihnen, ich erzählte
eine klare Geschichte: seine Strumpfmaske, der Stein
in seiner Hand, mein Kleid – kurz, rot, mit gelben
Blumen –
die Einzelheiten und das Ganze, was er sagte, was ich
sagte
was wir beide taten und was nicht.
Vorverhandlung war ein Wort,
das ich nicht kannte. *Es ist kein Prozeß,*
drückte sich der Staatsanwalt vorsichtig aus.
Es soll nur festgehalten werden, was passiert ist.
Ich war genauso clever wie er, so ungerührt auf der
Zeugenbank,
daß er doch von mir überrascht war. *Und was tat*
er dann? fragte der Staatsanwalt.
Er vergewaltigte mich. Ich stieß
das Wort hervor, und man hielt inne mit den Fragen.
Jahrelang dachte ich: *Vergewaltigung* – eine Verschwörung.
Nur er und ich wußten
wie es zwischen uns gewesen war
im Wald, wo sogar die Kaninchen
bewegungslos in der Augusthitze lagen.
Niemand, dachte ich, wußte, in welcher Weise
unser Akt die Liebe
imitiert hatte. Sein ungeschickter
Daumen auf meinen Brustwarzen, sein Raunen,
Schon mal so mit jemandem rumgemacht?

Aber sie wußten es. Als sie meine Geschichte hörten
sahen Erwachsene: Das langbeinige Mädchen
schiebt ihr Rad eine steile Straße hinauf,
der kleine, stämmige Mann in weißem T-Shirt läuft
schnell hinter ihr her, als sie sich umdreht
und anhält
wie ein bewegungsloses Reh.
Erwachsene konnten nicht umhin
sich ihren Intimbereich detailliert vorzustellen,
Sperma und Blut,
das an ihr heruntertropfte, als er gegangen war.
Erwachsene sahen nicht die unsichtbaren Arme,
die sich aus der Erde nach mir ausstreckten,
die das Gras beständig nährt
wie eine Mutter. Als ich mich für ihn niederlegte,
beschützte die Erde, uneben mit ihren kleinen Steinen und Graswurzeln, mich vor seinem ausgestreckten Körper.
Als er mich aufschlitzte, schlang die Erde ihre Arme
um mich
mit einer solch überwältigenden Liebe,
daß ich nicht zerstört wurde
und Jahre der Heilung begannen am selben Tag.

Nun war ich in der Lage, meine Erfahrungen in einer Arbeit
zusammenzufassen, die deren Vielschichtigkeit in einem
vollständigen Ganzen enthielt. War dies darauf zurückzuführen, daß ich mich inzwischen selbst besser kannte und das
Geschehene so besser ausdrücken konnte, oder forderte mich
das Gedicht selbst dazu auf, meine Erkenntnis zu vertiefen?
Ich kann einfach nicht sagen, was stärker war. Trotzdem: Die
Heilung, über die ich schrieb, war auch weiterhin eher etwas,
auf das ich noch wartete, als die Realität.

Einige Jahre nach meiner Rückehr nach Boston war ich gezwungen, mich mit meiner Vergewaltigung intensiv auseinanderzusetzen. Die Freundin, mit der ich zusammenlebte, wollte ihre Inzesterinnerungen aufarbeiten. Ich wurde Zeuge von Lizas Anstrengungen, ihre Vergangenheit aufzudecken, zu lernen, mit diesem Wissen zu leben und mit anderen darüber zu sprechen. Ihr Mut berührte mich tief.

Widerstrebend widmete ich meinen Erinnerungen bisweilen dieselbe Aufmerksamkeit, mit der ich mich auch mit ihren Erinnerungen befaßte. Was, wenn einige ihrer Probleme auch auf mich zutrafen? Meine Vergewaltigung war nie ein Geheimnis gewesen – oder vielleicht doch? Ich war von meinen Eltern nicht im Stich gelassen, nicht von denen, die mich liebten, mißbraucht worden –, aber war meine Verletzung vielleicht auf gewisse Weise unter den Teppich gekehrt worden? Es drängte mich nicht sonderlich, diesen Fragen nachzugehen, aber ich war froh, daß Liza auf ihrem schweren Weg in gewisser Weise eine Leidensgefährtin hatte, da ich ja als Kind auch sexuell verletzt worden war.

Eines Tages erzählte sie mir begeistert von einem Trainingsprogramm für Frauen, das sie entdeckt hatte. »Es ist ein Selbstverteidigungskurs für Frauen«, erklärte sie. »Aber anders als die Kurse, die sonst so angeboten werden. Ein Kampfsportlehrer hat herausgefunden, daß viele seiner weiblichen Schüler wie gelähmt waren, wenn sie tatsächlich überfallen wurden, und die Griffe, die er ihnen beigebracht hatte, nicht verwenden konnten. Er entwickelte also eine neue Unterrichtstechnik, um Frauen beizubringen, wie sie sich selbst verteidigen können. Man arbeitet mit Männern in Schutzkleidung, die dich wirklich überfallen, und du lernst, wie du dich richtig dagegen zu Wehr setzen kannst. Es unterrichten nur Frauen. Sie helfen dir, jegliche Hemmungen zu überwinden. Falls du in der Vergangenheit mißbraucht worden bist, kann dieses Training auch eine heilende Wirkung haben.«

Als ich dies hörte, machte sich etwas in mir bemerkbar. Ich entdeckte, daß ununterbrochen ein ungutes Gefühl an mir nagte, und mir wurde klar, daß es Ärger war. Ich mußte es schon lange in mir tragen – es hatte mich fast erstickt. Versuchsweise hatte ich begonnen, darüber zu sprechen und es in Worte zu fassen. Die Vorstellung, mit einem Mann kämpfen und ihn besiegen zu können, faszinierte mich. Was für ein großartiges Gefühl es sein mußte, im Falle eines erneuten Überfalls zu wissen, was zu tun war, und dieses Wissen dann auch in die Tat umsetzen zu können.

Es war mir klar, daß ich mich nicht nur in den Kurs einschrieb, um kämpfen zu lernen, sondern um die Vergewaltigung anders aufzuarbeiten. In dem Kurs würde meine Vergewaltigung der zentrale und wichtigste Aspekt meiner Identität sein. Ich fürchtete mich davor, hatte aber das Gefühl, daß die Zeit dafür gekommen war.

Die zweite Unterrichtsstunde fand im Wohnzimmer unserer Lehrerin statt. Sie ermutigte uns, über unsere Erfahrungen mit sexuellem Mißbrauch zu sprechen – sofern wir welche hatten und bereit dazu waren. Im Falle eines wirklichen Überfalls würde die alte Panik wieder in uns aufsteigen. Unser Erfahrungsaustausch und das Verständnis und Mitgefühl der anderen Kursteilnehmerinnen würden uns jedoch unglaublich gestärkt in einen erneuten Kampf gehen lassen. Ich war froh, meinen Kampfgenossinnen erzählen zu können, was mir passiert war, und ihr Mitgefühl zu spüren. Die Aufmerksamkeit, mit der sie mir zuhörten, ließ mich in der Tat darauf vertrauen, daß sie bei jedem Kampf zuverlässig hinter mir standen. Gleichzeitig fiel mir auf, daß keine andere Kursteilnehmerin sich so genau an ihre Erfahrungen erinnern konnte, wie ich mich an meine Vergewaltigung. Vielleicht lag darin ja auch etwas Gutes. Vielleicht sollte ich alles aufschreiben.

Jedes Mal, wenn ich meinen »Angreifer« auf die Matte gelegt und seinem geschützten Kopf mehrere Tritte versetzt hatte, die einen normal bekleideten Angreifer kampfunfähig gemacht hätten, verließ ich die Matte wie berauscht, da ich all meine Wut im Kampf abreagiert hatte. Warum hatte man uns nie beigebracht, wie man kämpft?

In einer Unterrichtsstunde bat man diejenigen, die bereits überfallen oder mißbraucht worden waren, ihr Erlebnis nachzuspielen, wobei sie dieses Mal die Chance hatten, sich zu wehren. Als mein Angreifer sich mir näherte, befand ich mich für den Bruchteil einer Sekunde wieder in der Quarry Road und sah meinem Vergewaltiger in die Augen. Wut stieg in mir hoch – eine absolute, physische Gewißheit, daß das, was geschehen würde, falsch war. Mit meinem Mund, meinem Hals und jeder Faser meines Körpers schrie ich *Nein*. Mit scheinbar übermenschlicher Kraft versetzte ich meinem Gegner Schläge und setzte in der Bewegung meines Körpers enorme Energien frei.

Diese Kampfwut spiegelte sich langsam auch in meinen Gedichten wider und wurde von nur schwer zu ertragenden Gefühlen begleitet: Schuldzuweisungen und Selbstmitleid. Ich warf den Leuten, die mir nahestanden, vor, daß sie mir nicht geholfen hatten, nach der Vergewaltigung wieder heil zu werden. Ich beschrieb alles auf noch schrecklichere Art und Weise, und ich wußte jetzt nicht mehr, wie ich die Gedichte beenden sollte.

Sie konnten auch nicht beendet werden, denn sie waren ein Anfang. Einige Monate später stieg ich die Treppe zu meinem Arbeitszimmer hinauf und war in Gedanken dabei, mich auf einen Sommer vorzubereiten, den ich hauptsächlich mit Schreiben verbringen wollte. Meine Tätigkeit als Dozentin an einem kleinen Bostoner Frauencollege hatte mir nur wenig Zeit für mich selbst gelassen. Ich hatte vergessen, wie deutlich ich mich an meine Geschichte erinnert hatte, als ich sie den anderen Kursteilnehmerinnen erzählte. Als ich mich an meinen Computer setzte und ohne ein bestimmtes Konzept einfach zu schreiben anfing, schienen sich die Worte wie von selbst aneinanderzureihen, so, als ob dazu nur der richtige Anfang gefehlt hätte.

Meine Geschichte war von einer starken Eindringlichkeit, und ich wußte, daß diese Intensität nicht nachlassen würde, bis ich alles zu Papier gebracht hatte. Plötzlich schien ich schreiben zu können wie nie zuvor. Ich würde meine Geschichte in Sätzen, Absätzen und längeren Kapiteln, vielleicht sogar ein ganzes Buch schreiben. Ein großes, neues Projekt und eine neue Lebensphase als Schriftstellerin hatte sich mir eröffnet.

Ich war vierunddreißig Jahre alt.

Ich war nun verheiratet. Wir hatten uns einige Jahre vorher unbekannterweise verabredet. Eine Freundin hatte mir erzählt, ein Freund ihres Mannes sei Zimmermann, sehr nett und auf der Suche nach einer Partnerin für eine ernsthafte Beziehung. Es hatte sie gerührt, daß er sich sofort bereit erklärt hatte, etwas für sie zu reparieren. Ob ich Interesse hätte? Natürlich.

An einem heißen Sonntagvormittag im Juni stand Eric vor meiner Tür. Er trug saubere Blue jeans und ein Flanellhemd, kam herein und blieb in meiner Küche stehen. Er war ein großer, schlanker Mann mit großen, braunen Augen, einem Schnurrbart und schwarzen wilden Locken. Als wir uns zur Begrüßung die Hände gaben, sah er mich einen Moment lang an, und in seinem Blick lagen gleichzeitig Zuneigung, Unbeschwertheit und Ernst. Die Wärme seiner Gegenwart ließ alle Anspannung von mir abfallen – er verhielt sich, als ob er die Schwester eines alten Freundes kennenlernte. Es fiel mir nicht schwer, seinen Blick zu erwidern, und als ich ihm in die Augen blickte, erkannte ich sofort, was für eine Art Mensch er war: ehrlich, mutig, intelligent und gütig. Seine Augen strahlten freundlich und verschmitzt bei unserer ersten gegenseitigen Musterung. Noch nie zuvor hatte ich einen Mann wie ihn getroffen.

Mein Herz machte einen Sprung, doch schon im nächsten Augenblick erfüllte mich ein bisher unbekanntes Gefühl, als ob ich plötzlich spürte, daß sich alles in meinem Leben zum Guten wenden würde, daß *dieser Mann in Ordnung war.*

Wir fuhren zu einem Strand in der Nähe von Boston, wo wir

den ganzen Tag verbrachten und uns über unsere Arbeit, unser Leben und unsere Familien unterhielten. Ich erfuhr, daß er eine psychisch kranke Schwester hatte – ein Problem, das wir teilten. Er sagte, er sei Quäker, ein Mitglied der Cambridge Society of Friends, und erzählte mir, wie es dazu gekommen war. Ich erzählte ihm, daß ich schrieb und dies eine zentrale Bedeutung in meinem Leben hätte. Gegen Abend wurde mir kalt, und er schaufelte mich bis zum Hals mit Sand zu, damit mir wieder warm würde.

Bei unserer nächsten Verabredung schenkte er mir einen Strauß violetter Iris, und wir fuhren zum Schwimmen an einen kleinen See, den er kannte. Gemeinsam schwammen wir durch das kühle, tiefe Wasser. Am anderen Ende des Sees zog er sich auf einen Felsvorsprung hinauf, auf den der Schatten der überhängenden Äste fiel. Sanft zog er mich hoch, bat mich, mich vor ihn zu setzen, und schloß mich behutsam in seine Arme. Seine Umarmung erweckte in mir ein schönes, kindliches Vertrauen. Schließlich erfüllte sich doch noch, wonach ich mich seit meiner Kindheit gesehnt hatte – das Gefühl, einfach nur in den Armen gehalten zu werden.

An diesem Abend zeigte er mir die große, viktorianische Villa, die er mit zwei anderen Paaren und deren Kindern bewohnte – ebenfalls Quäker. Herzlich luden sie mich ein, zum Abendessen zu bleiben. Später fragte er mich unbeschwert, ob ich die Nacht mit ihm verbringen wolle. Ich zögerte. Dieser Mann, den ich kaum kannte, schien genau zu wissen, wann ich nicht widerstehen konnte. Empfand er wirklich so viel für mich, wie es schien?

»Du bist ja nicht gerade schüchtern«, konnte ich mich nicht zurückhalten.

»Oh, ich muß dir einfach etwas sagen«, erklärte er mir. »Ich bin so glücklich, dich getroffen zu haben. Ich habe noch nie eine Frau getroffen, für die ich so empfunden habe. Ich meine es wirklich ernst. Meine Absichten sind vollkommen ehrenhaft.« Wir lachten. Wir wußten, daß wir es beide ernst meinten, und so zogen wir uns in sein Schlafzimmer unter dem Dach zurück.

Als ich mich fürs Bett fertig machte, war ich ungewöhnlich ruhig, beinahe so, als ob ich bei einer Freundin übernachtete. Er wartete im Bett auf mich, mit dem Rücken an die Wand gelehnt. Ich kniete mich nieder und sah ihm ins Gesicht. Wir blickten uns tief in die Augen.

Ich sagte: »Ich glaube, du solltest etwas wissen, bevor wir uns lieben. Ich wurde mit dreizehn vergewaltigt, und ich glaube, es hat mich sexuell irgendwie geprägt, aber ich bin mir nicht sicher, wie und ob es Einfluß darauf hat, wenn wir miteinander schlafen, aber ich dachte einfach, du solltest es wissen.«

Er setzte sich auf, seine Augen vor Überraschung geweitet. Dann sah er mich mit einem Blick voller Zärtlichkeit und Fürsorge an, wie ich es noch nie zuvor erlebt hatte. Keiner von uns sagte ein Wort. »Das ist wirklich schlimm«, sagte er schließlich. »Wir sollten darüber sprechen und es nicht einfach übergehen.«

»Du hast recht«, antwortete ich und senkte meinen Blick. Ich hatte das Gefühl, eine kleine Kapelle hätte in mir eine Melodie angestimmt.

»Was meinst du, vielleicht sollten wir damit warten? Möchtest du mir davon erzählen?«

Ich wollte ihm unbedingt davon erzählen. Er hörte mir zu. Danach nahm er mich in die Arme, hielt mich fest und sagte: »Es tut mir so leid, daß dir das passiert ist.«

Ich weinte nicht, obwohl ich es in diesem Moment vielleicht gern getan hätte. Mein Herz schlug heftig, denn ich wußte, daß ich endlich einen Menschen gefunden hatte, bei dem ich mich geborgen fühlte.

Kurze Zeit später zog ich bei ihm ein und arbeitete in einem wunderschönen Zimmer im vorderen Bereich des großen Hauses. An den Wochenenden erkundeten wir die Naturschutzgebiete in der Nähe von Boston, verbrachten lange Nachmittage mit Waldspaziergängen oder fuhren zu einem See und paddelten in einem geliehenen Kanu. Wir kamen oft zu spät zum Abendessen zurück, braungebrannt, ausgehungert und verliebt. Unsere Mitbewohner machten ihre Späße über uns.

Manchmal nahm er mich zu den Häusern mit, an denen er gerade arbeitete, und stellte mich den Eigentümern vor. Ich sah, daß er nicht nur einen Bezug zu den Häusern hatte, sondern auch zu den Bewohnern, und bei seiner Arbeit auch deren Beziehung zu ihrem Haus berücksichtigte. Die meisten seiner Kunden waren zu seinen Freunden geworden und viele seiner Freunde zu seinen Kunden – eine Verbindung, die alle Seiten zufriedenzustellen schien.

Abends spielte er mit den Kindern im Haus – mit dem kleineren Mädchen Verstecken, mit dem älteren malte er, bastelte mit Holz oder bedruckte T-Shirts. An Sonntagen suchte er ein paar Dinge aus seiner Werkstatt zusammen, mit denen Kinder vielleicht etwas anfangen konnten, und fuhr in seine Quäkergemeinde, um dort die Sonntagsschule abzuhalten.

Ich wußte, warum die Kinder in seiner Nähe glücklich waren, denn in unseren gemeinsamen Stunden war auch ich wie im siebten Himmel.

Wenn ich aus meinem Arbeitszimmer kam, benommen von den Stunden, in denen ich versuchte hatte, Gedanken zu Papier zu bringen, sagte er nur: »Komm, wir machen einen Spaziergang am Meer.« Wir liefen an der Pier entlang, wo die Wellen sich sanft am Ufer brachen, vorbei an radfahrenden Kindern, angeleinten Hunden, Joggern mit Kopfhörern und älteren Menschen in Windjacken. Wenn wir die Brücke überquerten, wo junge und alte Männer sich übers Geländer lehnten und fischten, oder wenn wir mit Papptellern auf dem Schoß auf einem grasbewachsenen Abhang saßen und den Blick über die Bucht genossen, kehrte ich wieder zu ihm und zur Welt zurück.

ERKENNTNIS

In den ersten paar Monaten schrieb ich meine Erinnerungen an die Vergewaltigung mit einer Leichtigkeit nieder, die mir geradezu unheimlich war. Wie ein Magier, der mit Worten zaubert, verwandelte ich meine nicht greifbare Vergangenheit zu etwas, das schwarz auf weiß zu lesen war. Dies gab mir das beruhigende Gefühl, meine Erinnerungen völlig unter Kontrolle zu haben.

Nach und nach ging mir das Schreiben nicht mehr so leicht von der Hand. Ich gab jedoch nicht auf. Ich hatte mich ja schon früher auf verschiedene Weise mit meiner Vergewaltigung auseinandergesetzt: Mit dreizehn, als ich darauf bestanden hatte, der Polizei sofort mitzuteilen, was mit mir passiert war, mit vierzehn, als ich mein Gedicht im Englischunterricht vorgetragen hatte, und in meinen Zwanzigern, als die Vergewaltigung mir das Thema für gute Gedichte liefern sollte.

Nachdem ich mehr als ein Jahr an meinen Aufzeichnungen gearbeitet hatte, legte ich widerwillig eine Pause ein. Ich mußte mir eingestehen, daß in mir ein Prozeß in Gang gekommen war, und es war, als ob meine Erinnerungen eine Kraft in mir erweckt hätten, die mir nicht gestattete, weiterzuschreiben. Ich hatte den größten Teil meiner Erfahrungen niedergeschrieben und geglaubt, ich könne die ganze Geschichte erzählen, da ich all die Einzelheiten sehen und beschreiben konnte. Doch meine Aufzeichnungen fügten sich nicht zu einem Ganzen, und ich hatte das Gefühl, alles in mir würde auseinanderfallen.

Ich wußte nun, daß es eine Martha gab, die durch die Vergewaltigung Schaden erlitten hatte und verletzt worden war. Aber noch immer wußte ich nicht, wer diese Martha war oder wie ich sie finden konnte. Ich hatte Beweise für ihre Existenz, etwa Gefühle, an die ich mich erinnerte, doch das meiste von ihr blieb verborgen. Ebenfalls verborgen blieb, wie sie mit anderen Seiten in mir, die sich gerade entwickelten, in Beziehung gestanden hatte, was genau sie ihnen von der Welt erzählt hatte, und was diese glaubten. Nachdem ich all meine Erinnerungen aufgeschrieben hatte, hielt mein Verstand die Vergewaltigung noch immer unter Verschluß.

Sollte ich dieses Mädchen in der inneren Landschaft meines Selbst finden, würde sie sicherlich wie erstarrt dastehen, ihr Blick starr geradeaus, voller Angst. Die Lippen geschlossen und die Augen ständig in angstvoller Erwartung, ohne Hoffnung auf Hilfe. In ihrer Welt gibt es keine Hilfe.

Irgendwie war mir der Zugang zu ihr verwehrt, als ob sie in mir wie in dem verbotenen Zimmer eines Märchens eingeschlossen wäre, dessen verstaubte Tür man eilig geschlossen hatte. All die Geschichten, die ich, besonders mir selbst, über die Vergewaltigung erzählt hatte, waren außerhalb dieser Tür erfunden worden. Ich hatte die Tür als Teenager verschlossen, mit der Absicht, sie niemals wieder zu öffnen. Was würde passieren, wenn ich sie öffnete? Was verbarg sich in dem Zimmer dahinter?

Ich beschloß, meine Geschichte vorerst niemandem zu erzählen und sie einfach niederzuschreiben, um zu sehen, welchen Widerhall sie in meinem Inneren finden würde, und um nach meinen verborgenen, wortlosen Erinnerungen zu suchen.

Ich begann mit der Frage: *Was steht im Weg?*

Von innen kam die Antwort.
Ich schrieb:

> Wut. Es ist alles in mir –
> das Schweigen –
> das wortlose Bedürfnis –
> und weil man mir nicht half –
> Zorn.

Auf wen war ich wütend?
Ich dachte an meine Mutter, daran, wie sie mir
nicht geholfen hatte.

> Sie sah nicht, daß meine Brüste größer wurden,
> sie weigerte sich, mir einen Büstenhalter zu kaufen.
> Und als ich vergewaltigt wurde,
> sprachen wir nicht darüber.
> Sie tat, als sei nichts passiert.
> Die Jahre vergingen. Sie trat beiseite, beobachtete
> mich und hoffte.
> Und als ich ein Diaphragma bekam,
> ihr davon erzählte, und stolz
> den Beginn meines Sexuallebens ankündigte,
> schrieb sie mir einen vernichtenden Brief.

Ich erinnerte mich, daß ich sogar in dieser Zeit, mit dreizehn, und all die Jahre danach, wenn ich an diese Dinge
gedacht hatte, meiner Mutter vergeben hatte. Es war jedoch

eine Tatsache, daß sie mich nicht getröstet hatte, als ich mich in der Nacht nach der Vergewaltigung neben ihr ins Bett legte. Unter der empfindungslosen Akzeptanz unserer Distanz warteten drängende Fragen.

Ich weiß, ich habe mich gefragt:
Warum sprechen wir nicht miteinander?

Warum hat sie mich nicht irgendwann einmal einfach in die Arme genommen? Ich stellte mir diese Fragen, selbst als ich mich an meine abwehrende Haltung erinnerte, als sie die Arme wirklich nach mir ausstreckte.
Warum hat sie sich nicht mehr bemüht?

Sie hätte mir sagen sollen: »Wir lieben dich, wir werden nicht zulassen, daß er dir deine Selbstachtung nimmt, deine Seele. Wir werden bei dir sein. Du kannst geheilt werden.«

Als ich es mir vorstellte, erkannte ich die Unmöglichkeit dessen, was ich von ihr verlangte. Es war schwierig, zu sagen, wie sie meine Seele hätte schützen können, geschweige denn, zu versprechen, sie zu bewahren.
Doch was wirklich wichtig war – was hatte ich gefühlt und nicht wahrhaben wollen:

Ich wollte, daß meine Mutter mich heilte.

Doch was, wenn sie von sich geglaubt hatte, mich *trösten zu können?*
Dann wäre diese kleine Rede, in Worten, nicht nötig gewesen.

Mir wurde bewußt, daß ich mich, noch bevor ich mich fragte, warum sie nicht mit mir sprach, fragte, wo sie war.

> Er läuft hinter mir die Straße hinauf
> er führt mich ins Gebüsch
> ich gehe mit ihm
> denn ich glaube einfach nicht,
> daß niemand kommen wird,
> um mich zu retten.
> *Wo ist sie?*
> Wo war sie? Sie war zu Hause und hielt ihren Mittagsschlaf. Während ich vergewaltigt wurde, schlief sie.

Ich sah es nun wie einen Mythos: Die Mutter schläft, während die Tochter vergewaltigt wird. Nur eine halbe Meile entfernt liegt sie in ihrem Schlafzimmer. Es war wie in einem Hirtengedicht: In meiner Vorstellung war sie sehr viel jünger, nicht fünfundvierzig, kurz vor ihrem sechsundvierzigsten Geburtstag, sondern eine junge Mutter, die tief und fest unter einem Baum schläft. Ein durch und durch böses Wesen erscheint und schändet ihr kleines, spielendes Mädchen. In diesem Moment erleidet das kleine Mädchen nicht wiedergutzumachenden Schaden. Die Mutter wacht auf und ist zutiefst verzweifelt. Sie hadert mit den Göttern, als sie entdeckt, was geschehen ist. Doch es ist zu spät. Sie irrt durch die Welt, und dort, wo sie geht, kann nichts mehr wachsen.

> Sie war meine Mutter. Wozu sind Mütter da? Sie sollen ihre Jungen vor den Raubtieren beschützen, gegen die Raubtiere kämpfen, wenn die Jungen dazu nicht imstande, zu schwach sind. Ich ließ ihn kommen, verwirrt und überrascht wie ein Küken, dessen Mutter

gerade zufällig einen Moment lang in die andere Richtung sieht.

Ich habe niemals wirklich *gedacht*, daß sie dort auf der Straße hätte sein sollen, um mich zu beschützen. Doch ein verborgener, kindlicherer Teil von mir *wußte*, daß sie hätte dort sein sollen.

> Dort auf der Straße bin ich allein mit ihm, sie ist nicht bei mir.
> Was empfinde ich dabei?
> *Ich bin ihr einfach egal.*

Ich erinnere mich, daß ich schon früher einmal – bei einer Nachmittagseinladung, zu der ich als Fünfjährige mit meinem Vater gegangen war – Todesnähe gefühlt hatte. Ich spielte im Swimmingpool und hangelte mich am Beckenrand entlang, indem ich mich an den dort angebrachten Seilen festhielt. Ich war voller Stolz, daß ich es bis zum tieferen Bereich geschafft hatte, und befand mich direkt unter meinem Vater, der am Beckenrand saß – in der Hoffnung, er würde mich sehen. Plötzlich jedoch rutschte ich ab und spürte, wie ich unterging und Wasser in meine Nase und meinen Mund eindrangen.

»Fred!« versuchte ich zu schreien, brachte aber vor lauter Panik kein Wort heraus.

Wasser drang in meine Nase und lief in meinen Hals.

»Fred! Hilfe!«

Er saß da und blickte geradeaus, einen Drink in der Hand, und sah mich nicht. Er unterhielt sich mit der Person neben ihm und sah einfach nichts. Nach einigen Sekunden bekam ich das Seil wieder zu fassen und rettete mich selbst.

Ich bin ihnen einfach egal.

Ich erinnerte mich wieder an die Nacht der Vergewaltigung, wie ich in die Dunkelheit meines Schrankes starrte, meine Mutter mich fragte, wie ich mich fühle und ich antwortete, »Ich fühle mich sehr alt.« Ich fragte mich: *Was ist tief in mir vorgegangen? Kann ich mich daran erinnern, was ich empfunden habe?*

> Ich stehe da und sehe in den Schrank.
> In mir Sehnsucht,
> eine furchtbare Traurigkeit.

Ich erinnerte mich daran, daß ich meine Kleider wie ein Roboter wegräumte, sehr langsam, ungläubig, mein Verstand arbeitete wie in Zeitlupe, als ob er versuchte, aufzunehmen und zu begreifen, was passiert war.

> Sie fragt mich, wie ich mich fühle, und ich fühle, daß ich etwas verloren habe, ich erinnere mich daran, wie sein messerartiger Penis in meiner Scheide schmerzt. Ich bin allein in mir, völlig verstört und überwältigt von diesem Schmerz. Ich versinke an einem sehr dunklen Ort. In mir herrscht nun Dunkelheit, Schrecken und keinerlei Hoffnung.
> Ich wundere mich, warum ich nicht weine. Doch meine Benommenheit scheint mir das Bedürfnis zu weinen genommen zu haben, scheint den Teil von mir übernommen zu haben, der weinen würde.

Ich erinnere mich wieder, wie ich mich gefühlt habe, als ich am nächsten Morgen aufgewacht bin.

> Ich schlief, und als ich bei Tageslicht aufwachte, erwachte ich in einem Alptraum.

Ich muß meine Augen offenhalten und in dieser wirklichen Welt vorwärtsgehen, in dem Haus, der Küche, der Bibliothek, zwischen den Bäumen draußen.

Ich war allein gelassen, ohne Hilfe,
befand mich in einer Leere,
in der mich nichts erreichen konnte.

Ich setze mich zu den Kriminalpolizisten. Ich beantworte ihre Fragen so klar wie möglich. Während ich ihnen antworte, kehre ich zu allem zurück. Ich kann zurückkehren, und niemand scheint zu bemerken, daß ich überhaupt nicht da bin.

Ich konnte diese Dinge tun, die Worte sagen,
zur Welt zurückkehren.
Doch diese Dinge zu tun, bedeutete nicht,
sich der Dunkelheit zu stellen.
Sie waren nicht ein Kampf gegen die Dunkelheit,
sie lenkten mich vom Kämpfen ab.

Ich fragte mich: *Was geschah mit der Dunkelheit?*

Ich vergaß sie.
Und doch habe ich sie niemals wirklich vergessen.
Und weil meine Mutter, mein Vater, die Kriminalpolizisten, meine Lehrer und meine Klassenkameraden nicht wußten, wie es in dieser Dunkelheit gewesen war, weil ich allein war und weil ich von jedem, der mich ansah und fand, daß es mir gutging, dort allein gelassen wurde, versiegte in mir die Liebe.

Mir wurde klar: Wie konnte ich glauben, daß liebevolle Zuwendung eine reale Sache war, wenn diejenigen, die mich angeblich liebten, nicht versucht hatten, mich zu retten?

In den Tagen, als mir diese Dinge bewußt wurden, konnte ich nicht einmal einfache Tätigkeiten erledigen, wie etwa meine Wäsche aufhängen oder eine Mahlzeit zubereiten. Ich konnte die Nähe meiner Freunde, mit denen ich zusammenlebte, nicht ertragen.

Ihre Stimmen waren Lärm,
der meine Gedanken irritierte.

In dem Glauben, daß es mir helfen würde, im Freien zu sein, machte ich einen Spaziergang am Meer mit Eric und Liza. Liza begann, von dem Mißbrauch in ihrer Kindheit zu sprechen. Ich spürte, wie ich mich in mein Schweigen zurückzog. Doch etwas in mir kämpfte darum, an die Oberfläche zu kommen, und ich spürte, daß ich darüber sprechen mußte, wie ich mich fühlte. Ich fand nicht die richtigen Worte und hörte, wie ich sie darum bat, in diesem Moment nicht über ihre Erfahrungen zu sprechen.
Ich wollte sagen: »Auch ich leide.«
Ich konnte es nicht sagen.
Ich spürte, daß ich Liza helfen mußte, doch in diesem Moment hatte ich keine Kraft, zu helfen. Statt dessen erkannte ich, daß das Gefühl *Ich muß Liza helfen* eine Wut in mir auslöste, die mich ängstigte und sprachlos machte.
In dem Glauben, daß körperliche Betätigung vielleicht helfen könnte, wenn ich keine Worte fand, stieg ich hinauf zu dem kleinen Raum unterm Dach, wo ein Sandsack hing, den Liza benutzte. Ich stöberte hinter dem Bücherregal herum, zog den Plastikschläger hervor und fing an, auf den Sack einzuschlagen. Die Schläge verursachten ein scharfes Krachen, das merkwürdig wohltuend für meine Ohren war. Bald schon kamen die Worte, die ich sprechen mußte, an die Oberfläche – nicht Worte an Liza, sondern Worte an meine Mutter.

»Geh mir aus den Augen.«

»Gib mir etwas Raum.«

Deine Probleme sind nicht wichtiger als meine.

Ich bin vergewaltigt worden, verflucht noch mal – verstehst du denn nicht?

Ich schlug nur noch schwach auf den Sack ein, sprach mißmutig, brüllte nicht. Meine Augen füllten sich mit Tränen, und ich fing an zu weinen. Sie gehörte mir – diese wütende Verzweiflung. Wild schlug ich auf den Sack ein, schlug wieder und wieder zu, bis ich völlig benommen war und meine Arme sinken ließ – was schon nach einigen wenigen Minuten oder sogar Sekunden der Fall war. Ich ließ den Schläger auf den alten Stuhl fallen.

Ich lief ein wenig umher und spürte die Leichtigkeit des Loslassens.

Geh mir aus den Augen, Mom. Du kannst mich mal mit deinen Nervenzusammenbrüchen, deinem alkoholkranken Mann und deinem problematischen Sohn. Du kannst mich mal mit deinen Problemen. Du kannst mich mal mit deinem Ärger darüber, daß du für uns sorgen mußtest. Du kannst mich mal mit deiner Traurigkeit darüber, daß ich von zu Hause weggegangen bin. Du hast dir endlose Sorgen über mich gemacht, aber was hast du denn getan?

Du kannst mich mal mit deinem Pathos, mit deinem Märtyrertum. War ja gut gemeint, Mom, als du nach der Vergewaltigung für mich dasein wolltest. Du konntest meine Sexualität nicht akzeptieren, und du konntest mit meinem Schmerz nicht umgehen, denn du dachtest, wenn du dich wirklich um mich kümmern würdest, könntest du dich nicht mehr um dich selbst kümmern. Du hättest mir helfen können, aber du hast es sein lassen. Du kannst mich mal, Mom.

Ich schrieb:

In dieser Wut liegt mein Neuanfang.

Meine Wut machte mir Angst, versetzte mich jedoch gleichzeitig in Hochstimmung. Ich verspürte keinerlei Bereitschaft, von ihr zu lassen und mich den tieferen Gefühlen von Schmerz und Trauer hinzugeben. Doch die Wut selbst schien dieses Tor offen zu halten und damit die Möglichkeit, mit meinem eigenen tieferen Selbst in Verbindung zu treten.

> Die Wut entsteht, weil ich mir meiner Wunde bewußt werde, erkenne, was der Vergewaltiger mir angetan hat, und daß meine Mutter mir beigebracht hat, als erstes immer an sie zu denken.

Ich hatte das Gefühl, zum Kern der Sache vorzudringen, indem ich meine Wut auf meine Mutter richtete. Ich wußte, es war falsch, ihr die Schuld an allem zu geben. Doch in meiner Wut konnte ich nicht fair sein. In meiner Wut kümmerte ich mich nicht darum, was sie brauchte, sondern nur darum, was ich brauchte. Zu diesem Zeitpunkt ließ ich mich ganz von meiner Wut führen.
Ich fragte mich, *ob vergewaltigte Kinder überhaupt von denen, die ihnen nahestehen, gut versorgt werden können.*

> Gab es irgendeine Heilerin, eine ältere Frau, die das verletzte Wesen in ihre Arme nehmen und ihm irgendwie versichern könnte, daß es selbst in diesem Moment der totalen Dunkelheit nicht allein auf sich gestellt war, daß es geheilt werden konnte? (Ob dies wohl möglich ist?)
> Würde es eine Zauberformel geben, mit der diese Frau das Gefühl, verletzt worden zu sein, wegsingen konnte? Konnte es aus dem Kind herausgezogen, her-

ausgesungen werden, als ob man einen großen psychischen Splitter entfernt?

Denn es schien mir nun, als ob ich von einem Splitter verletzt worden wäre, einem großen, scharfen Gegenstand, der in meine Vagina eingedrungen war und in mir festsaß, mit der Spitze genau in meinem Herzen – starr, viel Platz in Anspruch nehmend, schmerzvoll drang er als Reaktion meiner eigenen Erfahrungen und Handlungen nun immer weiter in mich ein. Dieses Wissen war belastend und störend, immer gegenwärtig, obwohl ich versucht hatte, es zu ignorieren.

Ein Splitter aus Schmerz, Ekel und dem Gefühl, morgens kein Licht sehen zu können, keine Freude mehr am Leben zu haben: in mir nur Härte und in dieser Härte das Nichts.

Ich las *Female Adolescence* von Katherine Dalsimer und fand eine Stelle, in der die Schwierigkeiten der Jugendlichen beschrieben waren, sich von den Eltern zu lösen. Sie half mir, mich selbst besser zu verstehen.

Diejenigen, denen im magischen Denken der Kindheit Allwissen und Allmacht zugeschrieben wurde, müssen nun auf menschliches Maß zurückgebracht werden ... Die Heftigkeit, mit der sich die kindlichen Gefühle gegenüber den Eltern plötzlich verändern, ist ein Indikator für das drängende Bedürfnis des Kindes, Distanz zu schaffen, wo früher einmal Nähe war ... Man erreicht sie nicht ohne große Traurigkeit und beträchtlichen Schmerz, Gefühle, die mit denen der Trauer verglichen wurden ... Dieser Vergleich sugge-

riert die Intensität des Schmerzes und das tiefe subjektive Gefühl des Verlusts.
(Dalsimer, *Female Adolescence*, S. 6–7)

Als ich diese Stelle las, fragte ich mich, ob ich an diesem Punkt des Loslösungsprozesses stehengeblieben war. Meine Mutter war für mich bis zu ihrem Tod, bei dem ich dreiundzwanzig war, allwissend und allmächtig geblieben, eine gottähnliche Gestalt. Ich hatte zuweilen rebelliert. Doch nie hatte ich mich wirklich von ihr und der magischen Welt gelöst, an die ich mich aus meinen Kindertagen erinnern konnte.

> Ich hänge meinen Kindheitserinnerungen nach und kann nie wirklich akzeptieren, daß diese Tage vorbei sind. Ich habe mich irgendwie in einem kontinuierlichen Trauerzustand befunden.

Ich fragte mich, inwieweit dieses Gefühl, mit meiner Kindheit etwas sehr Wichtiges verloren zu haben, ein normaler Bestandteil des Erwachsenwerdens war: der verlorene Glaube an eine sichere Welt und an die Allmacht der Eltern. Empfanden andere ebenso? Oder hing dieses Trauern um meine Kindheit vielleicht irgendwie mit meiner Vergewaltigung zusammen?

> Nach der Vergewaltigung wollte ich weiterhin glauben, daß meine Eltern wußten, was zu tun war. Doch tief in mir ahnte ich, daß dem nicht so war.

Mir kam der Gedanke, daß mein Verlust zu plötzlich gewesen war. Vielleicht hätte ich ihn besser akzeptieren können, wenn er wie bei anderen schrittweise im Lauf der Pubertät erfolgt wäre. Vielleicht war ich an diesem Punkt stehengeblieben, weil ich einen so dramatischen Verlust erlitten hatte, der mir nur allzu deutlich die Gefahren dieser Welt vor Augen geführt hatte. Die Illusion elterlicher Allmacht und vollkommenen Schutzes hatte für mich ein zu drastisches Ende gefunden.

> Meine Mutter wußte, daß sie mich im Stich gelassen hatte, nicht fähig gewesen war, mich von meinem Splitter zu befreien, obwohl wir so taten, als ob es keinen Splitter gäbe. Ich hatte nie das Gefühl, mich auf sie verlassen zu können, doch da wir beide wußten, daß ich sie brauchte, war es mir unmöglich, mich von ihr zu lösen.
> Ich konnte weder zu ihr kommen noch von ihr weggehen. Insgesamt war ich einfach zu früh auf mich selbst gestellt, ohne daß ich schon genug Selbstvertrauen hatte entwickeln können. Ich kam mit mir gut zurecht, doch im Umgang mit anderen tat ich mich außerordentlich schwer.

Mit Hilfe dieser Überlegungen konnte ich verstehen, was sich zum Zeitpunkt der Vergewaltigung in mir abgespielt hatte: Das, was jedem widerfährt, nur in extrem verstärkter Form. Meine Trauer, das Gefühl oder die Illusion von Sicherheit aufgeben zu müssen, war *nichts anderes* als die Trauer aller Menschen, die die Jahre der Adoleszenz hinter sich gelassen haben. Meine verlorene Jungfräulichkeit *glich* in gewisser Weise jedermanns Jungfräulichkeit.
Inwieweit mein Verlust normal war und inwieweit ich mich aufgrund meines Traumas anders entwickelte als die anderen, konnte ich mit dreizehn Jahren nicht nachvollziehen und kann es auch heute noch nicht.

Wieder rufe ich mir die Bilder ins Gedächnis: Ich stehe auf, gehe in die Bibliothek, rede mit den Kriminalbeamten. Etwas in mir gab mir die Kraft, diese Dinge zu tun, und diese Kraft war etwas durchaus Positives.

Wie wurde ich fertig mit dem inneren Druck und den Anforderungen, die an mich gestellt wurden?
Ich spielte Theater.

Ich hatte es bereits am Tag zuvor getan, vom ersten Moment an, als ich es meiner Mutter erzählte. Es war für mich in gewisser Weise eine Theatervorstellung gewesen, die ich wie auf Kommando gegeben hatte.
In meinen Augen war diese Vorstellung schrecklich, weil sie im Hinblick auf mein Leben nicht die »Wahrheit« zeigte. Nun begriff ich, daß diese Schauspielerei auch bedeutete, daß ich mir über die Jahre hinweg selbst meine Rolle entworfen hatte.

Mein Spiel war nicht kraftlos. Ich war kein Charakter, dem die Dinge einfach nur widerfuhren.
Was Polizei und Gericht von mir verlangten, stimmte nicht mit meiner Vorstellung des Theaterstücks überein. Ich nahm diese Tatsache jedoch nicht einfach so hin. Ich fügte mich, *machte mir* aber insgeheim *vor*, daß ich für das Stück verantwortlich sei. Ich war es, die nach der Polizei verlangte, die wußte, daß ein Prozeß stattfinden mußte. Ich entschied, wo jeder seinen Platz hatte, sagte ihnen, wann sie auf- und abzutreten und welchen Text sie zu sprechen hatten.

Diese Erkenntnis bewies einmal mehr meine Stärke, die Stärke, auf die ich immer so stolz gewesen war.

Ja, das Schweigen war furchtbar gewesen, doch ich hatte nicht völlig aufgegeben.
Ich erinnerte mich nun:

> Ich hatte die undeutliche Vorstellung gehabt, daß ich am Ende des Stücks meine Maske abnehmen würde.

Mir war sehr wohl bewußt, daß ich etwas *aufschob*, damit ich die augenblickliche Situation überstehen konnte. Ich ahnte, daß ich irgendwann zu meinem Schmerz zurückkehren würde.

> Ich hatte die vage Hoffnung, daß ich mit einem freundlichen Menschen darüber sprechen würde und vielleicht auch weinen könnte.
> Ich wünschte, ich hätte schon bei meiner Mutter Trost finden können, als ich damals nach Hause kam. Ich erzählte ihr, ich hätte mich bei Allen ausgeweint. Ich versuchte, mich bei Nora auszuweinen. Ich versuchte es jedes Mal, wenn ich einem Mann von der Vergewaltigung erzählte, immer in der Hoffnung, daß ich vielleicht wirklich empfinden würde, was ich erzählte. *Ich wußte, daß ich die Maske abnehmen mußte.* Doch je mehr Zeit verging, desto unmöglicher schien es mir.

Beim Schreiben dieser Sätze wurde mir klar, daß ich diesen Wunsch nie wirklich aufgegeben hatte. Ich hatte ihn noch immer, eine Sehnsucht, zurückzugehen, mit jemandem zu weinen, alles herauszulassen.

> Doch es ist heute nicht möglich und war viele Jahre lang nicht möglich. Wie sehr ich jetzt auch weinen

und den Schmerz empfinden mag – es ist ein vergangener Schmerz und ein vergangener Moment, und mein Weinen wird eher mit Erinnerung als mit Realität zu tun haben.

Am 13. August, dem 22. Jahrestag meiner Vergewaltigung, kam es mir nicht so vor, als ob die Tat schon so lange zurückläge. Ich spürte das Bedürfnis, mich hinzusetzen und in mich zu gehen. Wohin hatten mich meine Nachforschungen geführt? Was wollte ich eigentlich erreichen?
Die Antwort war:

> Ich erzähle eine Geschichte – eine Geschichte, die ich noch nicht kenne.

Was möchte ich in meiner Geschichte sagen, was hatte die Vergewaltigung wirklich bedeutet?

> Sollte die Geschichte eine Botschaft haben, so kann ich mich nicht entscheiden, wie diese lauten soll. Ich schwanke, wie ich mich selbst sehen will. Einmal bin ich die Heldin, das gequälte Mädchen, das aber immer noch in der Lage ist, auf die Vergewaltigung mit der Macht ihrer eigenen Fantasie zu antworten. Ein anderes Mal das Opfer, das Mädchen, das zu einem verkümmerten, zerstörten Leben verurteilt wurde.
> Ich weiß, ich brauche etwas Realistischeres. Ich bin ich selbst, nicht eine dieser Rollen. Ich bin keine Figur aus einem Buch.
> Ich suche nach einer Wahrheit oder Realität, nicht nach einer Botschaft, um meine Besessenheit von diesen Gegensätzen zu überwinden.
> Und ich will sie nicht einfach vergessen, die Verge-

waltigung, nicht »einfach nur weitergehen«, nicht denken, »ich sei schon geheilt«.

Ich denke daran, einfach nur zu sein – und dabei nicht besessen zu sein von der Tiefe meiner Verletzung oder dem Bedürfnis, meine Wunde hinter meinem Mut und Einfallsreichtum zu verstecken. Schon der bloße Versuch, diese Gedanken in Worte zu fassen, läßt sie irgendwie künstlich erscheinen. Ich denke, ich sollte eine einfachere Ebene finden, wo solch komplizierte Gedankengebäude keine Rolle spielen. Ich will mich weniger auf die Darstellung meiner selbst konzentrieren, jedoch die Vergewaltigung nicht außer acht lassen.

Einfach davonzugehen – mich an die Verletzung dieses Moments zu erinnern, daran, wie er mich aufschlitzte, und nun davonzugehen und zu sagen es *ist unwichtig* –, das mag vielleicht gefühllos oder erneut so klingen wie in den vergangenen Jahren, als ich mir meine Verletzung nicht eingestehen wollte. Doch ich wußte, daß es diesmal nicht so war.

Ich war verletzt worden.

Es dauerte zwanzig Jahre, bis ich mir diese Tatsache eingestehen konnte. Doch das ist unwichtig.

Die mitfühlende Person, die Krankenschwester, sagt vielleicht: »Du brauchst dir keine *Gedanken* darüber zu machen, was passiert ist. Du bist verletzt worden – und gleichzeitig hast du gelebt –, du lebst, und die Schwierigkeiten, denen du im Leben begegnest, unterscheiden sich nicht sosehr von den Schwierigkeiten, denen sich auch jeder andere stellen muß. Du wirst keine Heldin sein, sondern nur eine von vielen, die nach einer tiefen Verletzung auf ihre eigene Weise gelebt hat und auf ihre eigene Weise entschieden hat, was für eine Bedeutung ihr Leben für sie haben wird.«

Es ist gleichgültig, ob man sich für die Opfer- oder Heldenrolle entscheidet. Entscheidend ist, daß man nicht die Augen davor verschließt.

An dieser Erkenntnis war etwas Besonderes, etwas, das mit der Art und Weise zu tun hatte, wie andere über meine Vergewaltigung gesprochen oder nicht gesprochen hatten, so daß ich bisweilen unsicher geworden war, ob sie überhaupt stattgefunden hatte.

Es war nicht so, daß ich das Ganze nun als meinen Besitz betrachtete, sondern ich hatte das Gefühl, daß ich damals wirklich dort gewesen war. Ein Gefühl, das ich damals nicht gehabt hatte.

Heute weiß ich, daß ich dort war. Ich war es, die auf dem Boden lag, und es war mein Körper. Das Kind von damals gibt es nicht mehr. Aber ich war dort. Ich sah, ich hörte, ich wurde berührt. Ich legte mich hin, ich stand auf, ich lief, ich spürte die Sonne auf meiner Haut und den Staub an meinen bloßen Füßen.

Während ich dort lag, mich beinahe vollkommen seiner Gewalt ausgeliefert hatte – wie hätte ich es da ertragen können, ich zu sein, während er mich verletzte? Ich konnte es nicht ertragen, sondern mußte mir selbst eine Geschichte ausdenken.

Nun weiß ich, daß es so war.

Meine ständigen Überlegungen, ob ich nun schweren Schaden davongetragen hatte oder nicht, hatten sich verflüchtigt, als ich akzeptierte, daß die Vergewaltigung wirklich geschehen war – und zwar mir.

Ich spürte, daß ich an einem wichtigen Punkt angelangt war, und fragte mich:
Was möchte ich an andere weitergeben?

Vielleicht folgendes: Du mußt dich selbst damit auseinandersetzen, denn die anderen wissen nicht, wie sie dir helfen können. (Und nur du weißt, was wirklich passiert ist.)
Eines Tages wirst du dann erkennen, daß es wirklich passiert ist, dir passiert ist, und daß du verletzt worden bist. Du wirst dich nicht mehr länger entscheiden müssen, ob du Opfer, Heldin oder beides gleichzeitig bist. Dein Schmerz wird für dich dann nicht mehr auf die gleiche Weise von Bedeutung sein.
Du wirst nicht »geheilt« sein.
Doch du wirst den verletzten Teil deiner Persönlichkeit liebevoll annehmen können.

Als ich mit der Arbeit an dem Buch begann, konnte ich über das College, an dem ich arbeitete, durch Fernleihe einen Mikrofilm des Verhandlungsprotokolls aus den Archiven des Staates New Jersey erhalten. Ich kopierte alle fünfhundert Seiten auf Papier und bewahrte sie in einer Schachtel im Wandschrank auf.

Jahrelang – seit ich fünfundzwanzig war – hatte ich hin und wieder mit dem Gedanken gespielt, mir dieses Protokoll zu beschaffen, und mich gefragt, was ich entdecken würde. Würde es die Lücken in meinem Gedächtnis schließen? Würde es mir vergegenwärtigen, wer ich im Gerichtssaal gewesen war und was ich getan hatte? Welche Sprache hatte ich mit vierzehn benutzt, um zu erzählen, was mir passiert war?

Es drängte mich, das Protokoll zu lesen, doch ich hatte Angst davor. Öffnete ich diese Schachtel mit grauen Fotokopien, so öffnete ich auch die Tür zu dem geschlossenen Raum in mir und befreite auch etwas von ihr, von der Martha, die vergewaltigt worden war und deren Verletzung ich nun besser zu kennen und zu verstehen begann. Ich hatte das Gefühl, ich würde mehr über diese Verletzung herausfinden, wollte es aber nicht.

Schließlich öffnete ich die Schachtel doch.

*

Mr. Rittenhouse begann sein Verhör, indem er mich bat, von meinem Ausflug am 13. August 1968 zu berichten – meinem Besuch bei Betsy Retivov und dem Aufbruch nach Hause.

Unter seiner Anleitung zeichnete ich eine Karte, markierte meine Route und beantwortete viele Fragen dazu. Schließlich kamen wir zu der Stelle auf der Quarry Road, wo ich angehalten hatte.

Er fragte mich, was als Nächstes geschehen sei. Ich erzählte es ihm und beschrieb den Mann, der hinter mir aus dem Wald gekommen war.

> Nun, was geschah dann?
> *Er rannte auf mich zu, sagte mir, ich solle mein Rad nicht fallenlassen, legte es für mich hin, packte mich an der Taille und begann, mich auf die andere Straßenseite zu ziehen.*
> Hat er zu diesem Zeitpunkt irgend etwas gesagt, Martha?
> *Nein. Er sagte: »Laß dein Rad nicht fallen«, als ob er nicht wollte, daß ich Lärm machte.*
> MR. BERNHARD: Können Sie die Antwort bitte wiederholen?
> *Er sagte nur: »Laß dein Rad nicht fallen«, nichts weiter, er murmelte nur vor sich hin und gab mir Zeichen –*
> Sprechen Sie bitte etwas lauter, Martha!
> *Er machte mir Zeichen, auf die andere Straßenseite zu gehen, und begann, mich hinüberzuziehen.*
> Können Sie uns sagen, wohin er Sie zog?
> *In den Wald, einige Meter von der Straße entfernt, ungefähr sechs Meter.*
> Und hat er zu diesem Zeitpunkt etwas gesagt?
> *Ja.*
> Was hat er gesagt?
> *Er fragte mich mehrmals, ob ich noch Jungfrau sei.*
> Was haben Sie geantwortet?
> *Ich sagte Nein und daß ich erst dreizehn Jahre alt sei.*

Haben Sie mit »Nein« geantwortet, als er Sie zum ersten Mal fragte?

Ja.

Was geschah dann?

Ich mußte mich ausziehen, er verband mir die Augen, fesselte meine Hände und begann, mich zu vergewaltigen.

Haben Sie zu diesem Zeitpunkt etwas gesagt?

Ja, da er mich mehrmals gefragte hatte, ob ich noch Jungfrau sei, dachte ich, er würde mich laufenlassen, wenn ich keine mehr sei. Deswegen sagte ich ihm, ich sei keine Jungfrau mehr, aber es half nichts.

Nun, Martha, haben Sie ihm gesagt, Sie seien Jungfrau oder nicht, als er Sie das erste Mal fragte?

Doch, das erste Mal sagte ich, ich sei Jungfrau.

Und als er Sie immer wieder fragte, haben Sie Ihre Antwort geändert?

Ja, Sir.

Können Sie uns noch mal erklären, warum Sie das getan haben?

Weil ich dachte, daß eine Jungfrau vielleicht besonders interessant für ihn sei.

Und was geschah dann?

Dann hat er mich vergewaltigt.

Martha, haben Sie irgend etwas zu ihm gesagt, das sich darauf bezog, ob er Sie umbringen würde oder nicht?

Ja, ich bat ihn mehrmals, mich nicht zu töten.

Warum haben Sie das gesagt?

Weil ich glaubte, er würde mich umbringen.

Ich erzählte, wie ich meinen Pullover angezogen hatte und mit meinem Rad nach Hause gelaufen war.

Und wer war da, als Sie nach Hause kamen?
Meine Eltern.
Was haben Sie gemacht?
Ich habe mein Rad unter dem Vordach abgestellt und mei-
nen Vater gefragt, ob meine Mutter zu Hause sei, und er
sagte, sie mache gerade ihren Mittagsschlaf im Schlafzim-
mer. Ich ging also in ihr Schlafzimmer und erzählte ihr,
daß ich vergewaltigt worden sei.
Und was hat sie getan?
Ich kann mich nicht mehr erinnern, was sie sagte.
Was haben Sie und Ihr Vater getan?
Sie hat mich getröstet, und ich sagte, ich wolle erzählen,
ihnen, meinen Eltern, alles sofort erzählen, alles, was ich
wußte, bevor ich etwas vergaß.

Mir fiel auf, daß ich an dieser Stelle am meisten ins Stocken
geraten war – nicht, als ich über die Vergewaltigung sprach,
sondern als ich davon erzählte, wie ich zu meiner Mutter
nach Hause gekommen war.
Mr. Rittenhouse bat mich, Frank Miller anzusehen.

Ich möchte, Martha, daß Sie den Mann ansehen, der
auf der Anklagebank sitzt, und mir sagen, ob Sie jetzt
erkennen können, ob er wie der Mann aussieht, der
am 13. August diese Tat begangen hat.
Nein, kann ich nicht.
Sie wissen es nicht.
Nein.

Man zeigte mir die Kleidungsstücke, die ich an jenem Tag
getragen hatte, und bat mich, sie zu identifizieren.

Können Sie mir sagen, ob dies der Büstenhalter ist,
den Sie am 13. August getragen haben?

Ja, das ist er.

Nun, Martha, ich zeige Ihnen ein rotes Baumwollkleid. Kennen Sie dieses Kleidungsstück?

Ja.

Woran erkennen Sie es, Martha?

Am Muster.

Ist es Ihr Kleid?

Ja, es ist mein Kleid.

Ich zeige Ihnen nun ein weiteres Kleidungsstück aus
Baumwolle. Kennen Sie es, Martha?

Ja, Sir.

Martha, gehört dieser Schlüpfer Ihnen?

Ja, Sir.

Ähnelt er dem Schlüpfer, den Sie am 13. August 1968
getragen haben?

Ja.

Ähnelt er ihm?

Ja.

Es bestanden Unklarheiten wegen meines Schlüpfers.

MR. BERNHARD: Eine einzige Frage, Euer Ehren, es mag
vielleicht eine technische Frage sein, aber Mr. Rittenhouse stellte die Frage: Ähnelt er ihm? Das ist nicht
der Punkt, um den es hier geht. Man hätte vier Mil-
lionen Baumwollschlüpfer in dieser speziellen Größe
in dieser speziellen Gegend finden können, die in
einem schmutzigen Zustand wie dieser aussehen.

RICHTER: Ist sie sich ganz sicher, daß dieser Schlüpfer
ihrer war, ihre Größe?

Martha, könnten Sie uns, so gut Sie können, eine

Beschreibung des Schlüpfers geben, den Sie am 13. August 1968 getragen haben?

Er war aus weißer Baumwolle mit einem elastischen Bund in der Taille, Marke Carter, und diese Größe.

Diese Schlüpfermarke haben Sie an diesem Tag getragen?

Ja, Sir.

Ist das die Schlüpfergröße, die Sie an diesem Tag getragen haben?

Ja, Sir.

MR. RITTENHOUSE: Euer Ehren, falls Sie Einspruch erheben wollen –?

RICHTER: Glauben Sie, daß dieser Baumwollschlüpfer Ihnen gehört?

Ja, Sir.

MR. BERNHARD: Kein Einspruch.

RICHTER: Kein Einspruch, S-14 als Beweismaterial.

Beim Lesen stellte ich überrascht fest, wie leicht mir anscheinend die Worte über die Lippen gekommen waren. In meiner Erinnerung hatte ich in meiner ernsten Art eine große, lange Geschichte über meine Qualen und meine Reise zurück in die Welt erzählt. Was auf den Seiten des Protokolls stand, war seltsam kurz und begrenzt.

Meine Worte gaben nur wenig davon preis, wie aufgewühlt ich wirklich war. Ich war sogar in der Lage, kleinste Details über meinen Schlüpfer vor diesen Fremden zu bestätigen, als ob ich keinerlei Schamgefühle hätte. Als Erwachsene erkannte ich, daß diese Fragen meine Intimsphäre verletzt hatten. Während ich die Zeilen las, empfand ich Scham und Wut. Mit dreizehn war ich mir vollkommen bewußt, daß die Leute im Gerichtssaal sahen, wie tapfer ich war, indem ich dabei half, Miller zu überführen, und öffentlich erzählte, was ich mitgemacht hatte. Aber nun wurde mir klar, daß mein Auftreten auch voller Pathos gewesen sein mußte. Die anderen hatten es sicherlich besser erkannt und eher gewußt als ich: Ich war ein vierzehnjähriges Mädchen, das von einem Rechtsanwalt manipuliert wurde.

Als ich mir jedoch das Mädchen vorstellte oder mich an sie erinnerte – ich war mir nicht ganz sicher, was von beidem –, spürte ich, daß ihre kurzen, klaren Worte wie ein zartes Banner ihrer Persönlichkeit waren. Ihre Worte ermöglichten es ihr, inmitten des Kampfes im Gerichtssaal, sich und den anderen ihre Präsenz als ernstzunehmende Person zu versichern.

Lag ich mit meinen Gefühlen richtig, oder war es nur natürliches Mitgefühl für das Kind, dessen Worte ich las, ein Kind, das ich schon sehr lange nicht mehr war und dessen Gefühle ich nie wieder erleben konnte? Hatte das Kind in dem Protokoll wirklich etwas mit mir zu tun?

Etwas in mir wußte, daß ich dieses Kind gewesen war. Ich erkannte es nicht daran, weil ich mich mit ihm verbunden fühlte, sondern daran, wie ich vor ihm und seinem Erlebnis zurückschreckte. Ich las das Protokoll nur widerwillig, und nachdem ich es gelesen hatte, kam es mir vor, als sei ich in einem schmuddeligen Maschinenraum gewesen, wo man keinerlei menschliche Wärme erwarten konnte – die rauhe, düstere Realität eines Verbrechens.

Als nächstes nahm mich Mr. Bernhard ins Kreuzverhör.

Miss Ramsey, Sie wissen sicher, daß ich die Verpflichtung habe, Ihnen einige Fragen zu stellen. Sollten Sie eine dieser Fragen nicht verstehen, fragen Sie bitte nach.

Ja.

Sind Sie an diesen Häusern vorbeigefahren?

Als ich anhielt, waren sie wahrscheinlich noch in Sichtweite.

Als Sie anhielten, stiegen Sie vom Rad ab und liefen weiter?

Ja.

Können Sie mir sagen, Charlotte, wie spät es –

Martha.

Entschuldigen Sie bitte, Martha, erinnern Sie sich, wie spät es war?

Nein.

Sie hatten keine Uhr bei sich?

Nein.

An dieser Stelle, X-2, hielten Sie also an.

Nein, ich hielt bei X-1 an, X-2 ist dann –

Einen Moment. Sie hielten bei X-1 an.

Ja.

Und sahen sich um?

Ja.

Und an dieser Stelle sahen Sie etwas hinter sich?

Ja, ungefähr dort, wo X-2 ist.

Ich glaube, Sie haben uns mitgeteilt, wie viele Meter dazwischen lagen.

Ungefähr dreißig Meter.

Sie konnten die Straße hinter sich bis zur Kurve überblicken?

Ja, Sir, bis zur Kurve.

Das wäre dann hier (zeigt die Stelle an)?

Ja.

Und an dieser Stelle, Martha, schoben Sie Ihr Rad?

Als ich anhielt, ja.

Unmittelbar bevor Sie anhielten?

Ja.

Und Sie sahen einen Mann?

Ja.

Dieser Mann kam dann auf Sie zu?

Ja.

Würden Sie uns bitte genau beschreiben, Martha, wie dieser Mann gekleidet war?

Er trug marineblaue Hosen.

Ich möchte Sie nicht unterbrechen, aber waren das Blue jeans oder Arbeitshosen?

Nein.

Also keine Blue jeans?

Nein.

Blue jeans sind Ihnen ein Begriff?

Ja.

Sie waren dunkelblau?

Ja.

Was trug er sonst noch?

Ein Unterhemd mit Streifen, ein weißes Unterhemd.

Weiß?

Ja.

Können Sie uns nun bitte dieses Unterhemd etwas genauer beschreiben?

Was meinen Sie?

Nun, Sie sagen ein Unterhemd mit Streifen. Ich verstehe Sie nicht ganz.

Ein Unterhemd mit Streifen.

Wäre es vielleicht eine Hilfe, wenn Sie ein kleine Zeichnung dieses Kleidungsstücks anfertigen würden?

Ungefähr so, hier war es so ausgeschnitten. So sah es ungefähr aus.

Die Arme kommen hier raus?

Ja.

Martha, sind Sie sicher, daß dieses Unterhemd ärmellos war?

Ziemlich sicher, ja.

Nun, Sie erinnern sich, daß Sie bereits bei der Anhörung aufgrund dringenden Tatverdachts am 17. September ausgesagt haben. Dies ist Ihre Beschreibung des Hemdes, nicht wahr?

Ja.

Und Sie hatten dieses Hemd sehr nah vor Ihren Augen, nicht wahr?

Ja.

Während ich las, erinnerte ich mich, daß ich damals gedacht hatte, Mr. Bernhard sei vielleicht schwer von Begriff. Er schien so zu tun, als ob er einfach nicht gehört hatte, was ich bereits über diesen Nachmittag gesagt hatte. Selbst wenn ich meine Aussagen wiederholte, schien er nicht zu verstehen, was ich sagte.

Ich erinnerte mich daran, daß ich mit dreizehn nicht wußte, ob er wirklich so beschränkt oder schwer von Begriff war, wie es den Anschein hatte. Ich spürte, daß er versuchte, mich unsicherer klingen zu lassen, als ich war. Ich wußte, daß ich mich präziser an alles erinnern konnte, als er den Geschworenen glauben machen wollte. Oder traf das etwa nicht zu? Vielleicht war ihm wirklich nicht bewußt, daß ich intelligenter war, als ihm lieb war.

Nun, Martha, bei Ihrem Verhör sagten Sie aus, daß der Mann, der aus dem Wald gekommen und hinter Ihnen auf der Straße hergelaufen war, muskulös gewesen sei. Könnten Sie das bitte etwas genauer beschreiben?

Ich meine, er war nicht dick. Man konnte seine Muskeln

sehen, aber, verstehen Sie, es waren keine sehr auffälligen
Muskeln.
Würden Sie ihn als kräftigen Mann bezeichnen?
Was verstehen Sie unter kräftig?
Würden Sie sagen, er war korpulent oder ausgespro-
chen dick?
Nein.
Könnten Sie sagen, wieviel er wog?
Nein.
Martha, als Sie dieses Gesicht am Nachmittag des 13.
August unter der Maske sahen, können Sie sich daran
erinnern, ob dieses Gesicht durch die Maske verzerrt
war? Können Sie meiner Frage folgen, Martha?
Ich vermute, es war verzerrt, aber da ich es – meines Wis-
sens – noch nie ohne Maske gesehen hatte, kann ich nicht
mit hundertprozentiger Gewißheit sagen, daß es verzerrt
war. Ich vermute es aber.
Martha, können Sie sich daran erinnern, daß Mr. Rit-
tenhouse Ihnen am Nachmittag des 17. September die
Frage stellte: »Miss Ramsey, würden Sie sagen, das
Gesicht unter dem Nylonstrumpf, das Sie an diesem
Nachmittag sahen, war verzerrt?« ... Erinnern Sie
sich, was Sie auf diese Frage antworteten?
Nein.
Sie haben die Frage nicht verstanden? Ich werde sie
wiederholen.
Das ist nicht nötig.
Erinnern Sie sich, daß Sie mit »Nein« geantwortet
haben?
Ja, ich sagte Nein.
Also –
Ich sagte, es sei nicht verzerrt gewesen.
Lassen Sie mich die Frage und Ihre Antwort vorlesen.

Ich beginne bei Zeile 2 auf Seite 27. Mr. Rittenhouse stellte die Frage. »Frage: Miss Ramsey, war das Gesicht hinter dem Nylonstrumpf, das Sie an diesem Nachmittag sahen, verzerrt?« Ihre Antwort: »Nein.« Nächste Frage: »Haben Sie jemals zuvor ein Gesicht hinter einem Nylonstrumpf gesehen?« – Ihre Antwort: »Ja.« Mr. Rittenhouse: »– zuvor?« Antwort: »Ja, Sir.« Frage: »Würden Sie ein Gesicht erkennen, das hinter einem Nylonstrumpf verborgen ist, konnten Sie durch den Strumpf sehen?« Antwort: »Ich konnte hindurchsehen. Ich denke nicht, daß ich es erkennen könnte«. Erinnern Sie sich an diese Antworten?

Ich kann mich nicht mehr daran erinnern, ob ich auf die Frage, ob das Gesicht verzerrt war, mit Nein antwortete. Ich erinnere mich aber, daß ich sagte, ich würde das Gesicht nicht mehr wiedererkennen.

Genau die gleiche Antwort, die Sie hier gaben, korrekt?

Ja.

Und, Martha, wenn die Person, die Sie an diesem Tag angegriffen hat, unter dem Nylonstrumpf eine Brille getragen hätte, wäre Ihnen das aufgefallen?

Wahrscheinlich, wahrscheinlich ja.

Und trug die Person, die Sie angriff, tatsächlich eine Brille?

Nicht daß ich wüßte.

Mit anderen Worten, Sie konnten keine sehen, korrekt?

Nein.

Martha, konnten Sie sehen, wie der Mann weglief, als er Sie im Wald oder Unterholz zurückließ?

Ich konnte ihn hören.

Sie konnten ihn hören?
Ich konnte ihn nicht sehen.
Sie haben also nicht gesehen, in welche Richtung er lief?
Mir kam es vor, als ob er in Richtung Straße lief.
Dann hörten Sie, wie ein Auto angelassen wurde?
Ja.
Sie hatten aber kein Auto gesehen, ist das korrekt?
Ja.
Ich glaube, im Verhör haben Sie ausgesagt, Martha, daß das Auto in Richtung Federal Twist Road davonfuhr, ist das korrekt?
Ja.
Und sind Sie sicher, daß es diese Richtung war?
Ich konnte es nie mit absoluter Gewißheit sagen.

Ich erinnerte mich daran, daß Mr. Rittenhouse mir gesagt hatte, ich solle bei dem bleiben, was ich wisse, dann würde ich, egal, wie die Fragen ausfielen, alles gut hinter mich bringen. Sicherlich hatte er gespürt, daß Anweisungen seinerseits mich nur befangen machen würden. Er wußte, daß ich sowieso nur die Wahrheit sagen wollte und meine Ehrlichkeit offensichtlich sein würde, unabhängig davon, was Bernhard tun würde.
Während ich auf Bernhards Fragen antwortete, versuchte ich, mich an die Anweisungen von Rittenhouse zu halten. Und dieses Mädchen blieb, wie das Protokoll zeigte, bei ihrer Geschichte, bestätigte, was sie wußte, und, was noch raffinierter war, bestätigte, was sie nicht wußte. Sie erstaunte mich.
In dem Protokoll entdeckte ich einen Teil der Zeugenaussage, den ich vergessen oder verdrängt hatte. In den Aufzeichnungen konnte man nachlesen, daß an einem Punkt der

Verhandlung der Gerichtssaal geräumt worden war und lediglich Richter Beetel, der Protokollant, Mr. Rittenhouse, Mr. Bernhard, Frank Miller und ich zurückblieben. Hatte man meinen Eltern gestattet, bei mir zu bleiben? Dem Protokoll war nichts zu entnehmen.

MR. RITTENHOUSE: Miss Ramsey, Sie sagten aus, daß die Person, die Sie am 17. August bemerkten, ich bitte um Entschuldigung, am 13., und die diese Tat an Ihnen verübte, Ihrer Beschreibung nach eine Strumpfmaske trug, ist das korrekt?
Ja.
Auf Mr. Bernhards Frage im Kreuzverhör gaben Sie weiterhin zu Protokoll, daß Sie dem Mann, dessen Gesicht sich unter der Maske verbarg, recht nahe kamen, ist das korrekt?
Ja.
Ferner sagten Sie aus, daß das Gesicht des Mannes durch diese Maske in gewisser Weise verzerrt wurde, ist das korrekt?
Ja.
Nun, im Kreuzverhör gaben Sie auf Mr. Bernhards Fragen außerdem zu Protokoll, daß der Mann, den Sie gestern auf der Anklagebank sahen und der heute hier mit seinem Anwalt sitzt, Mr. Miller, der Angeklagte in diesem Fall, daß sein Gesicht, ich glaube Sie sagten, »dem Gesicht unter der Maske jedoch nicht sehr ähnlich ist«, ist das korrekt?
Ja.
Nun, Martha, haben Sie seit dem Angriff am 13. August die Maske gesehen, die die Person trug, die Sie an diesem Tag trafen?
Könnten Sie das bitte wiederholen?

Haben Sie seither die Maske gesehen, die er auf seinem Gesicht trug?

Ich glaube nicht.

Ich zeige Ihnen jetzt einen Seidenstrumpf mit einem Knoten am Ende und möchte Sie bitten, sich diesen genau anzusehen.

Ja, das ist ein Seidenstrumpf mit einem Knoten am Ende.

Können Sie erkennen, ob dieser Strumpf der Maske ähnelt, die der Täter am 13. August über seinem Kopf trug?

Ja.

Ähnelt er der Maske?

Ja.

Hat er – ist die Farbe ähnlich?

Ja.

Ist das Material ähnlich?

Ja.

Nun, wie nah sind Sie dem Gesicht des Mannes am 13. August gekommen?

Ein halber Meter, vielleicht auch ein ganzer, glaube ich.

MR. BERNHARD: Nun, Martha, auf die Frage von Mr. Rittenhouse gaben Sie zu Protokoll, daß das Gesicht des Mannes unter der Maske verzerrt war.

Ich glaube, es war verzerrt, ja.

Sie glauben, es war verzerrt.

Ja.

Martha, ich kenne mich mit Frauenstrümpfen nicht aus, aber sie sind in verschiedenen Materialien erhältlich, nicht wahr? Sie kennen sich sicherlich damit aus.

Ja.

Nun, man nennt dies Fadenstärke oder Denier oder so ähnlich, wenn ich das Wort richtig verwende.

RICHTER: Denier.

Sind Sie vertraut mit dem Wort Denier?

Nein.

Sind Sie vertraut mit dem Ausdruck Fadenstärke?

Nein.

Sind Strümpfe in unterschiedlichen Stärken erhältlich?

Ich denke schon.

Und manche Strümpfe sind dünner als andere?

Ja.

Und können Sie sagen, wie dick der Strumpf war, den der Mann trug?

MR. RITTENHOUSE: Euer Ehren, ich denke die Frage nach der Dicke des Strumpfes ist nicht angebracht.

MR. BERNHARD: Vielleicht habe ich das falsche Wort verwendet. Aber einige Frauenstrümpfe sind dicker, falls das das richtige Wort dafür ist. Vielleicht verwendet man hier eher den Ausdruck »transparent«. Ich kenne mich in der Materie nicht so aus und muß wirklich nach den richtigen Worten suchen, um ehrlich zu sein.

Ich weiß wirklich nicht, was Sie meinen.

Es gibt Strümpfe, die aus dünnerem Material sind, korrekt?

Ja.

Ist »transparent« das richtige Wort? Vielleicht sollte ich noch hinzufügen, daß der Protokollführer mit dem Kopf nickt. Falls es von Bedeutung ist, ich möchte keine außergerichtlichen Kommentare und gebe zu, daß ich hier nach den passenden Worten suchen muß. Einige sind also dünn und andere dick?

Ja.

Nun, hatten Sie Gelegenheit, am 13. August die Dicke der Strumpfmaske wahrzunehmen?

Ich kann nicht ganz folgen.

Fangen wir noch mal an.

Sie meinen, ob ich hindurchsehen konnte, oder möchten Sie wissen, wie dick der Strumpf war?

Ich möchte gern wissen, wie dick der Strumpf war.

Das weiß ich nicht.

RICHTER: Wäre es nicht besser, Mr. Bernhard, wenn Sie die Maske aufsetzten?

MR. BERNHARD: Das werde ich auf keinen Fall tun.

Was mich betrifft, so tut es wirklich nichts zur Sache, wie dick der Strumpf war. Er war jedenfalls nicht extrem dick.

War er dicker als dieser hier?

Das kann ich nicht sagen.

Sie wissen es nicht?

Nein.

Nun, Strümpfe sind außerdem in verschiedenen Farben und Schattierungen erhältlich, nicht wahr?

Ja.

Manche sind schwarz, tiefschwarz, manche haben einen Stich ins Graue und wieder andere verschiedene Brauntöne, ist das korrekt?

Ja.

Nun, war dies die genaue Farbe der Strumpfmaske, die Sie am 13. August gesehen haben?

Das kann ich nicht sagen.

Sie wissen also nicht, ob dies die Farbe ist. Kann man das so sagen, Martha?

Ich weiß, daß die Farbe sehr ähnlich war.

Sie können es aber nicht genau sagen, nicht wahr? Dies ist nicht der Strumpf. Gehe ich recht in der Annahme, daß Mr. Rittenhouse mit dieser These begann?

Ja.

Nun, dies ist ungefähr dieselbe Farbe?

Ja.

Nun –

Sprechen Sie bitte weiter.

Könnte man sagen – und wiederum möchte ich betonen, daß ich mir in der Wortwahl nicht ganz sicher bin, und Sie bitten, sich zu äußern, falls Sie es nicht wissen –, daß Strümpfe in verschiedenen Größen erhältlich sind, je nach Größe der Person und Beinumfang, ist das korrekt?

Ja.

Mit anderen Worten, ein kleinerer Strumpf wäre enger?

Ja.

Demzufolge wäre ein größerer Strumpf weiter?

Ja.

Weiter?

Ja.

Nun, können Sie sagen, ob dies die gleiche Strumpfgröße ist?

Ich weiß nicht, was die Größe war.

Wissen Sie, ob dies die gleiche Strumpfgröße ist, ja oder nein?

Ich weiß es nicht.

Sollte es sich hierbei also um einen erheblich kleineren Strumpf handeln, wäre er ums Gesicht außergewöhnlich eng, nicht wahr?

Ja.

Sollte dies andererseits ein außergewöhnlich großer Strumpf sein, wäre er auffallend locker ums Gesicht herum?

Ja.

War im Strumpf, der Strumpfmaske, ein Knoten?
Ich kann mich nicht erinnern.
Hing der Strumpf über das Gesicht des Mannes am 13. August in der Art einer Zipfelmütze, oder lag er eng am Kopf an?
Ich kann mich nicht mehr erinnern. Er hing nicht so herunter, daß es mir aufgefallen wäre.
Er hing nicht herunter?
Doch, aber es war vielleicht ein kleiner Knoten oben.
Wenn ich diesen Teil des Strumpfes festhalte und ihn dann herunterfallen lasse, macht Ihnen diese Beschreibung den Sachverhalt deutlicher? Ich weiß nicht, wie ich es besser demonstrieren könnte.
Ja.
Sie erinnern sich nicht, ob er herunterhing?
Nein.
Können Sie sich daran erinnern, Martha, ob Sie am 13. August bei diesem speziellen Strumpf, ganz gleich, welche Größe er hatte, diesen verstärkten, umgeschlagenen oder gesäumten Strumpfteil sehen konnten?
Ich glaube nicht. Mir kam es damals so vor, als ob der Teil abgeschnitten worden wäre oder der Strumpf keinen dunkleren Teil hatte.
Dieser Strumpf unterscheidet sich von dem Strumpf, den Sie am 13. August sahen, darin, daß dieser eine Naht hat?
Ja, aber der obere Teil scheint der gleiche zu sein.
Mit anderen Worten, in welcher Hinsicht ähneln sie sich?
Es scheint das gleiche Material zu sein. Es ist ein Nylonstrumpf.
Dieses Material ist also Nylon?

Nylon.

Kennen Sie das Material, aus dem die Strumpfmaske am 13. August gemacht war?

Nein.

Kennen Sie das Material, aus dem dieser Strumpf ist?

Es ist ein Nylonstrumpf.

Ich weiß nicht, was für ein Material es ist, deshalb frage ich. Konnten Sie am Strumpfende erkennen, welcher Teil über das Gesicht gezogen war?

Nein, ich vermute, es war –

Bitte antworten Sie nur mit Ja oder Nein. Sie wissen es nicht, ist das korrekt?

Ich kann es nicht mit hundertprozentiger Gewißheit sagen.

Wenn Sie es nicht mit hundertprozentiger Gewißheit sagen können, Martha, so teilen Sie uns das bitte mit. Konnten Sie den Strumpf spüren?

Ja.

Konnten Sie ihn berühren?

Nein.

Fühlen sich verschiedene Strumpfarten unterschiedlich an?

Ich verstehe Ihre Frage nicht ganz.

Nun, ich bin nicht allzusehr vertraut im Umgang mit Nylon, Rayon, Seide oder aus welchem Material auch immer Strümpfe gemacht sind.

Ich weiß es nicht.

In Ordnung.

Als ich diese Aufzeichnungen las, mußte ich über die Unbeholfenheit lachen, mit der die Debatte über die Größe und Dicke des Strumpfes geführt worden war. Der Richter selbst hatte sich ein Schmunzeln nicht verkneifen können. Doch Bernhards Fragen waren eine Qual für mich gewesen. Das einzige Mal, daß ich den Kopf meines Vergewaltigers mit der Strumpfmaske gesehen hatte, war in den Sekunden gewesen, als ich mich umgedreht und gesehen hatte, wie er auf mich zurannte, und als er nah an mich herankam, mich griff und seine Hand über meinen Mund legte. Ich hatte versucht, mich daran zu erinnern, was in diesem Moment von seinem Gesicht unter der Maske zu erkennen gewesen war. Ich versuchte immer noch – in dem Raum mit den Männern des Gesetzes –, mich daran zu erinnern. Zwischenzeitlich nahmen sie mich in die Zange, ohne daß jemand zusah, ein bißchen Spaß, um die Monotonie zu durchbrechen.

Sahen die Männer im Gerichtssaal noch etwas anderes als meine schnellen Antworten, etwas anderes als das intelligente Kind, das es wagte, seine Ungeduld angesichts ihrer bohrenden Fragen zu zeigen? Spürten sie überhaupt, daß da ein heranwachsendes Mädchen vor ihnen saß, das vergewaltigt worden war, und sich gleichzeitig danach sehnte und dagegen sträubte, zu einer jungen Frau zu werden? Wie konnte ich eine gesunde Sexualität entwickeln? Die Antwort darauf lautete – überhaupt nicht. Hatte dieses Härtetraining etwas damit zu tun? Ganz bestimmt.

Ich hatte schon oft gehört, daß in Amerika ein Vergewaltigungsprozeß gleichzeitig ein Prozeß gegen das Opfer ist, das dort ein zweites Mal vergewaltigt wird. Jahrelang hatte ich mir selbst versichert, daß ich glücklicherweise von einem solchen Prozeß verschont geblieben war, da ich minderjährig gewesen und ein Geschlechtsverkehr nachweislich stattgefunden hatte. Ich war ein Kind, und niemand hatte je in Frage gestellt, daß es sich hier um eine Vergewaltigung gehandelt hatte.

Beim Lesen des Protokolls mußte ich allerdings einsehen, daß ich mich geirrt hatte. Rittenhouse hatte es für nötig gehalten, zweimal zu behaupten, daß ich versucht hätte, mich

Miller zu widersetzen, was nicht der Fall gewesen war. Und Bernhard hatte es sich in seinem Schlußplädoyer nicht verkneifen können, die alten Geschütze aufzufahren:

> Das Verbrechen bezeichnet man gemeinhin als Vergewaltigung. Im Hinblick auf Marthas zartes Alter benutzt man den eher fachspezifischen Ausdruck »Verletzung weiblicher Geschlechtsorgane bei Unzuchthandlungen«. Dies ist lediglich auf ihr Alter zurückzuführen, doch prinzipiell sprechen wir von einem Wort, das uns allen ein Begriff ist, von »Vergewaltigung«. Bevor ich auf dieses Verbrechen, den Angeklagten und den Sachverhalt zu sprechen komme, möchte ich nur für einen Moment wiedergeben, was ein älterer Student über dieses spezielle Verbrechen sagte. Es stimmt, daß Vergewaltigung ein zutiefst verabscheuungswürdiges Verbrechen ist und deshalb hart bestraft werden muß, doch dürfen wir nicht außer acht lassen, daß eine Anklage sehr schnell erhoben, doch nur schwer nachweisbar ist, und es für den Angeklagten, so unschuldig er auch sein mag, um so schwieriger ist, sich zu verteidigen.

Es hatte mir immer eingeleuchtet, daß in jedem Vergewaltigungsprozeß die Aussagen der betroffenen Frau in Frage gestellt wurden, doch zu entdecken, daß dies mit meinen eigenen Aussagen geschehen war, war äußerst schmerzhaft. Ich hatte es damals gespürt, aber nicht wahrhaben wollen. Als ich nun das Protokoll las, hatte ich das Gefühl, alles wäre erst gestern passiert. Während ich las, war ich wieder das Kind von damals und fühlte all seinen Schmerz.

Ich war immer noch bei der gleichen Therapeutin, zu der ich bereits in New York gegangen war. Wir führten unsere Gespräche telefonisch. Ich erzählte Janet, daß das Lesen des Protokolls in mir vor allem ein Gefühl der Einsamkeit hervorgerufen hätte – nach einem Gefühl der Wut natürlich, das mich dazu veranlaßte, ihr schnell und laut von der absurden Fragerei wegen des Strumpfes zu erzählen.

Janet fragte mich, was ich außer dem Gefühl der Einsamkeit sonst noch empfände.

»Mir fällt wieder auf«, antwortete ich, »wie schwer es mir fällt, zu glauben, daß du wirklich wissen willst, was ich damals empfunden habe, oder daß du es verstehen könntest. Obwohl du diejenige bist, bei der ich eigentlich die geringsten Zweifel habe. Ich kann mir einfach nicht vorstellen, daß du wirklich *nachvollziehen* kannst, was es für mich bedeutet hat, vergewaltigt worden zu sein.«

Schließlich brach ich in Tränen aus. »Ich kann mir einfach nicht vorstellen, daß es irgend jemand nachvollziehen kann. Ich konnte es mir damals nicht vorstellen und kann es immer noch nicht.«

»Was hättest du ändern wollen?« fragte sie mich, als wir wieder sprachen. »Was hätte dir geholfen?«

»Wenn ich mich einfach mit jemandem – nicht mit diesen Kriminalpolizisten – hätte hinsetzen können und wenn diese Person gesagt hätte: ›Wir werden uns jetzt einfach hinsetzen und darüber sprechen, was passiert ist. Wir haben Zeit. Frag mich, was du willst.‹

Ich hatte zu allem Fragen. Warum hatte er diesen Stein in

der Hand, als er auf mich zugerannt kam? Hätte er ihn benutzt, wenn ich mich gewehrt hätte? Warum berührte er meine Brustwarzen mit seinem Mund? Es war, als ob er dachte, es würde mir gefallen, oder als ob es ihm gefallen würde, aber seine Bewegungen waren so mechanisch.«

Sie sagte: »Du wußtest bereits, daß du von deinem Vater oder deiner Mutter keine Hilfe zu erwarten hattest ... du warst schon bei den meisten Problemen und Schwierigkeiten ganz auf dich gestellt.«

»Ja«, sagte ich. Ich wollte einfach, daß Janet jetzt für mich da war, meine Mutter war und daß ich ihr all die Fragen stellen konnte, die ich meiner Mutter nie hatte stellen können.

»Was mich wirklich bedrückte, war, als sie sein Sperma in mir fanden. Ich wußte, daß der Mann ejakuliert hatte – ich kannte das Wort –, hatte jedoch keine Veränderungen an seinen Bewegungen feststellen können. Ich konnte mir nicht vorstellen, daß er in mir ejakuliert haben sollte, ohne daß ich etwas davon mitbekommen hatte.«

Ich weinte. »Wie konnte es sein, daß ich es nicht spürte? Es gab soviel über Sex, das ich nicht verstand, nicht wußte.«

»Es ist sehr schwierig für mich«, fuhr ich fort, »mit dir über diese Details zu sprechen, über den eigentlichen Geschlechtsakt.«

»Warum ist es so schwierig?« fragte sie.

»Ich muß mich einfach überwinden, diese Worte zu sagen, als ob ich versuchen würde, sie zu meiner Mutter zu sagen.«

»Was glaubst du, wie ich darauf reagieren werde?« fragte sie.

Ich weinte immer noch. »Ich bin mir sicher, du wirst einfach lachen«, antwortete ich. »Einfach lachen und sagen: Oh, das ist nicht wichtig, das macht nichts, mach dir darüber keine Sorgen.«

✳

Am Tag nach diesem Gespräch schrieb ich:

> Ich habe das Gefühl, ich werde innerlich weicher,
> lockere mich. Ich kann mich nicht mehr länger zwin-
> gen, stark zu sein, will es auch gar nicht mehr. Es ist
> nicht die Erinnerung, es sind einfach all die Jahre, die
> von Einsamkeit bestimmt waren, und die Last meiner
> kindlichen Ängste, die mich überkommt.

All die Monate hatte ich traurig wie hinter einem Nebel-
schleier verbracht, während ich so hart wie möglich gearbeitet hatte, um mein Schreiben voranzutreiben, jetzt mußte ich mich hinsetzen und weinen.
Ich spürte jetzt, daß ich wie hinter einer Glaswand gelebt
hatte, selbst wenn ich im Wald oder am Meer spazierengegangen war oder die Abende mit Eric verbracht hatte. Weder
die Person, die mir am nächsten stand, noch die Bäume oder
das Meer, das ich liebte, waren mir real erschienen oder hatten mich längere Zeit wirklich berührt.

> Endlich tut es mir nicht mehr leid, Schmerz zu emp-
> finden. Der Nebel hat sich gelichtet und ich erkenne,
> daß ich allein bin. Mir wurde nicht geholfen, und nie-
> mand kann daran etwas ändern.
> Ich kann daran nichts ändern, wie sehr sich mein
> Federhalter oder Verstand auch anstrengen mag.
> Das erstarrte Mädchen wendet sich mir zu, sieht mich
> und beginnt nicht, zu sprechen. Sie beginnt einfach
> zu weinen – leise und für lange Zeit.

Meine Therapeutin half mir. Für den Rest der Woche war
ich ganz auf mich gestellt. In den Momenten, in denen ich
zu einer Art normalem Selbst zurückgefunden hatte, offen

für meine Außenwelt, war ich einfach glücklich, Eric an meiner Seite zu haben, und meist machten wir dann einen langen Spaziergang. Er würde lachen, und ich würde feststellen, daß ich auch lachte. Wir liebten uns, und ich spürte, daß er bei mir war.

Es ist mir egal, was wir tun. Es ist eine stille Ekstase, einfach verstanden zu haben, daß ich jemanden an meiner Seite habe.

Zu diesem Zeitpunkt beschloß ich, über meine Vergewaltigung auch mit Personen zu sprechen, die mich auf eine Art und Weise verstehen konnten wie niemand sonst – Menschen, die selbst vergewaltigt worden waren. Ich fand heraus, daß die Gesundheitsorganisation, bei der ich durch meine Stelle Mitglied war, regelmäßig Therapiegruppen für Vergewaltigungsopfer anbot. Ich schrieb mich für die nächste Gruppe ein.

Wir waren sechs Frauen unterschiedlicher Hautfarbe, verschiedenen Alters und verschiedener Berufe. Die Gruppenleiterin schlug vor, daß wir alle kurz unsere Geschichte erzählen sollten und was für Erwartungen wir hätten.

Während sie sprachen, stellte ich fest, daß keine so jung wie ich, so nah an der Kindheit, vergewaltigt worden war. Ich fragte mich, wie wahrscheinlich es ist, daß ein Kind eher von einem Fremden als von einer bekannten Person vergewaltigt wird.

Jede Geschichte war nur allzu präsent. Ich schloß meine Augen, aber nur, um alles noch deutlicher vor mir zu sehen. Ihre Stimmen schienen wie aus einem Radio an mein Ohr zu dringen – vertraut und geisterhaft, als ob sie mir unaussprechliche Begebenheiten zuflüsterten. Ich hatte das Gefühl, keine Luft mehr zu bekommen, und spürte, wie Wut in mir hochstieg – Wut über das, was den anderen zugestoßen war.

Zwei Frauen begannen zu weinen. Ihre Tränen beunruhigten und ängstigten mich. Sie überschütteten die Therapeutin mit tausend Fragen – starke Frauen aus der Großstadt, die bereit waren, ihrem Ärger Luft zu machen. Sie würden sicherlich nicht verstehen, was ich sagte. Ich würde meine Geschichte abgeklärt und emotionslos vorbringen, mit einer hohen und schwachen Stimme, ohne meine Aufregung verbergen zu können.

Als ich an der Reihe war, erzählte ich meine Geschichte kurz, klar und ohne zu weinen.

*

Unsere Therapeutin berichtete uns vom posttraumatischen Streßsyndrom und betonte, daß das Opfer tatsächlich während und nach einer Vergewaltigung im allgemeinen keinerlei Emotionen empfindet. Sehr häufig treten starke Emotionen erst sechs bis acht Wochen danach auf.

Ich hörte genau zu. Ich konnte mich nicht erinnern, daß dies bei mir der Fall gewesen wäre. Sechs bis acht Wochen danach: Ich konnte mich an nichts erinnern.

Kurz vor Schluß fragte sie jede, wie sie sich fühle. Ich saß da, starrte auf meine Hände und spielte mit zwei losen Fäden an meinem Pullover.

Sie fragte: »Martha, wie fühlst du dich?«

Ich wollte darauf nicht antworten. »Ich fühle mich aufgewühlt – wütend und angewidert.«

»Kannst du dich daran erinnern, daß du eines dieser Gefühle damals empfunden hast?«

Ich wollte mich nicht erinnern. »Ich glaube, ich war damals auch angewidert.«

Als ich die Tür hinter mir schloß, war ich erstaunt, was dieses Treffen bewirkt zu haben schien: Ich fühlte mich erleichtert und war dankbar für die Gruppe, jetzt, da wir nicht mehr zusammensaßen.

Als ich nach Hause kam, saßen alle beim Abendessen, und ich setzte mich dazu. Nach einer Minute mußte ich den Tisch verlassen. Die Stimmen meiner Mitbewohner dröhnten in meinen Ohren, und ich fühlte mich schlecht, übermüdet und krank. Ich konnte keinerlei Ablenkung ertragen, ging hinauf in mein Zimmer und aß erleichtert allein in völliger Ruhe. Ohne mir meinen Pullover auszuziehen kauerte ich mich danach in mein Bett, nahm mir einen Kriminalroman und las eine Weile, in dem Glauben, daß ich bald einschlafen würde. Doch eine Stunde später war ich hellwach, nicht mehr müde, sondern ausgeglichen und ruhig. Von diesem Moment an verbrachte ich einen normalen Abend und war überrascht, wie schnell sich meine Niedergeschlagenheit verflüchtigt hatte.

Die Gruppentherapie für Vergewaltigungsopfer dauerte zwölf Wochen. Bei jedem Treffen hatte ich die gleichen Gefühle wie beim ersten Mal. Sie wurden mir vertrauter und ängstigten mich immer weniger.

Es war nicht einfach, mich mündlich auszudrücken, denn ich hatte schon soviel geschrieben. Es kam mir vor, als wüßte ich zuviel – so viel, daß ich nicht wirklich wußte, was ich wußte. Ich hatte das Gefühl, endlos viel sagen zu müssen. Ich fühlte mich wie ein Kind, das zuweilen allzu redegewandt ist, sich dann aber wieder überhaupt nicht artikulieren kann.

Meine wesentliche Erfahrung in der Therapiegruppe war, mir selbst als Kind zu begegnen. In diesem Raum konnte ich nicht so tun, als ob es das gleiche war, sich wie ein Erwachsener benehmen zu können und erwachsen zu sein.

Eines Tages fragte mich jemand in der Gruppe: »Schreibst du an einem Buch?«

»Ja«, antwortete ich.

Jemand drehte sich zu mir um: »Kann ich dich etwas fragen?«

»Natürlich.«

»Warum? Warum willst du dir das antun?«

Ich hatte keine Worte, um es ihr zu erklären, konnte es nicht in einer Antwort ausdrücken.

Plötzlich war ich mir selbst nicht mehr sicher, ob ich es wirklich wußte.

Jemand antwortete für mich, wie zu meiner Verteidigung.

»Siehst du das denn nicht?« sagte sie. »Es ist doch offensichtlich, daß sie es einfach tun muß.«

RÜCKKEHR

Ich entschloß mich, nach New Jersey zu fahren und mit den Leuten darüber zu sprechen, was sie von der Vergewaltigung und dem Prozeß noch in Erinnerung behalten hatten. Während meiner Vorbereitungen für die Reise wurde mir klar, daß es nicht nur darum ging, mehr über die Vergangenheit herauszufinden. Die Reise war in der Gegenwart wichtig, denn ich hatte das Bedürfnis, mit den Personen zu sprechen, die über die Vergewaltigung Bescheid gewußt hatten, mit denen ich aber damals nicht hatte sprechen können. In der Therapiegruppe blieb das, was wir gesagt und getan hatten, in einem Zustand des Nichtwirklichen – wie es häufig in solchen Gruppen der Fall ist. Am Ende unserer zahllosen Sitzungen waren wir uns wieder fremd, so wie Reisende, die aus einem Zug aussteigen und in verschiedene Richtungen auseinandergehen. Ich hatte das Bedürfnis, mich mit der Realität auseinanderzusetzen – nicht nur aus der Distanz.

In dem Gemälde, das ich mir vorgestellt hatte, stand jeder für sich, erstarrt und still in seinem Ringen um Aufmerksamkeit. Aber ich hatte jetzt die Kraft, den Figuren Leben einzuhauchen, mich zu ihnen zu setzen, sie um Beachtung zu bitten und ihre Aufmerksamkeit nicht nur für Miller oder den Prozeß zu wecken, sondern für Martha als lebenden Menschen. Ich hatte das Bedürfnis, ihnen zu verstehen zu geben, daß das Kind, um das sie damals besorgt waren und von dem sie nicht wußten, was sie mit ihm anfangen sollten, erwachsen geworden war; es war weggegangen, aber immer noch auf der Welt, und was damals geschehen war, erlebte es als seine Geschichte.

Ich würde allein nach New Jersey fahren. Eric konnte mich nicht begleiten. Ich wußte, daß ich ihn jede Nacht anrufen konnte, wenn ich ihn brauchte. Aber wir beide wußten, daß dies meine eigene Erforschung meiner eigenen Vergangenheit war. So vertraut unsere Beziehung auch war, und egal, ob er bei mir war oder nicht, er konnte die Pfade, die ich beschreiten wollte, nicht wirklich mitgehen.

Der Geruch von Heu und Alfalfa wehte mit der milden Luft eines Oktobermorgens zu meinem Fenster herein, warm und klar. Ich erwachte in Flemington, wo ich die Nacht in einer Pension verbracht hatte.

Ich war zu Hause.

Ich war in Delaware Valley, umgeben von den vertrauten Wiesen und Feldern, dazwischen saubere weiße Häuser, Scheunen und Hühnerställe. Als ich auf der Hauptstraße eine Meile aus Flemington zum Büro der Mietwagenfirma hinauslief, war der Geruch des Heus berauschend. Die wilden Gräser, die üppig links und rechts der Straße wuchsen, ließen die Straße selbst wie einen schmalen Pfad durch ein einziges ausgedehntes, fruchtbares Feld erscheinen.

Ich fuhr auf bekannten Straßen zum Haus meines Vaters. Von denen, die nun noch lebten, war er der Erwachsene, der zur Zeit der Vergewaltigung am wichtigsten in meinem Leben gewesen war.

Ich hatte ihn über vier Jahre nicht mehr gesehen. Soweit ich wußte, verbrachte er seine Zeit damit, sich in ruhige Teilnahmslosigkeit zu trinken, allein in dem Haus in den Wäldern, in dem ich meine Kindheit verbracht hatte. Es war mir noch nie leichtgefallen, ihn zu besuchen, doch nun bedeutete es, Zeuge seines allmählichen Verfalls zu werden. Ich hatte ihm zuletzt etwa vor zwei Jahren am Telefon gesagt, daß ich es nicht mehr ertragen könne, ihn zu besuchen und zuzusehen, wie er sich selbst mit Alkohol zerstöre. Es war das erste Mal in unser beider Leben, daß ich seine Alkoholkrankheit laut beim Namen genannt hatte.

Er hatte ohne Sinn und Verstand erwidert: »Na ja, dann ist das wohl der Abschied«, und hatte aufgelegt. Seitdem war es mir nicht mehr möglich gewesen, ihn anzurufen.

Bevor ich nach New Jersey kam, hatte ich ihn angerufen, um ihm den Zeitpunkt und Grund meines Besuchs mitzuteilen. »Ich schreibe ein Buch über – die Vergewaltigung«, sagte ich ihm. »Vielleicht ist es eine Hilfe für andere, die auch diese Erfahrung machen mußten.«

»Ja«, meinte er. »Ärzte und Psychologen sind der Ansicht, daß es eine gute Idee ist, sich noch mal mit allem zu konfrontieren.«

Es war seltsam, fast schockierend, diese unmittelbare und klare Antwort von ihm zu hören, fast so, als ob er jahrelang darauf gewartet hätte, daß ich ihn auf die Vergewaltigung ansprüche.

»Nun«, fuhr ich fort, »möchte ich dich um deine Hilfe bitten. Ich versuche, mich so gut ich kann an alles zu erinnern, und wollte zuerst mit dir sprechen.«

»Natürlich«, antwortete er und räusperte sich. »Natürlich werde ich dir helfen. Schließlich –«. Er beendete den Satz nicht.

Er konnte nicht sagen: *Schließlich bin ich dein Vater.*

»Schließlich ...«, wiederholte ich mit einem nervösen, angestrengten Lächeln. Auch ich konnte die Worte nicht aussprechen: *Schließlich bist du mein Vater.*

Du warst mein Vater.

»Danke, Fred«, fuhr ich fort. »Ich bin dir wirklich sehr dankbar. Ich dachte, daß ich am vierten Oktober kommen könnte, wenn dir das recht ist.«

»Vierter Oktober?« sagte er mit unsicherer Stimme. Er befürchtete wohl, daß er es vergessen würde.

Als die Tage vergingen und der Zeitpunkt meines Besuchs näherrückte, wurden meine Hoffnungen, gleichzeitig aber auch meine Ängste größer. Ich begann, meine Ziele durcheinanderzubringen, und befürchtete, daß dieses »Interview« nur einer meiner Versuche sei, meinen Vater dazu zu bringen, Vater für mich zu sein. Ich versuchte, alles klar zu trennen: *Das ist jetzt über zwanzig Jahre her. Er ist jetzt fünfundsiebzig Jahre alt. Er ist nicht mehr ganz klar im Kopf.* Aber tief in meinem Herzen war die Hoffnung wieder wachgerufen worden, daß er sich endlich wie ein Vater verhalten würde. Gleichzeitig fürchtete ich mich vor der allzu vertrauten Enttäuschung, die – da war ich mir sicher – eintreten würde.

Nach zehn Meilen tauchte die prächtige alte Eisenbrücke über der Lockitong-Schlucht wie eine Offenbarung vor mir auf. Da stand sie, ruhig und würdevoll, meine alte Brücke, ein Geflecht aus Eisenstangen zwischen Blättern, das geisterhaft und fahl wie Märchentaler schimmerte oder in der wolkigen Luft langsam nach unten schwebte. Da war sie, meine geliebte Brücke mit ihren eleganten, hohen und schönen Bögen, und darunter der Bach, der schläfrig zwischen bewaldeten Ufern und Steinen dahinfloß.

So hatte ich sie nicht in Erinnerung, dachte ich. *Dieser Platz ist magisch.*

Der Briefkasten meines Vaters war verrosteter als die Brücke. Niemand hatte die Blätter aus dem Abfluß entfernt, und so hatte der Regen sich eine Rinne entlang der Einfahrt gebahnt, über die ich mit Vorsicht fahren mußte. Die alte Kiesauffahrt selbst war so mit Gras überwachsen, daß ich sie kaum ausmachen konnte. Die Quitten- und Ligusterbüsche, die meine Mutter neben der Terrasse gepflanzt hatte, waren so groß und wild gewachsen, daß ich das Haus dahinter nicht mehr sehen konnte.

Er kam heraus und wartete auf mich.

Er war ein großer, kräftiger Mann, inzwischen ein wenig gebeugt, aber immer noch robust. Er trug Arbeitshosen und ein Hemd, was, solange ich denken kann, seine Uniform gewesen war: die Kleidung, die die alten Farmer der Gegend schon immer getragen haben. Seine Haare waren ebenso wie sein Bart völlig weiß, und um Schläfen und Augenbrauen hatten sich dunkelrote Flecken gebildet. Sonst aber schien er sich seit meinem letzten Besuch vor vier Jahren nicht verändert zu haben. Als ich ihn betrachtete, konnte ich kaum glauben, daß er bereits fünfundsiebzig Jahre alt war und noch keinerlei Anzeichen von Krankheit zeigte. Ein Arzt, der ihn vor einigen Jahren untersucht hatte, hatte meiner Schwester mitgeteilt, daß seine Leber vergrößert sei, was bei Alkoholikern häufig der Fall ist. Dies war jedoch das einzige Anzeichen körperlichen Verfalls – außer natürlich seinem vorzeitigen geistigen Abbau.

Er trug an diesem warmen Tag ein Lederhemd. Ich dachte, daß ihm wahrscheinlich eher kalt sei als jüngeren Leuten. Wir umarmten uns. Ein angenehmer Geruch von Moder, der von der Feuchtigkeit unseres Hauses in den regnerischen Sommern von New Jersey herrührte, und von sauberer Kleidung, die draußen zum Trocknen aufgehängt war, stieg mir in die Nase. Die Sauberkeit erstaunte mich. Ich war froh, daß er durch das Alter oder das Trinken nicht nachlässig oder schmutzig geworden war, was ich befürchtet hatte.

Die Begrüßung fiel uns nicht schwer. Er machte nicht viel Aufhebens und, nachdem wir uns umarmt hatten, lächelten wir uns an.

Er sagte in seiner mir vertrauten, förmlichen Art: »Ich freue mich, dich zu sehen.«

Ich erwiderte: »Ich freue mich auch.«

Die Sonne schien auf uns, und ich fühlte die alte Zuneigung zu ihm in mir aufsteigen.

Ich fragte, ob wir zuerst das Interview machen könnten. Ich wollte ihm unbedingt die Fragen stellen, bevor er mit dem

Trinken beginnen würde, wenn er nicht schon damit begonnen hatte. Wir beschlossen, auf der Veranda Platz zu nehmen, da es ein warmer Tag war. Er setzte sich auf unser altes Rattansofa, auf dem eine alte Matratze lag, und ich nahm einen Stuhl, der ihm gegenüber stand.

»Ich will dir nicht viele Fragen stellen«, begann ich. »Wenn es dir recht ist, dann würde ich dich bitten, mir einfach von deinen Erinnerungen zu erzählen.«

»Erinnerungen woran?« fragte er.

»Deine Erinnerungen an die Vergewaltigung«, antwortete ich ruhig, ohne meine Überraschung zu zeigen. Ich hatte nicht erwartet, daß er sich nicht einmal mehr an das Thema unseres Telefonats erinnern würde.

»Oh, natürlich«, sagte er und machte eine Pause.

»Das ist ziemlich merkwürdig«, begann er. »Fast gespenstisch. Ich saß genau hier, als die Vergewaltigung passierte. Ich hatte gerade irgendeine Arbeit beendet und beschlossen, daß es Zeit wäre für ein Bier. Und dann passierte etwas, das meine ganze Aufmerksamkeit auf sich zog, weil es nicht oft passierte. Es war ein Lieferwagen, der wie verrückt den Berg hinauffuhr. Ich meine, mit einer Geschwindigkeit, die wirklich absolut wahnsinnig war. In diesem Moment wußte ich noch nicht, was passiert war – daß du in der Nähe vergewaltigt worden warst und dieser Kerl so schnell wie möglich von dem Ort wegkommen wollte. Ich habe vergessen, ob ich das ausgesagt habe oder nicht. Der Kerl, der den Fall bearbeitete, war, wenn du dich erinnern kannst, ein sehr, sehr hartnäckiger, intelligenter und einfühlsamer Rechtsanwalt. Die andere Sache ist ...«

Er machte eine Pause.

Auf der Veranda zu sitzen, erfüllte mich mit einem unbeschreiblichen Glücksgefühl. Hier hatte ich oft gelegen, hatte meine Wange an die sonnenerwärmten Bretter gelegt und durch die Ritzen in den tiefen Schatten darunter geblickt, wo, drei Meter in die Tiefe, der Boden gestreift war vom Sonnenlicht. Ich hatte das Gefühl, daß es mir jetzt kaum etwas ausmachen würde, wenn seine Erinnerungen spärlich oder falsch wären. Vielleicht hatte seine Vergeßlichkeit auch etwas Erleichterndes. Hier saßen wir auf der Veranda, die ich so liebte, und er war bereit, darüber zu sprechen, was mir passiert war, aber auch ihn und andere betroffen hatte: Das war genug.

»Bist du mit deinem Fahrrad nach Hause gekommen? Hast du das Fahrrad geschoben?«

Ich nickte.

»Ja«, fuhr er fort, »ich erinnere mich daran. Und dann erinnere ich mich daran, daß Amelia sagte: ›Fred, Martha ist vergewaltigt worden‹, und ich sagte: ›O mein Gott.‹«

Seine Stimme wurde zusehends leiser, bis er schließlich nur noch murmelte, so als ob seine Worte ihn zu schnell in ein dunkles Tal zogen, das er längst vergessen hatte. Er faßte sich schnell wieder und begann, Worte zu sprechen, bei denen ich das Gefühl hatte, daß er sie schon öfter zu Nachbarn oder Freunden gesagt hatte.

»Wir entschlossen uns, die Sache sofort der Polizei zu melden. Und dann war da noch die andere Sache, die erst später herauskam – es wurde darüber gesprochen –, ich glaube, die Zeitung hat es veröffentlicht, ohne daß dein Name erwähnt wurde.«

Er sprach mit mir wie mit einem Kind, so als ob die Nichtangabe meines Namens sehr wichtig für ihn oder, wie er glaubte, für mich war.

»Derselbe Mann hatte bereits andere Mädchen in der Nachbarschaft vergewaltigt, und er hatte bereits eine ganze Menge Vorstrafen.« Seine Stimme bekam einen Anflug von Abscheu. »Offensichtlich eine schrecklich kranke Person.

Natürlich habe ich nicht – weißt du –, es kam dann schließlich zu dem Prozeß. Und du, du – hast ausgesagt, wie ich mich erinnere.«

Ich nickte.

»Und ich erinnere mich, daß der Rechtsanwalt, der die ganze Sache in die Hand genommen hatte, alles Mögliche tat, jedes mögliche Beweisstück vorbrachte, mit dem belegt werden konnte, daß dieser Mann zu diesem Zeitpunkt an diesem Ort gewesen war. Wahrscheinlich erinnerst du dich selbst an all das. Ich habe das Gefühl, daß ich vielleicht nur etwas wiederhole –«

»Nein, es ist sehr wichtig für mich«, sagte ich.

»Darüber hinaus weiß ich nicht, ob ich noch sehr viel mehr dazu beitragen kann. Es geschah alles in einer fast unglaublichen – es war unglaublich für uns alle, daß –«

Seine Stimme wurde sanft, so als ob er ein Schauspieler wäre und ein zärtliches Gedicht laut vorlesen würde. So als ob er einer jungen Frau schreckliche Nachrichten erzählen müßte und ihr diese möglichst schonend beibringen wollte.

»– daß dies dir passieren konnte.«

Als ob das, was sie alle erstaunte, war, daß ich – *Martha* – angegriffen worden war. Als ob auch sie, und nicht nur ich, in einer Traumwelt gelebt hätten.

»Und die bittere, plötzliche Erkenntnis, daß es passiert war, gab uns allen ein Gefühl, als ob wir gar nicht wirklich existierten.«

Er machte eine Pause, suchte nach Worten und gab dann einen leisen Laut der Verzweiflung von sich.

»Weißt du, jeder hat von Vergewaltigungen gehört, denke ich, es ist kein seltenes Verbrechen, aber –« ironischerweise »es macht einen Unterschied, wenn es dich oder deine unmittelbaren Freunde oder Verwandten betrifft, einen riesigen Unterschied.«

Er machte eine Pause.

Zwei Grillen sangen unten im trockenen Gras.

Er seufzte.

»Nun, an dieser Stelle muß ich dich fragen, ob du noch irgendwelche Fragen hast, da ich dir jetzt ungefähr alles, was mir dazu einfällt, gesagt habe. Aber Interviews sind normalerweise nicht so einseitig.«

Er trank einen Schluck Bier aus der Dose, die er mit auf die Veranda gebracht hatte. Ich hatte nicht den Mut gehabt, etwas dagegen einzuwenden.

»Interessant war auch, denke ich, die Reaktion der Frauen in der gesamten Gemeinde, die außer sich waren und oft zusammenstanden und miteinander geredet haben. Ich erinnere mich daran, was einige gesagt haben oder wie sie mich in einem Geschäft getroffen und angesprochen haben: ›Wir haben von Martha gehört. Sie sollten —‹« seine Stimme wurde sehr leise, so als ob er zögern würde, zu wiederholen, was die Frauen gesagt hatten, »»diesen Kerl töten.‹«

Er machte eine Pause.

»Alles, was du gesagt hast, ist wirklich sehr hilfreich, Fred«, sagte ich. »Ich erinnere mich nicht mehr an besonders viel.« Ich dachte, wenn ich so täte, als ob ich mich nur noch an wenig erinnern könnte, würde er vielleicht eher etwas erwähnen, was ich wirklich vergessen hatte oder noch nicht wußte.

»Ja, das ist zu erwarten, das ist die normalste Sache der Welt, daß man so etwas ausblendet. Das verstehe ich vollkommen. Vielleicht kann ich mich deshalb an alles so gut erinnern, weil ich so schockiert und außer mir vor Wut war, daß sich mir alles unauslöschlich eingeprägt hat.

Am besten kann ich mich noch daran erinnern, daß ich diesen, diesen Wagen gehört habe, der den Twist hinaufgerast ist und dabei einen Krach gemacht hat, wie ich es noch nie zuvor gehört habe. Und das war's für mich: Dieser Kerl hatte auf jede mögliche Weise das Limit überschritten.

Oh, und die andere Sache ist – das ist wirklich trivial. Ich habe mich irgendwie in meinen linken Daumen geschnitten, und es war ein ziemlich böser Schnitt. Eine antiseptische Lösung ist in so einem Fall das beste, und so saß ich also da, mit meinem Daumen in der Lösung, und versuchte, das Gift aus meinem Kreislauf rauszubringen.«

Er lachte bitter.

»Wenn ich daran denke, kommt mir das fast wie in einem schlechten Film vor. Hier sitze ich und versuche, das Gift aus meinem Daumen rauszubringen, und da bist du –«

Nach einem kurzen Moment fuhr er mit Abscheu fort:

»– und bist gerade vergewaltigt worden.

Ich kann mich an den ersten Abend erinnern, als so viele Leute kamen, um ihre Anteilnahme zu zeigen. Ich war sehr bewegt.«

»Das erstaunt mich, daß wirklich Leute kamen«, sagte ich. Ich konnte mich nicht erinnern, daß uns an diesem Abend jemand besucht hatte.

»O ja, die Küche war voller Menschen. Ich meine, es waren vielleicht acht oder zehn Leute. Wie sie davon erfahren haben und die Geschwindigkeit, mit der sie es erfahren haben – so eine Sache in einer Gemeinde wie dieser, wo es so viele Leute mit Kindern gab. Es war schon eine ziemliche Aufregung.

Und dann war da natürlich die ärztliche Untersuchung, und es wurde festgestellt, daß du nicht schwanger warst. Das war eine große Erleichterung. Dann kamst du, glaube ich, nach Solebury, und einige der Kinder fingen an, Bemerkungen darüber zu machen. Es gab dort eine Lehrerin, die mir erzählte, sie habe den Kindern mit Bestrafung gedroht, wenn sie in ihrer Klasse noch einmal davon sprechen sollten.

Für jeden, der davon erfuhr, war es einfach unfaßbar. Ich glaube, es hat vielleicht für immer die Einstellung der Leute in dieser Region geändert. Bei vielen Leuten hat es wohl sehr lange gedauert, bis sie die Sache wieder aus dem Kopf bekamen. Ich könnte mir vorstellen, daß alle Leute, die von Anfang an von der Sache wußten, sich noch immer daran erinnern und bis heute mit Entsetzen daran denken.

Immerhin ist das hier eine Gemeinschaft. Man kennt den Namen des anderen. Wir kommen vielleicht nicht immer bestens miteinander aus, aber wir sind Nachbarn. Und wenn eine Sache wie diese in der Nachbarschaft passiert, wird sie nicht vergessen. Sie hinterläßt eine tiefe Spur. Es war etwas, das die Leute in ihrer Umgebung einfach nicht für möglich gehalten haben. Ein entsetzlicher Schock. Jeder hat doch im Kopf, daß eine Vergewaltigung vielleicht in einer großen Stadt oder im Hinterzimmer einer Tanzbar passiert, oder bei einem Pärchen im Auto, wenn das Mädchen nicht will und der Kerl sie dazu zwingt«, seine Stimme war überschattet von Abscheu. »Das sind die Dinge, die passieren. Ich glaube nicht, daß die Leute in dieser Gemeinde jemals an die Möglichkeit gedacht hatten, daß hier eine Vergewaltigung passieren könnte. Mit Ausnahme der Leute, die wußten, daß dieser Kerl bereits mehrmals Mädchen vergewaltigt hatte. Es gab Leute, die zu mir gekommen sind, und gesagt haben: ›Er hat bereits dieses und jenes Mädchen vergewaltigt‹ – etwas in der Art. Es war bei weitem nicht das erste Mal.«

»Du hast es also allen erzählt, die es deiner Meinung nach wissen sollten«, wiederholte ich, um sicherzugehen, daß ich ihn richtig verstanden hatte.

»Ja, genau, weil – weißt du, wir haben davon nichts gewußt.« Seine Stimme wurde lauter. »Das ist genau der Punkt, der mich wütend macht. Man hätte ihn gleich das erste Mal, nachdem er es getan hatte, ausschalten und hinter Gitter bringen sollen. Aber niemand hier hat etwas unternommen. Ich vermute, man wollte das alte amerikanische System schützen, oder diesen alten Grundsatz, daß die Frau rein und unberührt in die Ehe zu gehen hat.«

Er machte eine Pause.

Ich fragte genauer nach: »Einige Leute wußten also, daß dieser Kerl bereits andere Mädchen vergewaltigt hatte.«

»Richtig. Und keiner hat auch nur den kleinen Finger gerührt.«

»Das ist wirklich erstaunlich«, sagte ich.

»Alles, woran ich mich erinnern kann, ist das Gefühl von absoluter Fassungslosigkeit und Verzweiflung, mit dem ich zum Telefon gegangen bin und alle Hebel in Bewegung gesetzt habe. Ich meine, ich habe jeden angerufen, von dem ich glaubte, daß er es wissen müsse. Mit dem Gefühl, daß ich dieser Gemeinde die Realität aufzwingen müßte. Diese Leute haben sich zurückgelehnt und zugelassen, daß ihre Töchter vergewaltigt wurden, ohne etwas dagegen zu unternehmen.

Das war der Skandal für mich. Ich konnte es einfach nicht fassen, daß die Leute solche Feiglinge waren und mit allen Mitteln versuchten, die Sache zu vertuschen – aus reinem Egoismus. Das einzig Richtige in so einer Situation ist, den Schuldigen zu überführen. Ihn zu bestrafen und ihn möglichst lange in eine enge Gefängniszelle einzusperren. Aber das wäre wohl zuviel von ihnen verlangt gewesen.

Ich erinnere mich daran, was mir ein Mann gesagt hat. Er erzählte, wie man mit einem Vergewaltiger umgegangen war – ziemlich harte Sache. Er sagte, sie hätten ihn geschnappt, an einem Amboß festgebunden, seine Eier auf den Amboß gelegt und mit dem Hammer draufgeschlagen. Wenn du Gewalt willst, dann ist das ein Beispiel dafür.

Sicherlich, manche Leute haben ihre Meinung frei herausgesagt. Sie erzählten mir, daß man früher einen Vergewaltiger in den Wald geschleppt und ihm die Eier abgeschnitten hätte. Ich habe in dieser Nacht Dinge erfahren, die ich lieber nicht erfahren hätte. Es hat mir schon gereicht, daß ich wußte, daß du vergewaltigt worden bist.«

»Das muß für dich eine ganz schöne Belastung gewesen sein«, erwiderte ich.

»Nun, ich glaube, das war es für uns alle – für dich, weiß Gott, eingeschlossen!« Er lachte sanft, so als ob er mich beinahe zurechtweisen wollte, weil ich in bezug auf meine eigene Erfahrung so zurückhaltend war.

Er trank einen kräftigen Schluck Bier und schwieg für eine Weile. Dann sagte er: »Ich möchte dir eine Frage stellen.«

»Hmm?«

»Es war sicher schwierig für dich und hat lange gedauert, bis du es verarbeitet hattest, aber du wirkst nicht so, als ob es dich völlig aus der Bahn geworfen hätte. Eine Wunde bleibt natürlich immer, aber – ich wundere mich über viele Frauen, junge Frauen hier in der Gegend, die vielleicht oder vielleicht auch nicht vergewaltigt wurden und denen eine Vergewaltigung völlig ausgeschlossen erscheint. Irgendwie leuchtet mir das einfach nicht ganz ein. Es ist mir nicht ganz klar – ich versuche, es zu begreifen, aber es will mir einfach nicht in den Kopf gehen.«

Ich hatte den Eindruck, daß mein Vater ständig bemüht war, so zu klingen, wie er klingen sollte, und es auch beinahe geschafft hätte. Aber hinter der Fassade seines guten Benehmens und verbalen Scharfsinns erschien mir sein Verstand als dunkles, löchriges Chaos, bis auf ein paar Reste vom Alkohol verzehrt – und in meinen Augen nur als eine Art Wahnsinn zu bezeichnen.

Mein Vater, so wie ich ihn kannte, war auf diese Art immer

undurchsichtig geblieben. Ich hatte es nie geschafft, einen Zugang zu ihm zu finden; andere Erwachsene, die uns kannten, schienen jedoch nie etwas Merkwürdiges an ihm festzustellen. Wir hatten es nie offen ausgesprochen, außer wenn meine Mutter sich über seine allgemeine Unfähigkeit und – einmal – über sein Trinken beklagte.

»Kannst du dich daran erinnern, wo ich war, als alle Nachbarn in dieser Nacht zu uns herüberkamen?« fragte ich ihn. »War ich auch dabei?«

»Das ist eine schwierige Frage. Wenn ich an unsere Familie und an unsere Einstellung denke, glaube ich, daß du bei uns warst. Aber ich könnte es nicht beschwören. Kannst du dich daran erinnern, daß dich einige der Frauen umarmt oder geküßt haben?«

»Nein«, antwortete ich.

»Hm. Das ist interessant, sehr interessant. Das wäre das erste, was ich von jeder Frau, die zu uns gekommen war, erwartet hätte. Man sagt doch immer, daß Frauen sich gegenseitig unterstützen, und es ist wahr. Aber was ist passiert, wenn keine der Frauen mit dir gesprochen hat, dich umarmt oder getröstet hat? Wahrscheinlich sind viele der Frauen, die da waren, früher ebenfalls vergewaltigt worden – vielleicht ein Grund dafür, daß sie befürchteten, ihre eigene Geschichte würde rauskommen, wer weiß. Das ist nur eine Vermutung und vielleicht auch ein bißchen zu gewagt.«

Während ich über seine Worte nachdachte, hatte ich das Gefühl, daß seine Gedanken aus konfusen Erinnerungen bestanden: aus der Sorge meiner Mutter, mich nicht richtig getröstet zu haben, ihrer eigenen Erfahrung von Vergewaltigung, seinem Wissen um andere Frauen, die ebenfalls vergewaltigt worden waren, und schließlich aus seiner lange zurückgehaltenen Besorgnis, ob ich in Ordnung wäre. Außerdem hatte ich das seltsame Gefühl, daß er, wütend und entsetzt über das, was mir zugestoßen war, durchaus erkannt hatte, was ich gebraucht hätte, sich aber nie in der Lage gefühlt hatte, mir sein Mitgefühl und seinen Trost anzubieten.

Gleichzeitig muß es für mich als Mädchen wichtig gewesen sein, zu sehen, wie mutig er den Vergewaltiger verfolgte, sich damit über die allgemeine Einstellung gegenüber einer Vergewaltigung hinwegsetzte und sich mit der Existenz des Unrechts konfrontierte.

»Kannst du dich noch an die Reaktion von Mom erinnern?« fragte ich.

»Nun, sie war natürlich sehr – bestürzt. Aber du weißt doch, wie Amelia mit der Realität umging. Ich meine, sie hatte so eine bestimmte Art, sich zu schützen, wenn sie von etwas bedroht wurde. Und eine Vergewaltigung gehört mit zu dem Schlimmsten, was einer Mutter oder einem Elternteil passieren kann. Und ich kann mich noch genau daran erinnern, wie sie herauskam und mir mit gefestigter Stimme zu verstehen gab: ›Wie kannst du nur so friedlich hier draußen sitzen, während Martha vergewaltigt worden ist?‹ Es war wirklich ein schwerer Schlag für sie, Martha.«

Seine Stimme wurde sanfter, eher wie die Stimme eines Kindes, entschuldigend.

»Natürlich habe ich es erst gewußt, als sie herauskam und mir sagte, daß du vergewaltigt worden bist. Ich stand sofort auf, fragte sie, wann und wo und das alles. Und dann – wer war die andere Person, die es auch mitgehört hatte und gleich loslief, um nachzusehen – war das Loch? Ich glaube, es war Loch! Ja, Loch fuhr gleich dorthin. Aber natürlich war der Kerl schon weg. Was wahrscheinlich ein Glück für Loch war, denn der Kerl hätte Loch vielleicht getötet. Das war ja ein richtiger Psychopath, dieser Kerl!«

Quarry Road, ich werde den Namen dieser Straße nie vergessen, weil jemand sagte: ›Martha war auf der Quarry Road und ist vergewaltigt worden.‹«

Er wurde immer verwirrter und begann, sich zu wiederholen.

»Loch ist sofort runtergelaufen, und gleich danach bin ich runtergelaufen. Nein, ich bin zu Fuß gegangen, und er ist mit dem Fahrrad gefahren. Ich wollte nachsehen, ob es irgendeinen Beweis gäbe, der vielleicht später für den Prozeß wichtig sein würde. Aber wie die Dinge lagen, gab es keinen.«

Er konnte schließlich immer weniger auf meine Fragen eingehen und sie direkt beantworten und fing an, irgendwelches Zeug zu reden, bei dem keine neuen Informationen mehr herauskamen. Er schien sich auch meiner Gegenwart nicht mehr richtig bewußt zu sein und mich immer weniger als tatsächliche Person wahrzunehmen. Er verlor sich immer mehr in seinen Gedanken und wurde zusehends kindlicher, während er sich weiterhin sehr gewählt ausdrückte. Er bat mich nicht darum, das Interview zu beenden, sondern versuchte, immer weiter zu reden, immer zusammenhangloser, als sei ich irgendeine quälende Autorität, für die er so lange Sätze produzieren würde, wie man ihn darum bat, auch wenn das Gesagte längst keinen Sinn mehr ergab. Sein Gerede erinnerte mich immer mehr an die langen, unsinnigen Geschichten, die kleine Kinder erzählen, wenn man ihnen Gehör schenkt, und deren Hauptfunktion zu sein scheint, die volle Aufmerksamkeit des anderen auf sich zu ziehen. Mein Vater wollte tatsächlich nicht, daß ich wieder von ihm fortging.

Ich verließ ihn jedoch und nahm das Tonband, das ich aufgenommen hatte, mit.

*

Die Erinnerungen meines Vaters waren nicht präzise. Er wußte nicht mehr, wie ich nach Hause gekommen war und mein Fahrrad auf die Veranda gestellt hatte, wo er an seiner Werkbank stand, und wie ich ihn gefragt hatte, wo meine Mutter sei. Er erinnerte sich auch nicht mehr daran, daß Loch dem Vergewaltiger wirklich begegnet war, als er mit seinem Fahrrad hinunter zur Quarry Road gefahren war, und daß sie miteinander gesprochen hatten. Und was mich am meisten verwunderte: Er konnte nur Zusammenhangloses von meiner Mutter berichten und sich überhaupt nur sehr bruchstückhaft an sie erinnern.

Ich konnte nicht beurteilen, ob ich seinen Erzählungen von den Nachbarn, die uns in dieser Nacht besucht haben sollen, den anderen Vergewaltigungen und Bestrafungen, von denen ihm die anderen Männer erzählt hatten, Glauben schenken konnte. Aber alles, was er mir erzählt hatte, ließ seinen eigenen Schmerz erkennen, und ich war froh, mit ihm gesprochen zu haben.

Es hatte gutgetan, seine alte Stimme zu hören. Seine immer noch vorhandenen guten Umgangsformen, die kultivierte Art, in der er mich willkommen hieß, seine Wortwahl und auch sein Interesse an meinem Schreiben hatten mich für ihn eingenommen. Während er sprach, hatte ich mir einmal selbst zugeflüstert, daß ich vielleicht sogar gekommen sei, um ihm zu vergeben.

Nachdem ich ihn verlassen hatte, stellte ich fest, daß meine Gedanken und Gefühle doch nicht so gut geordnet waren, wie ich es gedacht hatte, als ich noch bei ihm gewesen war. Sein wirres Gerede, das man ihm in diesen späten Jahren eigentlich nachsehen sollte, hatte mich sehr durcheinandergebracht. Obwohl ich so stolz auf meine Selbständigkeit war, verbrachte ich, als ich wieder zu Hause war, einige Tage, als ob ich mich in der Dunkelheit seiner Welt befinden würde.

Die Aufmerksamkeit, die er mir geschenkt hatte, war wieder nur wie ein Trugbild: Liebe und Besorgnis, die in Worten ausgedrückt waren, aber keinen bleibenden Eindruck hinterlassen konnten. Trotz der Schönheit des Ortes hatte das Ganze mir doch so zugesetzt, als hätte ich den Toten einen Besuch abgestattet.

Vier Monate nach dem Gespräch mit meinem Vater verschlechterte sich sein Geisteszustand derart, daß er nicht mehr länger allein leben konnte und wegen seiner Alkoholabhängigkeit behandelt werden mußte. Seine Abstinenz hatte jedoch keine sichtbare Auswirkung auf seinen Geisteszustand. Nach der Behandlung lautete die Diagnose auf geistigen Verfall, der entweder auf die Alzheimersche Krankheit oder auf seine Alkoholabhängigkeit, möglicherweise auch auf beides, zurückzuführen sei.

Als ich die Diagnose hörte, wußte ich, daß es jetzt einfacher mit meinem Vater würde. Ich würde nie erfahren, wann es angefangen hatte, daß sein Geisteszustand nachließ, oder ob schon immer etwas mit ihm nicht in Ordnung gewesen war. Aber jetzt war wenigstens klar, daß ich keinen Vater mehr hatte. Ich würde nicht mehr versuchen müssen, eine Verbindung zu ihm herzustellen, und trotz all meiner Traurigkeit fühlte ich auch eine verborgene Erleichterung.

Ich hatte Loch seit mehreren Jahren nicht mehr gesehen. Da ich nicht wußte, wie ich mit seiner Geisteskrankheit umgehen sollte, fand ich es zu schmerzhaft, mit ihm in Kontakt zu bleiben. Viele Jahre hindurch war er nicht in der Lage gewesen, irgend etwas zu tun, um die Verbindung mit mir aufrechtzuerhalten.

Es hatte einige Zeit gedauert, ihn ausfindig zu machen; er war umgezogen, seit ich das letzte Mal mit ihm in Kontakt gewesen war. Ich konnte schließlich seine Nummer heraus-

finden und rief ihn von der Pension aus an, in der ich unter-
gebracht war.

»Oh, hallo, Martha!« sagte er und klang für einen Moment
lang erstaunlich fröhlich.

Ich fragte ihn, wie es ihm ginge.

»Ich, ich habe aufgehört zu trinken«, sagte er mit seiner
stockenden, rauhen Stimme. »Ich versuche, mich von der
Flasche fernzuhalten. Ich lebe in einer, äh, Sozialwohnung,
das ist nicht schlecht. Ich bekomme regelmäßig meinen
Scheck von den Behörden und außerdem noch Lebensmit-
telmarken. Aber, weißt du, es ist eigentlich nicht genug, um
ein angenehmes Leben zu führen.«

Ich fragte ihn, ob wir uns treffen könnten, da ich in der
Gegend wäre.

»O nein, Martha«, sagte er. »Das will ich nicht.«

Sein Nein kam sehr überzeugend, und ich vermutete, daß ich
nicht sehen sollte, wie es ihm jetzt ging.

Ich erzählte ihm, daß ich ein Buch über die Vergewaltigung
schreiben würde, und fragte ihn, ob er bereit sei, mit mir darüber zu sprechen.

»Nein«, antwortete er. »Ich kann darüber nicht sprechen.
Das würde mich einfach zu sehr aufwühlen.«

Es war offensichtlich, daß Loch nie in der Lage sein würde,
mit mir über seine damaligen Gefühle zu sprechen, obwohl
es uns möglicherweise beiden geholfen hätte. Aber seine
Weigerung war nur allzu deutlich. Ich hatte nicht gewußt,
daß es ihn »einfach zu sehr aufwühlen würde«, über die Vergewaltigung zu sprechen, denn ich hatte sein Schweigen nie
verstanden. Nun offenbarte sich mir ein Teil seiner Persönlichkeit, der so sensibel auf die Außenwelt reagierte, daß er
sich keinerlei Erinnerungen oder Gespräche über Gesche-
henes erlauben konnte. Ich war besser über die Vergewaltigung hinweggekommen als er.

Ich erinnerte mich an seine verrückte Fahrt mit dem Fahrrad hinunter zur Quarry Road und daran, daß ich den Gedanken nicht ertragen konnte, wie sehr ihn damals alles mitgenommen hatte. Jetzt berührte mich seine Weigerung, weil sie zeigte, wie schrecklich die Vergewaltigung wirklich gewesen war. So wie damals konnte ich auch jetzt eine unausgesprochene, längst vergessene Seelenverwandtschaft zwischen uns spüren.

Ich fühlte, daß inmitten unserer zerbrochenen Familie ein zartes Band zwischen uns weiterbestehen würde. Ich wußte, daß ich mit vielem fertig werden müßte, wollte ich den Kontakt zu Loch aufrechterhalten. Ich hoffte, daß ich es wenigstens schaffen würde, ihn nicht mehr völlig aus den Augen zu verlieren.

Alida und ich hatten es bis zu einem gewissen Grad geschafft, die gegenseitige Entfremdung aufzuheben, die wir in unseren Zwanzigern empfunden hatten. In dieser Zeit hatten wir beide versucht, aus der Isolation unserer Familie herauszukommen und uns als individuelle Erwachsene zu definieren. Sie hatte sich als Designerin für Strickmoden etabliert, war verheiratet und lebte in New York. Wir standen uns nicht nahe, aber unsere Beziehung war herzlich.

Während eines unserer gelegentlichen Telefonate, erzählte ich ihr von meinem Buch und fragte sie, ob sie sich an irgend etwas aus der Zeit der Vergewaltigung erinnern könne.

»Weißt du was«, sagte sie, »das, woran ich mich am meisten erinnern kann, ist, daß ich sehr wütend war. Niemand wollte mir erzählen, was eigentlich los war. Ich wollte daran teilhaben, und sie wollten es nicht zulassen. Ich erinnere mich, wie diese beiden Polizisten zu uns kamen und Mom und Fred mit ihnen und dir ins Arbeitszimmer gingen. Ich wollte auch mit hinein. Aber Fred hat die Türen vor meiner Nase zugemacht. Ich habe getobt vor Wut. Ich stand draußen vor der

Tür und versuchte, etwas von dem Gespräch mitzukriegen, aber ich konnte natürlich nichts verstehen.

Ich war mir sicher, daß dir etwas Schreckliches passiert war. Aber sie wollten es mir einfach nicht sagen. Statt dessen haben sie mir immer nur erzählt: ›Martha ist angegriffen worden‹, wie wenn sie mit einem Kind sprechen würden, das von nichts eine Ahnung hat. Aber ich war elf und meiner Meinung nach alt genug, es erfahren zu dürfen. Ich dachte auch, daß ich etwas tun könnte. Ich wollte bei dir sein, aber sie wollten mich nicht zu dir lassen. Ich dachte, daß ich helfen könnte. Ich war sicher, daß es etwas geben würde, was ich tun könnte.

Ich wollte deine Hand halten oder irgendwas.«

Mein Vater wollte Gerechtigkeit und war außer sich vor Wut, daß die Gesellschaft tatenlos zugesehen hatte, wie dieser Mann Mädchen vergewaltigte. Meine Mutter hatte versucht, es mit mir durchzustehen, aber wir hatten keinen Zugang zueinander gefunden. Alida, meine Spielgefährtin, mit der ich immer so gerne Barbie-Puppen gespielt hatte, hatte genau gewußt, was zu tun war. Nachdem ich mit ihr gesprochen hatte, fühlte ich eine große Traurigkeit. Die Angst meiner Eltern hatte mich nicht nur von ihnen getrennt, sie hatte auch bewirkt, daß sie Alida von mir ferngehalten hatten – die einzige Person, die mir vielleicht hätte helfen können, mich weniger einsam zu fühlen.

Ich wollte mit Edith Kawano sprechen, unserer Nachbarin, die wahrscheinlich meine Mutter damals häufiger gesehen hatte als sonst jemand außerhalb unserer Familie. Meine Mutter hatte mir erzählt, daß Edith und ihr Mann Yosh, als sie in den frühen fünfziger Jahren ein Haus gebaut und bezogen hatten, nur von zwei Nachbarhaushalten willkommen geheißen worden waren, weil sie Japaner waren. Als wir aufwuchsen, war die Familie Kawano von allen unseren Nachbarn die Familie, mit der wir uns am besten verstanden, und auch diejenige mit der liberalsten Einstellung. Edith und meine Mutter hatten Kinder, die ungefähr im gleichen Alter waren, und Yosh und mein Vater hatten viele Abende miteinander im Beisein ihrer Frauen verbracht, hatten getrunken, geredet, miteinander diskutiert.

Yosh war gestorben, und die Kinder waren weggezogen, aber Edith Kawano lebte immer noch in dem kleinen weißen Haus am Rande eines Feldes, das nur ein Stück weiter die Straße entlang von unserem Haus entfernt lag.

Während ich mich mit ihr am Küchentisch unterhielt, arbeitete sie an einer Steppdecke. Sie schien viel sanfter als in meiner Erinnerung, in der sie auf ihrer winzigen Veranda stand und ihre drei Kinder rief, die sofort hereinkommen und sich zum Essen fertigmachen sollten.

»Was weißt du noch von diesem Tag?« fragte ich sie.

»Ich weiß noch genau«, sagte sie, »daß ich an diesem Nachmittag keinen Ketchup mehr hatte und einer der Jungs auf seinem Fahrrad nach Lumberville fahren und in dem kleinen Geschäft dort welchen holen wollte. Statt dessen habe ich alle ins Auto gepackt und bin zu Errico's gefahren. Das war an diesem besagten Nachmittag.«

Hätte sie ihren Jungen fahren lassen, wäre er mit seinem Fahrrad durch die Quarry Road gekommen.

»Keines der Kinder durfte allein mit seinem Fahrrad losfahren, sondern nur zu zweit oder mit einem anderen Kind.«

Ich fragte mich, ob Edith gedacht hatte, daß meine Mutter es ebenso hätte halten sollen.

»Weißt du noch, wie die Kinder reagiert haben?« fragte ich.

»Ich glaube nicht, daß die Kinder wirklich wußten, was eine Vergewaltigung ist. Aber sie wußten, daß dir etwas Schreckliches passiert war«, sagte sie.

»Ich fragte deine Mutter, ob du in Ordnung seist – verletzt worden wärst. Sie sagte, es gehe dir soweit gut, aber natürlich wärst du sehr mitgenommen. Sie sei mit dir bei einem Psychiater gewesen, und es sei das beste, wenn du dich über alles aussprechen könntest.«

Ich konnte mich nicht daran erinnern, daß ich zu der Zeit der Vergewaltigung oder später in der High-School zu einem Psychiater gegangen war. Ich konnte mich nur daran erinnern, daß meine Mutter davon gesprochen hatte, daß sie und mein Vater mit einem Psychiater geredet hätten. Dessen war ich mir sicher, aber ansonsten war mir von den letzten beiden Augustwochen, der Zeit nach der Vergewaltigung und vor dem Schulbeginn, nur sehr wenig im Gedächtnis geblieben. Könnte es sein, daß ich zu jemandem gegangen und untersucht worden war, ohne daß ich es jetzt noch wußte? War ich so wenig bei mir gewesen, daß ich jede Erinnerung an Hilfe unterdrückt hatte?

Wenn nur meine Mutter noch leben würde! dachte ich. *Sie würde es wissen.*

»Später am Abend bin ich zu euch hinübergegangen. Ich kann mich nicht mehr erinnern, worüber wir gesprochen haben, ich glaube über deine Vergewaltigung, und soweit ich mich erinnern kann, hast auch du darüber gesprochen. Ich hielt dich für sehr gefaßt.«

»Hat dich das erstaunt?«

»Ja, ich glaube nicht, daß du geweint hast. Man sollte annehmen, daß jemand, der gerade vergewaltigt worden ist, völlig aus der Fassung gerät.«

»War es schwierig für dich, mir zu begegnen?«

»Ich war nicht verlegen – ich habe aber lange darüber nachgedacht, was ich dir sagen sollte. Ich versuchte, dich wissen zu lassen, daß wir für dich da wären. Ich dachte, die Art und Weise, wie ich reagiere, wird auch deine Reaktion beeinflussen – je nachdem, wie ich reagiere, wird das Opfer beeinflußt. Alles in allem wußte ich, daß ich sehr vorsichtig sein mußte.«

Ich hatte so viele Erinnerungen an diesen Tag, konnte mich aber nicht mehr daran erinnern, daß ich in dieser Nacht außer meiner Mutter noch jemand anderem nahe gewesen war. War es möglich, daß wir, wie es auch mein Vater gesagt hatte, nach der Rückkehr vom Krankenhaus und vor dem Zubettgehen zu Abend gegessen hatten und daß uns Edith und andere Leute besucht hatten? Fehlte mir jede Erinnerung daran, weil ich nichts mehr hatte aufnehmen können und völlig in mir versunken gewesen war? Vielleicht hatte ich sogar viel geredet, aber ohne zuzulassen, daß irgend etwas davon in meinem Gedächtnis gespeichert würde.

»Deine Mutter war natürlich sehr erschüttert«, fuhr Edith fort. »Sie war wirklich durcheinander.«

»Hat sie geweint?«

»Nicht, als ich sie sah. Wir haben darüber gesprochen. Ich konnte nicht viel dazu sagen, weil es auch für mich so neu war.

Fred muß in dieser Nacht auch dabei gewesen sein. Ich kann

mich an ihn gar nicht erinnern, und auch an Loch und Alida kann ich mich nicht erinnern. Wir waren in der Küche. Alle waren völlig durcheinander. Es war deine Mutter, die mich anrief und es mir erzählte. Es muß nach dem Abendessen gewesen sein, weil Yosh bei den Kindern geblieben ist.«

»Was Amelia anging, alles, was ich meiner Meinung nach für sie tun konnte, war, ihr zu verstehen zu geben, daß sie das Richtige tat, und sie zu unterstützen, wo ich konnte. Ich sagte ihr, daß sie mich anrufen solle, wann immer ich etwas für sie tun könne. Sie wollte wissen, ob ich den Kerl kannte. Ich sagte, nein. Sie bat mich, es ihr sofort mitzuteilen, wenn ich etwas über ihn erfahren sollte. Später habe ich eine Frau bei Errico's getroffen, die mir erzählte, daß dieser Kerl, Miller, sich in der Nähe eures Hauses aufgehalten hätte. Ich habe deine Mutter angerufen und es ihr erzählt. Ich weiß nicht, ob deine Mutter sie angerufen hat. Es war die Frau von Stan, die mir das erzählt hat, von Stan's Autowerkstatt.«

Sie sprach immer noch mit einem Akzent. Es schien, als ob sie darum bemüht sei, die richtigen Worte in Englisch zu finden. Als Kind hatte ich nie bemerkt, wie wenig sie sich in unserer Sprache zu Hause gefühlt haben mußte.

»Deine Mutter hat sich gefragt, ob dir die Besuche bei dem Psychiater helfen würden. Ich weiß nicht, wie oft du dort warst.«

Ich fragte mich, ob Edith vielleicht die Bedenken meiner Mutter hinsichtlich der späteren psychiatrischen Behandlung von Loch mit meiner Vergewaltigung durcheinandergebracht hatte.

Ich erzählte ihr, daß ich mich nicht erinnern könne, bei einem Psychiater gewesen zu sein.

»Ich habe immer angenommen, daß sie dich zu einem Psychiater gebracht hätte«, sagte sie, »denn das war der Eindruck, den ich von ihr hatte: daß sie nicht versuchen würde, etwas unter den Teppich zu kehren. Ich habe das bewundert. Unsere Beziehung war sehr warmherzig und offen. Sie dachte, der Prozeß wäre eine Art Reinigung für dich, und deswegen hat sie dich zur Teilnahme an dem Prozeß überredet.« Wie sollte ich beurteilen, ob das wirklich stimmte? Ich glaubte nicht, daß meine Mutter mich zu dem Prozeß hatte überreden müssen. Aber vielleicht hatten meine Eltern ein sehr viel größeres Interesse daran gehabt, den Vergewaltiger zu finden und ihn vor Gericht zu bringen, als ich mich erinnern konnte oder je gedacht hatte.

Mein Vater hatte in seinen Erzählungen angedeutet, daß sie ihre eigenen Untersuchungen durchgeführt, dem Staatsanwalt Hinweise gegeben und immer wieder darauf bestanden hatten, daß die Ermittlungen vorangetrieben würden. Ich hatte immer gedacht, daß Rittenhouse alles in der Hand gehabt hätte, aber nun hatte ich meine Eltern vor Augen, wie sie alle nur erdenklichen Leute anriefen, die ihnen bei der Ermittlung des Vergewaltigers ihres Kindes möglicherweise behilflich sein könnten.

»Ich erinnere mich daran, daß manche sagten: *Es ist schrecklich, daß ein Mädchen so etwas mitmachen muß.*«

Ich konnte mir vorstellen, wie die Leute über die Entscheidung meiner Eltern, mich bei dem Prozeß aussagen zu lassen, redeten.

»Aber es mußte einfach gesagt werden, was einem Mädchen passieren kann, wenn ein Kerl wie Miller in der Gegend lebt. Bis zu diesem Zeitpunkt waren wir alle so naiv gewesen, wir hätten niemals mit so etwas gerechnet.

Deine Mutter und ich, wir haben über diesen Miller geredet, und deine Mutter hat gesagt, du hättest solche Angst gehabt, daß du zu ihm sagtest, er solle dich nicht umbringen; du hättest alles getan, was er wollte, weil du dachtest, er würde dich sonst umbringen. Er hatte ja einen großen Stein in der Hand. Sie war völlig aufgelöst.

Ich glaube, sie dachte, daß du gut darüber hinweggekommen wärst. Sie machte sich große Sorgen, dachte aber, daß du gut zurechtkämst. Deine Eltern hatten beide soviel Vertrauen in dich. Sie war sehr erleichtert, zu sehen, daß du nicht leidest – nein, ich sollte besser sagen –, sie glaubten, daß du viel besser damit umgegangen warst, als sie es angenommen hatten. Sie machten sich wirklich große Sorgen.

Jahre später, als du einen Freund hattest, sagte deine Mutter zu mir: ›Ich frage mich, ob Martha immer noch mit dieser Vergewaltigung zu kämpfen hat‹ – mehr, als sie es vielleicht vermutet hatte.«

»Hat sie gesagt, worüber sie besorgt war?«

»Irgendwas wegen deinem Freund. Ich vermutete, daß du mit dem Jungen Schluß gemacht hattest und sie sich fragte, ob das noch etwas mit deiner Erfahrung zu tun haben könnte.«

Ich überlegte, ob dies wohl mein erster Freund am College gewesen war. War sie besorgt, daß es mir nicht gelungen war, eine glückliche Beziehung mit ihm zu führen? Aber wie sollte sie feststellen, welchen Anteil pubertäre Schwierigkeiten daran hatten und welchen die Vergewaltigung? Sie und ich, wir hatten uns das beide gefragt und waren zu keinem Ergebnis gekommen.

Ich fragte Edith, was sie über meine Eltern gedacht hatte. »Hattest du jemals den Eindruck, daß sie völlig in ihrer eigenen Welt lebten?«

»Ja, das stimmt, manchmal habe ich gedacht, daß sie in ihrer eigenen Welt lebten. Sie hatten ihre eigene Lebenseinstellung. Die meisten freiheitlich denkenden Leute würden gerne so leben wie sie – keine Steuern zahlen, ein unabhängiges Leben führen.«

Mein Vater, erinnerte ich mich, war immer sehr stolz darauf gewesen, daß sein Einkommen so gering war, daß er nie einen Penny an die Regierung zahlen mußte, um deren Kriegsgeschäfte zu unterstützen.

»Amelia war der Ansicht, daß sie und Fred ihrer Lebenseinstellung am treuesten blieben, wenn sie nicht nach demselben Schema lebten, in das sich alle anderen fügten. Es ärgerte mich irgendwie. Es war so, als ob sie nicht verstehen wollten, daß wir überleben mußten, daß Yosh arbeiten mußte und daß wir außerdem glaubten, daß wir einen Teil von dem, was wir verdient hatten, zurückgeben sollten, damit das Zusammenleben funktioniert. Sie glaubten wirklich, daß alle einfach aufhören sollten, bei dem System mitzumachen.«

»Was hast du über ihre Beziehung gedacht?« fragte ich sie sehr direkt.

»Sie haben sich irgendwie ergänzt«, sagte sie. »Deine Mutter sagte manchmal zu mir, sie würde sich wünschen, Fred hätte eine Arbeit außerhalb des Hauses, weil es sie verrückt mache, wenn er die ganze Zeit um sie herum wäre, und auch, daß es hart für sie wäre, nie zu wissen, ob sie genügend Geld hätten.«

»Hat sie sich jemals über sein Trinken beklagt?«

»Ich glaube nicht, daß er getrunken hat. Ich hatte den Eindruck, daß er sich nur gelegentlich zwei oder drei Gläser genehmigte. Amelia hat das nie erwähnt. Zu Fred hatte ich nie dieses enge Verhältnis wie zu Amelia. Ich glaube, er war ein ziemlicher Bücherwurm und fühlte sich in der Gesellschaft mit anderen nicht so wohl wie Amelia.«

»Erinnerst du dich, wie ich als Kind war?«

»Du warst sehr selbständig. Ich glaube, du hattest deinen eigenen Kopf.«

Ihre Worte erinnerten mich an die Stimme meines Vaters,

als er sagte, wie erstaunt er und meine Mutter gewesen seien, »daß dies dir passieren konnte«. Hatte ich so selbstsicher gewirkt, so, als ob ich auch meine Umgebung unter Kontrolle gehabt hätte?

»Warst du der Ansicht, meine Mutter hat sich für etwas Besseres gehalten?« fragte ich.

»Deine Mutter hat sich nicht für etwas Besseres gehalten – sie hat sich nur nicht für die Leute hier interessiert. Ich dagegen glaube, daß Nachbarn wichtig sind.

Ich habe Amelia sehr gemocht und denke, wir haben uns vertraut. Wir waren sehr enge Freunde. Es gab auch Bereiche, wo wir nicht übereinstimmten, aber wir konnten das ganz gut umgehen.

Am Tag, bevor sie starb, dankte sie mir für unsere Freundschaft, und ich glaube, es stimmt – wir waren gute Freunde.«

Edith weinte nicht, aber sie war sehr bewegt. Andere Freunde, die weiter weg wohnten, hatten sich meiner Mutter vielleicht näher gefühlt, aber nur Edith hatte sie an dem Tag besucht, an dem sie ins Krankenhaus zum Sterben gebracht wurde. Es war lange Zeit niemand zu Besuch gekommen.

»Sie fehlt mir immer noch«, sagte sie. »Wir konnten alles miteinander besprechen.«

Meine Augen füllten sich mit Tränen. Sie fehlte mir auch.

✳

Später, in der Therapiegruppe für Vergewaltigungsopfer sprachen wir eine Sitzung lang nur darüber, wie unsere Mütter auf unsere Vergewaltigung reagiert hatten.

Einige von uns waren immer noch sehr wütend. Ihre Mütter hatten das, was passiert war, nicht ernst genommen, hatten bestritten, daß es passiert sei, oder waren nicht in der

Lage gewesen, ihre Töchter während der Tortur des Prozesses zu unterstützen.

Eine der Frauen sagte, sie empfände keine Wut gegenüber ihrer Mutter, die erst kürzlich gestorben war. Aber erst jetzt während der Therapiesitzung gestand sie, daß sie ihrer Mutter nie von der Vergewaltigung erzählt hatte. Ich dachte, daß sie all ihre Wut unterdrückt hatte, da sie nichts als Sehnsucht nach ihrer gerade erst verstorbenen Mutter empfinden konnte.

Trotz allem, was ich zu diesem Zeitpunkt von meiner eigenen Wut meiner Mutter gegenüber wußte, konnte ich mich doch am meisten mit dieser jungen Frau identifizieren und weniger mit den anderen, die Geschichten über Konfrontation und Konflikte erzählten.

Schließlich sagte unsere Therapeutin freundlich: »Nun, Martha.«

Vollkommen durcheinander, brach ich plötzlich in Tränen aus.

Die Therapeutin bat mich, zu beschreiben, was ich fühlte. »Ich wünsche mir so sehr, ich könnte mit meiner Mutter reden«, brachte ich mühsam hervor. »Ich wünschte, Dinge mit ihr klären zu können, so wie einige von euch es versuchen. Ich bin erwachsen und stark genug, um ihr gegenüberzutreten. Ich weiß, worüber ich mit ihr reden möchte. Aber was macht es für einen Sinn, das jetzt zu wissen. Sie ist tot.«

An diesem Tag verließ ich den Raum weinend.

Ich dachte, wenn sie noch am Leben wäre, würde ich wahrscheinlich wie die meisten anderen auch Konflikte mit ihr haben. Ich müßte dann nicht lernen, die Abwesenheit meiner Mutter hinzunehmen, sondern müßte versuchen, in einer Art und Weise mit ihr über die Vergewaltigung zu sprechen, die wir beide akzeptieren könnten. Und ich müßte mich damit abfinden, daß sie mich auf irgendeine Weise auch weiterhin entäuschen würde. Trotzdem beneidete ich die anderen mit einer Feindseligkeit, die mich selbst erstaunte, und mit dem wütenden Verlangen eines Kindes wollte ich meine Mutter zurückhaben.

Nachdem ich Ediths Haus verlassen hatte, fuhr ich auf die andere Seite des Flusses, um Judy Clarke zu besuchen, die während meiner Schulzeit in Solebury dort Bibliothekarin gewesen war und alte Geschichte unterrichtet hatte. Ihr Mann Robert war der Sohn des besten Jugendfreundes meines Vaters, und sie waren Freunde unserer Familie gewesen. Sie stand mit beiden Beinen auf der Erde und unterschied sich darin von meiner Mutter, die allerdings mit ihrer Kreativität und ihren Ideen unsere ganze Lebensweise entscheidend bestimmt hatte. Sie stand auch im Gegensatz zu der freigeistigen Haltung, die damals in Solebury vorherrschte. Nachdem ich in der siebten Klasse an die Schule gekommen war, hatte ich sie schon bald als Tutorin gewählt, weil ich sie bereits kannte und mich mit ihr sicher fühlte.

Als ich zum Haus der Clarkes kam und keinen Parkplatz in ihrer überfüllten Straße finden konnte, parkte ich das Auto zwischen ihrem Rasen und der Straße. Judy kam laut protestierend herausgelaufen und hatte ihre Hände in die Hüften gestemmt: Ich hatte das Auto mitten in ihrem Kräutergarten abgestellt. Sofort schämte ich mich, wie ich es schon seit Jahren nicht mehr getan hatte.

Ich fuhr das Auto an einen Platz, den Robert mir zeigte, und Judy und ich inspizierten die Stelle, auf die ich das Auto gestellt hatte, während ich mich bekümmert entschuldigte. Da es bereits Herbst war, waren keine Kräuter mehr da, die ich hätte zerdrücken können. Ich hatte also keinen großen Schaden angerichtet. Sie beruhigte sich sofort wieder und bat mich freundlich, in der Küche Platz zu nehmen.

»Erzähl mir doch einfach, was du von der Vergewaltigung noch in Erinnerung hast«, sagte ich. »Von Anfang an, oder an was du dich zuerst erinnern kannst.«

»Ich weiß nicht mehr, ob Amelia uns angerufen hat oder ob wir zufällig bei euch vorbeigekommen sind«, sagte sie. »Aber es war ganz sicher Amelia, die es uns erzählte, und nicht Fred. Sie war einfach völlig fassungslos, entsetzt wäre das falsche Wort. Sie sah aus, als ob alles Leben aus ihr gewichen sei, und sie war völlig weiß im Gesicht. Sie hatte von vornherein ein komisches Gefühl, eine böse Vorahnung – *Ich hätte sie an diesem Tag abholen sollen.* Als du zur Tür hereinkamst, hättest du gar nichts sagen müssen, sie wußte bereits, daß etwas nicht in Ordnung war, vielleicht sogar, was passiert war. Natürlich wollen alle Eltern, daß so ein Kerl für alle Zeiten hinter Schloß und Riegel gebracht wird. Man will Rache. Aber sie haben wohl auch erkannt, daß der Mann krank war. Sie dachten, daß er psychiatrische Hilfe benötige und nicht einen Gefängnisaufenthalt, der die Sache nur verschlimmern würde.

Ich erinnere mich, daß ich später bei Fred das Gefühl hatte, als sei er völlig verwirrt – *Wie geht man mit so etwas um?*

Ich wußte nicht, wie ich reagieren sollte. Ich war wütend, schockiert. Bob auch. Es war eine von den Katastrophen, die man vielleicht in der Zeitung liest, die einem aber nicht selbst passieren. Ich wußte nicht – *Wie sollte man mit einem Kind umgehen, das gerade vergewaltigt worden ist?*«

»Erinnerst du dich an Gespräche, die du mit meiner Mutter darüber geführt hast?«

»Ich glaube, Amelia war ziemlich besonnen und direkt. Nach der Tat erkannte sie, welche Auswirkungen die Erfahrung mit einer solchen Brutalität haben kann. Ich hielt sie nicht für jemanden, der das unter den Teppich kehren, sondern der professionelle Hilfe für dich suchen würde.«

»Ich bin aber damals nicht zu einem Psychiater gegangen«, erwiderte ich.

»Das erstaunt mich«, sagte sie. »Ich nahm an, daß sie diese Idee weiterverfolgt und psychiatrische Hilfe für dich gesucht hätte. So wie sie redete, schien es, als ob sie den Tatsachen ins Auge sehen würde. Vielleicht konnte sie speziell mit dieser Sache nicht umgehen, denn mit Lochs Drogenkonsum, seinen körperlichen und emotionalen Problemen konnte sie viel sachlicher umgehen.«

»Erinnerst du dich daran, ob du mit den anderen Lehrern in Solebury über die Vergewaltigung gesprochen hast?« fragte ich.

Ihre Antwort kam schnell, so als ob sie schon zwanzig Jahre darauf gewartet hätte, die Worte auszusprechen – als ob etwas in ihr sofort die Gelegenheit ergreifen wollte, dem Mädchen, um das sie besorgt gewesen war, eine Erklärung zu geben. »Ich glaube, alle haben es gewußt, weil es eine kleine Schule war. Aber zu der damaligen Zeit war es etwas, über das man einfach nicht geredet hat. Und das war wahrscheinlich das schlechteste, was man tun konnte. Es war vermutlich ziemlich hart für dich, daß wir nicht darüber geredet haben. Ich erinnere mich daran, daß ich sehr aufgebracht war, aber einfach nicht wußte, wie ich darüber sprechen sollte.«

»War es ein Schock für dich?«

»O ja, wie für jeden anderen auch. Was ich dann während deiner ganzen Schulzeit in Solebury beobachtete, war, daß du dich von der Gemeinschaft zurückgezogen und nur aufs Lernen konzentriert hast.

Schuld daran war die Schule. Sie haben dich ein Jahr überspringen lassen, und dafür warst du einfach noch nicht bereit. Du hättest die Zeit gebraucht, um deine sozialen Fähigkeiten weiterzuentwickeln. Dich mit ein paar Kindern zusammenzustecken, die ein Jahr älter waren als du, war nicht gerade hilfreich und ziemlich schwierig für dich. Meiner Meinung nach hättest du an Kursen für fortgeschrittene Schüler teilnehmen, aber weiterhin in der achten Klasse bleiben sollen. Dein einziges Ziel war, schulisch so perfekt wie möglich zu sein – besser als die anderen. Du warst nie richtig integriert, und du warst nie richtig locker.

Als kleines Kind warst du viel offener.«

»Würdest du das Wort besessen verwenden?«

»Nein, das ist nicht das richtige Wort. Du warst in den Unterrichtsfächern und auch in Musik gut. Diese Fächer waren sicher, sehr viel sicherer, als etwas zu versuchen, bei dem du vielleicht hättest scheitern können, zum Beispiel eine Beziehung. Du hattest Freunde – und diese Freundschaften hast du all die Jahre lang beibehalten. Du bist nicht auf andere Leute zugegangen. Ich glaube, du wolltest dich sicher fühlen.

Es war der Fehler der Schule. Sie haben nicht gesagt: Geh es ein bißchen langsamer an, es ist auch in Ordnung, etwas zu versuchen und nicht so gut dabei zu sein, statt nur das zu tun, worin du gut bist.«

»Hast du das damals irgendwie in Zusammenhang mit der Vergewaltigung gesehen?«

»Es hing damit zusammen. Es war etwas tief in dir. Ich glaube, wenn du nicht vergewaltigt worden wärst, wäre das nicht so verlaufen. Besonders mit den Jungen – du hast nicht viel mit ihnen zu tun gehabt. Da gab es keine Flirts und Schwärmereien.«

Judy hatte scheinbar nicht mitbekommen, wie sehr ich mich nach Allen und später nach Chris und Andy gesehnt hatte, danach, daß sie mich berührten und mich in den Arm nahmen. Aber sie hatte bemerkt, daß es keine Beziehung mit einem der Jungen gegeben hatte.

»Du hättest trotzdem in den Schulfächern hervorragende Leistungen erbracht, aber ich glaube nicht, daß du gelassener gewesen wärst. Du warst sehr steif, vielleicht etwas hochnäsig. All deinen Schwung und deine Energie hast du in das Lernen gesteckt.«

»Das klingt, als ob du besorgt um mich gewesen wärst«, sagte ich.

»O ja«, erwiderte sie. »Ich weiß noch, als du dich verloben oder heiraten wolltest.« Ich hatte Bob und Judy eine Hochzeitsanzeige geschickt. »Ich erinnere mich daran, wie Bob sagte: ›Ich denke, Martha hat die Vergewaltigung jetzt endgültig überwunden und gelernt, wie sie damit umgehen muß.‹ Du hast die Vergewaltigung einfach ganz weit von dir geschoben und dich mit aller Energie auf etwas anderes konzentriert, und du hast dir jeden Gedanken daran verboten.«

»Hast du jemals mit meinen Eltern darüber gesprochen?«

»Obwohl ich mir Gedanken gemacht hatte, habe ich erst später erkannt, warum das so verlaufen ist. Du hast dich mit wirklich abgehobenen Dingen beschäftigt, warst stolz darauf, dich mit der Antike zu beschäftigen. Du warst mit den Superintelligenten zusammen, denen, die sich mit Latein und mittelalterlichen Madrigalen beschäftigten, mein Gott. Es war so, als ob du die Sachen gewählt hättest, die so weit wie möglich vom realen Leben und den realen Gefühlen entfernt waren.«

Ich erinnerte mich daran, wie gerne ich Madrigale gesungen und diese Sprachen erlernt hatte. Sie waren vielleicht meine Zuflucht, aber auch meine Bestätigung dafür, daß sich das Leben lohnte und schöne Seiten hatte.

»Aber zu keiner Zeit habe ich gedacht, daß du zu deiner Generation gehört hast«, fuhr sie fort. »Ob sich das so entwickelt hätte, wenn du nicht vergewaltigt worden wärst, das kann man natürlich nur schwer sagen – vielleicht nicht mit dieser Intensität. Du bist in die Schule gekommen, bist vergewaltigt worden und hast dann eine Klasse übersprungen«, sagte sie, wobei sie die Reihenfolge der Ereignisse durcheinanderbrachte. »Es war ein großer Sprung – du warst mit Kindern zusammen, die du nicht gut kanntest. Es war auf jeden Fall keine angenehme Situation für dich, zusammen mit diesem Schockerlebnis. Es hat wahrscheinlich dein ganzes Leben erschüttert. Im Alter von dreizehn und vierzehn ist man sowieso verwirrt, selbst wenn man die harmonischste Kindheit hatte.

Oberflächlich betrachtet war das Überspringen der Klasse schlimmer, aber wahrscheinlich lag vieles auch an der Vergewaltigung. Irgendwo im Hinterkopf wußte ich, daß sie Teil des Problems war.

Ich glaube, es hat dich wirklich ganz schön mitgenommen.«

»Weißt du noch, wie Fred und Amelia reagierten, als ich eine Klasse überspringen konnte?« fragte ich.

»Ich weiß es nicht mehr genau. Sie hatten vielleicht ein etwas banges Gefühl, aber ich glaube nicht, daß sie gewußt haben, welche emotionale Auswirkung das Überspringen einer Klasse haben könnte. Es schien, als würdest du alles machen, was von dir erwartet wurde. Sie waren wahrscheinlich unglaublich erleichtert. Äußerlich hast du den Eindruck erweckt, als ob du es gut überstanden hättest. Sie beschäftigt sich mit Musik, ihr Appetit ist gut. Und da es so schien, als ob du alles wieder im Griff hättest – so eine Art *Rühr-mich-nicht-an* – wolltest du nicht, daß dir jemand zu nahe käme. Vorher warst du ein Energiebündel, du hast Alida rumgejagt und so weiter. Danach hast du zwar immer noch gelacht und mit Leuten geredet, aber es war nicht mehr so spontan.

Ich denke tatsächlich, daß es wahrscheinlich besser für dich gewesen wäre, wenn du einfach zusammengebrochen wärst.

Dann hätte jeder gesagt: *Mein Gott, wir müssen etwas unternehmen.* Aber du bist nicht zusammengebrochen, du hast dich nur zurückgezogen. Es wäre wahrscheinlich besser gewesen, wenn du einfach mal Mist gebaut hättest. Aber du hast immer glänzend abgeschnitten.

Ich hatte den Eindruck, daß dir der Umgang mit anderen zwar nicht leichtgefallen ist, daß du aber mit der Zeit lockerer geworden bist. In Solebury dachte niemand, daß du irgendwie komisch wärest. Manchmal hat man dich für hochnäsig gehalten, aber du warst in Wirklichkeit verschlossen, hast niemanden an dich herangelassen.

Je mehr ich später darüber nachdachte, desto mehr kam ich zu der Überzeugung, daß es zwar schmerzhaft, aber besser gewesen wäre, wenn ich dir hätte sagen können, daß ich es wußte, und daß es in Ordnung war, darüber zu sprechen.

Das war, als du am College warst, aber da war es dann schon zu spät.«

Die Gespräche mit meinem Vater, Loch und Alida, mit Edith und Judy führten mir erneut vor Augen, wie gestört die Beziehungen in unserer Familie gewesen waren. Irgendwie war ich nie auf den Gedanken gekommen, daß die Vergewaltigung möglicherweise zu einem großen Teil schuld an dieser Entwicklung gewesen war. Wie sollte ich auch, da ich sie ja nie in irgendeinem Zusammenhang mit meinen eigenen Schwierigkeiten gesehen hatte?

Vielleicht hatte ich auch nicht wissen wollen, wie sehr die Vergewaltigung meine Eltern, Loch und Alida durcheinandergebracht hatte, weil ich mich verantwortlich fühlte.

Offensichtlich hatte sie zu Lochs Ängsten und seinen Schwierigkeiten am College beigetragen, die schließlich zu seinem ersten Zusammenbruch geführt hatten. Seine psychische Krankheit trieb meine Eltern immer mehr in eine Verzweiflung, der sie nur mit höherem Alkoholkonsum und einer gewissen Verbitterung begegnen konnten. Ihre radikale Lebensart hatte sie bereits von den Menschen in ihrer Umgebung isoliert. Aber ihre hilflose Wut über meine Vergewaltigung, ihre Wut gegenüber der Gesellschaft, die nichts zu meinem Schutz unternommen hatte, richtete sich schließlich gegen sie selbst. Sie waren nie in der Lage gewesen, mit mir darüber zu sprechen, wie sehr sie um mich und meine Verletzung besorgt waren, wie wertvoll ich ihnen wirklich war.

Es war zu spät, um die Dinge wieder in Ordnung zu bringen, wenn man sie jemals hätte in Ordnung bringen können. Wenigstens konnte ich jetzt das gesamte Geschehen besser beurteilen. Ich konnte sehen, daß es für sie zum Zeitpunkt der Vergewaltigung unmöglich gewesen war, sich der Tiefe ihrer Gefühle für mich und für sich selbst zu stellen. Und ich konnte erkennen, daß dies nicht meine Schuld war.

Als nächstes wollte ich die staatlichen Behörden auf-
suchen, um zu sehen, ob ich vielleicht irgendwelche Dokumente ausgraben könnte, die Licht auf das Geschehen wer-
fen würden. Wenn es Akten zu den Ermittlungen gab, zu
dem, was Goreski, Rocco und Rittenhouse herausgefunden
und über Frank Miller gedacht hatten, könnte ich vielleicht
herausfinden, wie er für sie zum Hauptverdächtigen geworden war.

Als ich die Prozeßprotokolle las, entdeckte ich, daß Rittenhouse eine klare und einfache Beweisführung für Millers
Schuld aufgestellt hatte:

> Wir wissen, daß Martha Ramsey am 13. August zwi-
> schen 15.30 und 16.00 Uhr in der Nähe der Quarry
> Road überfallen und vergewaltigt worden ist. Die Aus-
> sage ist in diesem Sinn klar und wird von Mr. Bern-
> hard nicht bestritten. Wir wissen, daß sie ihren Angrei-
> fer nicht identifizieren konnte und hinsichtlich dieses
> Tatbestandes die Wahrheit gesagt hat. Wir wissen, daß
> sie jedoch bestimmte Aussagen über den Angriff
> machen konnte. ... Wir wissen, daß die Quarry Road
> ... ein einsamer und abgelegener Ort ist ... es gibt auf
> keiner Straßenseite Häuser ... und die Fotos ... zeigen,
> daß es dort viele Büsche und Bäume gibt. Man kann
> daher sagen, daß dies nicht ein Ort ist, an dem irgend-
> ein sexuell gestörter Mensch auf der Lauer liegen und
> warten würde. Wir wissen, daß, wer auch immer an
> diesem Tag dort war und Martha Ramsey angegriffen

hat, wußte, daß sie dort vorbeikommen würde und daß genügend Zeit zur Verfügung stand, um die Tat vorzubereiten. ... Sie wissen auch, daß keiner der Zeugen, die hier ausgesagt haben, wußte, daß Martha Ramsey zu dieser Zeit an diesem Ort sein würde. ... Wer immer also die Tat verübt hat – und das ist keine Vermutung, bloße Theorie oder Mutmaßung –, man kann also daraus schließen, daß wer immer die Tat verübt hat, gesehen haben muß, daß Martha Ramsey auf dieser Straße weiterfahren würde. ... Wir wissen aufgrund der Uhrzeiten, die wir zurückverfolgt haben, daß ... der Angreifer am 13. August ungefähr um 15.25 Uhr an der Kreuzung zu dieser Straße sein mußte. ... Wir wissen auch, daß der Angreifer die Umgebung des Ortes einigermaßen gut kennen mußte, um zu wissen, daß die Quarry Road ein abgelegener Ort war und dort ein Angriff wie dieser stattfinden konnte. Das sind nur logische Schlußfolgerungen. ...

Der Angeklagte dieses Falles, Frank Miller, der hier an diesem Tisch sitzt, kannte die Gegend um den Steinbruch an der Quarry Road. Er war bereits früher dort gewesen. Er hatte mit Charlotte Tritt gesprochen. Er sagte, daß er die Müllkippe dort nutzen würde. Er wollte ein Haus in der Gegend mieten. Er wußte alles über die Gegend. Er kannte die Bäume, das Gras, die Schlucht, er kannte die Route, die von jemandem, der die Gegend kannte, leicht abgekürzt werden konnte. Er wußte also, wie er Martha an diesem Tag abfangen konnte. Wir wissen, verehrte Geschworene, daß Frank Miller sich an diesem Tag in der Gegend aufhielt. Ich möchte, daß Sie sich die Fotos sorgfältig ansehen ... damit Sie feststellen, wie eindeutig es ist, daß man von seinem Haus aus sehen konnte, wie dieses Mädchen um 15.15 Uhr an diesem Tag in die Straße einbog. Einzig Frank Miller hat sich zu dieser Zeit an diesem Ort befunden und hat selbst ausgesagt, daß er zu diesem Zeitpunkt an diesem Ort war.

Wir wissen, daß Frank Miller das Mädchen beobachtete, wie es an diesem Tag in die einsame Straße einbog, und daß er selbst bei der Polizei zugab: »Warum sollte ich das tun, wenn ich schuldig wäre?«

Verehrte Geschworene, die Wahrheit ist, daß Frank Miller seinen Lieferwagen an diesem Tag vor dem besagten Haus geparkt hatte. Martha Ramsey hat den Wagen nicht gesehen. ... Sie hat ihn vielleicht gesehen, sagt aber, daß sie ihn nicht gesehen hat. Aber Frank Miller wußte nicht, ob sie ihn gesehen hatte oder nicht. Als er mit Kriminalpolizist Goreski sprach, hatte er keine Ahnung, ob das Mädchen aussagen würde, daß sie den Wagen unten am Berg hatte stehen sehen, und wäre er nicht in einer dummen Lage gewesen, wenn das Mädchen gesagt hätte, sie habe ihn gesehen, er jedoch bei der Polizei zu Protokoll gegeben hätte: »Ich war nicht dort und habe kein Mädchen gesehen.«? ...

Frank Miller wußte, wo die Kleidungsstücke waren, die an diesem Tag vom Tatort entfernt wurden. Woher wissen wir, daß er es wußte? Gibt es irgendeinen Grund dafür, daß Anthony Capizzi über das Gespräch, das die beiden in dieser Nacht in einer Bar geführt haben, aussagen würde? Warum sollte er lügen oder das Ganze erfinden? ... Wir wissen, daß er Mr. Capizzi erzählte, wo er eines der Kleidungsstücke hingeworfen hatte, und als die Polizei dort nachsah, fand sie dieses Kleidungsstück genau an der Stelle, wie Miller es beschrieben hatte. Wer sonst hätte davon wissen sollen?

Frank Miller sagte, daß er zusammen mit seiner Frau die Straße entlanggefahren sei und auf der anderen Straßenseite bei einer Geschwindigkeit von vierzig Meilen ein Kleidungsstück habe liegen sehen, das wie ein Büstenhalter ausgesehen habe. Wir sollen nun aufgrund dieser Aussage glauben, daß er anhielt, nur weil er sehen wollte, was das für ein Kleidungsstück sei, aus dem Auto ausstieg, es aufhob und auf der Brücke wieder wegwarf. Später hätten er und seine Frau überall danach gesucht, es jedoch nicht finden können. ...

Und es gibt noch etwas, das wir als Tatsache festhalten können. ... als Frank Miller am 22. August von ... einem seiner besten Freunde allein in seinem Schlafzimmer angetroffen wurde, sah dieser Mann ihn an und fragte: »Frank, hast du es getan? Hast du das Mädchen vergewaltigt?« Miller nickte, und Sie haben gesehen, wie Mr. Schavemaker in seiner Aussage diese bejahende Kopfbewegung noch einmal wiederholt hat. »Warum, Frank, warum?« Er zuckte die Schultern. Nun, ein Schulterzucken wird zur Erklärung nicht ausreichen.

Verehrte Geschworene, Mr. und Mrs. Schavemaker sind in den Zeugenstand getreten und haben mir die Geschichte erzählt. Sie haben ehrlich und ohne Umschweife gesagt, was passiert war. Sie haben angedeutet, daß es danach Schwierigkeiten zwischen ihnen und den Millers gegeben habe, aber sie werden nach dieser Aussage wohl nicht glauben, daß jemand so rachsüchtig sein könnte, daß er eine Sache wie diese erfinden würde.

Als ich diese Argumente nun als Erwachsene las, schienen sie mir überzeugender als alles zu sein, was ich Rittenhouse je hatte sagen hören. Ich war bei seinem Plädoyer nicht dabei gewesen, aber meine Mutter hatte mir, so gut sie konnte, von seiner Beweisführung berichtet.

Ich hatte mich immer daran erinnert, daß Miller während des Prozesses aussagte, er habe mich die Straße hinaufgehen sehen, und daß Rittenhouse argumentierte, Miller sei mit seinem Lieferwagen ein Dreieck gefahren, so daß er mir den Weg abschneiden, sich verstecken und auf mich warten konnte. Ich hatte jedoch immer die Vorstellung gehabt, daß auch eine andere Person, die von einem anderen Ort gekommen war, seinen Wagen gefahren und mir dann aufgelauert haben könnte. Es ist mir nie in den Sinn gekommen und niemand hatte mich je darauf hingewiesen, daß mein Angreifer gesehen haben mußte, wie ich in die Quarry Road eingebogen war, und daß vor diesem Moment niemand hatte vorhersagen können, welchen Weg ich an der Kreuzung, von der die Quarry Road abging, nehmen würde.

Obwohl ich mich wunderte, daß sogar noch jetzt, Jahre nach dem Prozeß, diese Aufzeichnungen eine solche Bedeutung für mich hatten, beruhigte mich die Entdeckung dieses Arguments. Es brachte ein neu gestärktes Gefühl der Überzeugung mit sich.

Mein ganzes Leben lang hatte mich der Gedanke verfolgt, daß ich vielleicht dafür verantwortlich war, einen unschuldigen Mann ins Gefängnis gebracht zu haben. Außerdem hatte mich auch die Figur des unbekannten Vergewaltigers verfolgt, der davongekommen war und nun irgendwo – im Reich der Vergewaltiger – auf mich wartete, mich haßte, weil ich ihn auf der Lichtung angelogen hatte, und nur darauf wartete, mich zu töten, wenn er mir noch einmal begegnen sollte. Einerlei, daß ich mich als Mädchen davon zu überzeugen versuchte, daß dies nichts als Hirngespinste wären, oder sie später als Erwachsene in die hinterste Ecke meiner Gedanken verbannt hatte. Sie hatten existiert. Ich war mir dessen sicher, denn ich konnte spüren, wie sie sich allmählich auflösten.

Als ich das Plädoyer von Rittenhouse las, regte sich in meinem Herzen – dem Herzen des Mädchens – ein spätes Gefühl von Dankbarkeit. Er war klug genug gewesen, das Problem zu begreifen, und hatte nicht aufgegeben. Er hatte genügend Vertrauen in die Geschworenen unserer Kleinstadt gehabt und sie mit einer komplizierten Rekonstruktion herausgefordert. Er hatte sich nicht damit zufriedengegeben, seine Beweisführung darauf aufzubauen, was Miller zu anderen Leuten gesagt haben soll. Ich bedauerte, daß er nicht mehr am Leben war und ich ihm für seine Arbeit nicht mehr danken konnte.

Mit meinem Verstand hatte ich Frank Miller nun als Vergewaltiger akzeptiert, aber ein anderer Teil von mir weigerte sich immer noch, einzusehen, daß sich hinter dem Vergewaltiger auch noch ein Mensch verbarg. Ich wollte mir ein Bild von Miller als Person machen, das ich als Erwachsene gelten lassen könnte. Ich hoffte, weitere Interviews und Dokumente würden mir noch deutlicher veranschaulichen, wer er war und ob er jemand war, bei dem man sich leicht vorstellen konnte, daß er ein junges Mädchen vergewaltigen würde. Wenn ich als Erwachsene herausfinden könnte, wer er war, würde es dem Mädchen in mir vielleicht auch endlich gelingen, ohne Angst zu verstehen.

✳

Eine andere Frau in meiner Therapiegruppe entschloß sich dazu, mit einigen Leuten, die sie als Sechzehnjährige zur Zeit ihrer Vergewaltigung gekannt hatte, zu sprechen. Auch sie hoffte, daß sie ihr vielleicht helfen könnten, besser zu verstehen, was sie damals nicht hatte verstehen können. Einige der Gefragten waren bereit, ihr zu helfen und mit ihr zu sprechen, andere schienen nicht in der Lage, damit umzugehen. Der Mann, mit dem sie zur Zeit der Vergewaltigung eine Beziehung gehabt hatte, willigte ein, sich mit ihr zu treffen, erschien dann aber nicht zu dem Treffen.

Sie rief mich an. »Wie sprichst du mit den Leuten darüber?« fragte sie. »Ich habe so ein starkes Bedürfnis, mit ihnen zu sprechen, aber ich weiß nicht genau, was ich eigentlich von ihnen will.«

Wir sprachen es nicht aus, aber wir wußten beide, daß wir etwas Großes und Undefinierbares wollten, das uns niemand geben konnte. Doch wir waren offen für alles, was wir bekommen konnten. Die Hauptsache schien, es überhaupt zu versuchen.

»Weißt du, wie man an die Prozeßakten rankommt?« fragte sie. »Ich dachte, daß ich das versuchen könnte.«

»Ja«, sagte ich zu ihr. »Ich habe meine bereits.«

Ich fragte mich, ob jemand, der nicht vergewaltigt worden war, unser Bedürfnis, diese Dinge ausfindig zu machen, verstehen konnte.

Als ich eine weitere Fahrt nach New Jersey plante, wo ich nun mit Leuten sprechen wollte, die ich weniger gut kannte, stellte ich fest, daß ich nicht wußte, was ich eigentlich wollte. Jeder Schritt vorwärts war langsam und schwierig. Schließlich mußte ich zugeben, daß ich eigentlich gar nicht fahren wollte: Ich hatte Angst.

Ich fragte mich, ob ich meine Nachforschungen überhaupt vorantreiben würde, wenn ich nicht dieses Buch schreiben würde und mir zum Ziel gesetzt hätte, der Sache nachzugehen. Ich konnte mir jetzt nicht mehr vormachen, daß ich völlig sachlich an die Vergewaltigung herangehen könnte. Ich konnte nicht vorgeben, ruhig zu bleiben, wenn ich mich mit anderen Leuten über ihre Erinnerungen an diese Vergewaltigung unterhielt.

Ich versuchte, meine Angst nicht mehr zu verleugnen. Wenn ich meine Angst zuließ, war ich wieder das dreizehnjährige Mädchen von damals. Jetzt, so sagte ich mir, war ein Teil von mir vollständig erwachsen und konnte sachlich beurteilen, was furchterregend war. Das Mädchen hatte von Rettung geträumt, und ich wußte, daß es das Mädchen längst nicht mehr gab, aber ich konnte nicht umhin: Ich wollte einschreiten und es retten.

Neil Cooper, der derzeitige Staatsanwalt von Hunterdon, hatte mir bereits einige Dokumente aus seinen Akten zugeschickt. Nun hoffte ich, herauszufinden, was sonst noch in den Akten enthalten sein könnte.

Am Telefon hatte er mir erzählt, daß er 1968, zum Zeitpunkt der Vergewaltigung, nicht in diesem Bezirk tätig gewesen wäre und daher nichts darüber wüßte. Aber er hätte im Büro von Rittenhouse gearbeitet, als Miller 1973 wegen Mordes angeklagt worden war, und dieser Fall hätte ihn sehr interessiert.

»Millers Einspruch gegen die Verurteilung ging bis zum obersten Gerichtshof«, sagte er stolz. »Die Verurteilung wurde jedoch bestätigt. Sein Einspruch basierte auf den Umständen seiner Befragung und seines Geständnisses, das er am Tag seiner Festnahme auf der Polizeiwache abgelegt hatte. Die gesamte Befragung war auf Band aufgenommen worden, und jeder auf der Wache wollte etwas von ihm. Lou Rocco tat alles, was er konnte, um einen einigermaßen geregelten Ablauf zu garantieren. Nachdem Miller seine Aussage gemacht hatte, wurde er bewußtlos. Er brach einfach auf seinem Stuhl zusammen, und man mußte ihn ins Krankenhaus bringen. Das ließ die Polizei in keinem guten Licht erscheinen.«

Er hatte mir einen Auszug aus der Niederschrift der Bandaufnahme zugeschickt, in dem es um die Befragung von Miller ging. Miller gab zu, daß er sein Opfer auf der Farm ihrer Familie angesprochen habe. Er sagte, daß sie ihm in ihrem Auto zu der Stelle gefolgt sei, wo er eine frei herumlaufende Kuh gesehen habe. Während sie durch die Felder gingen, hätte er sich umgedreht und gesehen, wie sie von einem anderen Mann mit einem Messer angegriffen worden sei. Er hatte versuchte, ihr zu helfen, und der Mann sei davongelaufen. Er »setzte sie dann in sein Auto, geriet aber in Panik, weil er dachte, sie sei tot«, und, »ließ sie die Brücke hinunter in den Fluß fallen.«

> »Ich erzähle Ihnen die Wahrheit. Sicher, das ist ihr Blut im Auto, denn als ich ihre Wunde sah, wollte ich ihr helfen, und als sie dann nach vorne fiel, bekam ich Angst, in so was verwickelt zu werden, wo ich doch gerade auf Bewährung entlassen worden war ...«
> Der Polizeibeamte betonte, daß es um die Wahrheit gehe, und die Wahrheit am Ende herauskommen würde.
> »Das ist das wichtigste, nicht das, was passiert ist, Frank. Die Tatsache, daß Sie die Wahrheit gesagt haben, sich gemeldet und gesagt haben, ich habe ein Problem.«

Miller gestand schließlich. Er gab zu, daß das Mädchen zu ihm ins Auto eingestiegen sei.

> Sie fuhren bis zu der Brücke, wo der Angeklagte ein Taschenmesser aus seiner Tasche zog und mit diesem das Mädchen verletzte. ... Er konnte sich nicht mehr daran erinnern, was er dem Mädchen antat oder warum er es tat, erinnerte sich jedoch daran, daß er ihren Körper über die Brücke geworfen hatte. ... Er fuhr nach Hause und nahm einen Schlauch, um das Blut vom Autositz zu entfernen.
> Kurz nach der Befragung schien der Angeklagte in

einen Schockzustand zu geraten. Er fiel von seinem Stuhl auf den Boden und hatte einen vollkommen ausdruckslosen Blick. Da er nicht mehr auf Fragen antwortete, brachte man ihn ins Krankenhaus von Hunterdon.

»Die Leute von Hunterdon waren über diesen Mord so aufgebracht, daß Miller im Verwaltungsbezirk von Mercer der Prozeß gemacht werden mußte«, erzählte mir Neil Cooper. »Er hätte hier kein gerechtes Gerichtsverfahren erhalten.«
»Wo ist er jetzt?« fragte ich.
»Er sitzt eine lebenslängliche Strafe im Rahway-State-Gefängnis ab«, sagte er. »Dieses Büro wird dafür sorgen, daß Miller nie wieder auf Bewährung entlassen wird.«
Als ich Neil Cooper traf, bat ich ihn, die Akten des Falls einsehen zu dürfen, was er mir ermöglichte. Dann fragte ich ihn, ob ich den Gerichtssaal sehen könnte. Er bot an, mich dorthin zu bringen.
Als er mich in den Gerichtssaal führte, sah ich nicht das, was ich erwartet hatte. In meiner Erinnerung war der Gerichtssaal riesig, dunkel und imposant gewesen. Der Raum, in dem ich nun stand, erinnerte mich eher an die Aula in meiner Grundschule. Er hatte die eigentümliche Atmosphäre städtischer Gebäude aus den fünfziger Jahren. Stühle und Tische waren aus hellem, glänzend lackiertem Holz, die Wände oberhalb der hölzernen, weiß gestrichenen Verkleidung waren in einem ekelhaft süßlichen Hellblau gehalten, einer Farbe, die man vielleicht im Zimmer einer ersten Klasse erwarten würde.
Der Raum war kleiner, intimer, als ich ihn in Erinnerung hatte. Ich hatte mich allein gefühlt, von der Außenwelt abgeschnitten, umgeben von furchterregend viel Platz. Der Raum war mir damals sowohl zu groß als auch zu klein erschienen:

Es hatte niemanden gegeben, der mir helfen konnte, jedoch zu viele, die mir nicht helfen konnten.

»Er war damals wahrscheinlich weiß gestrichen«, sagte Neil Cooper.

Er bemerkte, daß ich irgendwie in mich versunken war, und verhielt sich ruhig, machte nur kurze Bemerkungen darüber, daß sich wenig geändert habe, seitdem er hier in den frühen siebziger Jahren zum ersten Mal gearbeitet hätte. Wir gingen den Gang zwischen den Bankreihen entlang, die wie Kirchenbänke aussahen, bis hin zu den beiden Tischen, an denen die Anwälte der Anklage und der Verteidigung sitzen. Er fragte mich, ob ich im Zeugenstand Platz nehmen wolle. In diesem Moment wurde mir klar, daß er begriff, warum ich hier war.

Als ich auf der Zeugenbank saß, sah ich alles von einer tieferen Perspektive aus und gewann so eher den Eindruck des Gerichtssaals, den ich in Erinnerung hatte. Der Platz des Richters war meinem sehr nahe. Ich erinnerte mich wieder an die schreckliche Nähe des Richters. Auch die Stühle der Geschworenen waren sehr nah. Der erste Stuhl stand gleich links neben dem Zeugenstand.

Cooper kam auf mich zu, blieb stehen und legte seine Hände auf die Kante des Zeugenstands. Er sah zu mir hinunter und auf eine Art durch mich hindurch, als ob er die Anklage eines Falles vertreten würde und sich dabei eher an die Geschworenen wandte als an den Zeugen – genau wie Rittenhouse es damals bei meiner Befragung getan hatte.

Er begann in der Art von Juristen über die Voruntersuchungsverfahren zu sprechen, die bei dem Prozeß von Miller nun stattgefunden hätten. Als er sprach und ich zu ihm aufsah, kam ich mir zusehends kleiner vor. Sein grauer Anzug wurde zu einer Wand, wie die Seitenwand eines Militärschiffes, und sein Gesicht verlor seinen freundlichen Ausdruck. Er türmte sich vor mir auf, und ich hörte ihn von Zuständigkeiten und Verfahren sprechen, die ich nicht begreifen konnte. Ich spürte, daß ich ihn eine Sekunde lang mit angsterfüllten Augen ansah. Ich mußte ihn bitten, seine Worte noch mal zu wiederholen, da sie in einem Dunst aus Schrecken untergegangen waren.

Es schien mir, daß er den Ausdruck in meinem Gesicht wahrnahm. Vielleicht hatte er sogar ganz bewußt seine Hände auf den Zeugenstand gelegt, sich über mich gebeugt, so gesprochen, wie es jeder Staatsanwalt tun würde, und gewußt, daß dieses Verhalten meine Erinnerung wachrufen würde und mir meine Rückkehr in den Zeugenstand möglichst real erscheinen ließ.

Wie Neil Cooper erinnerte sich auch Richter Thomas Beetel an Miller wegen des Mordes, den dieser 1973 nach seiner Entlassung auf Bewährung begangen hatte.

»O ja, ich erinnere mich an Ihren Fall«, sagte er. »Ich verurteilte ihn zur Höchststrafe. Es gab nichts, was für eine Bewährung gesprochen hätte. Ich schrieb in Anbetracht seiner unglaublichen Antworten, daß er nicht herausgelassen werden dürfe. Sie haben ihn entlassen. Es war eine ungeheure Enttäuschung für Bill Rittenhouse und für mich.«

Ich sprach mit ihm in seiner Kanzlei im Erdgeschoß eines kleinen zweistöckigen Hauses mit Erkerfenstern und einer Trennwandtür aus Aluminium, die sich in der Hauptstraße in der Nähe des Gerichtsgebäudes befand. Er war nicht besonders groß, erschien jedoch gepflegt, rundlich, schnell und so scharfsinnig, daß ich das Gefühl hatte, mich sehr konzentrieren zu müssen, um ihm folgen zu können, es jedoch sogar dann wahrscheinlich nicht schaffen würde. Sein Verhalten ließ darauf schließen, daß er ein beschäftigter Mann war.

»Würden Sie mir bitte erzählen, was Sie von diesem Fall noch in Erinnerung behalten haben«, bat ich ihn.

»Ich kann mich noch an die Geschworenenliste erinnern«, sagte er. »Ich war der einzige Richter des Bezirks. Wie üblich gab es einige, die sich nicht als Geschworene zur Verfügung stellen wollten, und wie üblich habe ich nur sehr widerwillig Entschuldigungen durchgehen lassen. Es gab elf Ablehnungen vom Staatsanwalt. Wir hätten beinahe keine Geschworenenliste zusammenstellen können. Der Prozeß war heiß umkämpft.«

»Was meinen Sie mit ›heiß umkämpft‹?«

»Bitter erkämpft. Keinerlei Zugeständnisse für irgendwas. Ich erinnere mich an Ihre Zeugenaussage.«

»Wie war ich damals?«

»Sie waren ein großer, schlaksiger Teenager, nicht wahr? Mit langen Haaren. Ich erinnere mich daran, wie Sie gesagt haben, daß Sie auf Ihr Fahrrad gestiegen und nach Hause gefahren seien.«

»Was wissen Sie noch von meinen Eltern?«

»Sie nahmen die Sache sehr ernst. Sie haben Sie sehr unterstützt und wußten, was Sie durchmachen mußten – viel Einfühlungsvermögen –, das hat die Geschworenen berührt. Der starke Familienzusammenhalt war im Gerichtssaal deutlich spürbar.«

»Erinnern Sie sich noch, wie ich mich im Zeugenstand verhalten habe?«

»Es war offensichtlich, daß Sie Angst hatten.«

»Woran konnten Sie die Angst erkennen?«

»Sie saßen in meiner unmittelbaren Nähe. Ich konnte beobachten, wie Sie es noch einmal durchleben mußten. Es war das Übliche: nervöses Zupfen an der Kleidung, hin und her rutschen im Zeugenstand, Anspannung in der Stimme, nervöses Zucken im Gesicht.«

»Waren Sie über das Urteil erstaunt?«

»Ich hielt das Urteil hinsichtlich der Beweislage für vollkommen angemessen.«

»Was hielten Sie von der Identifizierung Millers?«

»Es schien mir, daß die Beschreibung einige Fragen unbeantwortet ließ, aber im großen und ganzen traf sie auf den Angeklagten zu. Auf Anforderung der Staatsanwaltschaft wurden die Geschworenen mit einem Bus zum Tatort gebracht, um das Terrain kennenzulernen. Die abgelegene Lage des Ortes spielte bei dem Schuldspruch eine Rolle. Miller machte keine sehr gute Figur. Sein Verhalten und Auftreten waren für die Geschworenen und ihren Schuldspruch ausschlaggebend.«

»Was hielten Sie von der Staatsanwaltschaft?«

»Bill Rittenhouse war ein wunderbarer Mann. Ich betrachtete ihn als Freund, habe ihn selbst ausgebildet. Er hatte vor Gericht fast ein bißchen was von James Stewart. Er war eher bedächtig, machte manchmal ziemlich lange Pausen in seinem Vortrag, aber es wirkte.

Ich respektierte auch Ed Bernhard. Er war ein streitbarer Verteidiger – nahm keinen Unsinn hin, bestand darauf, daß die Beweise ordentlich zusammengetragen wurden. Wenn er nichts mehr einzuwenden hatte, gab es auch keinen Grund für einen Einspruch mehr.«

»Würden Sie also sagen, daß Miller sich einen der besten, wenn nicht den besten Verteidiger gesucht hatte?«

»Ja.«

Bernhard hatte mit seinen endlosen Fragen, die mir als Vierzehnjährige idiotisch vorgekommen waren, also genau gewußt, was er tat.

Richter Beetel beschrieb mich als »großen, schlaksigen Teenager«, eine Beschreibung, die keine Anspielung auf mein Geschlecht war. Ich erinnerte mich daran, wie groß und schlaksig ich gewesen war. Im Gerichtssaal hatte ich versucht, mich wie eine Frau zu kleiden und zu geben. Es war ihm nicht aufgefallen. Trotzdem gefielen mir diese drei Worte, die Art und Weise, mit der er dieses Vergewaltigungsopfer beschrieb, ohne auf ihre Opferrolle einzugehen. Kein anderer, der mich zur Zeit des Prozesses gekannt hatte, hätte diese Worte verwendet.

Es war mir gelungen, fünf der Geschworenen ausfindig zu machen und mit ihnen zu sprechen. Ich wollte unbedingt wissen, was für sie, die sie die Angelegenheit aus der größten Distanz mitverfolgt hatten, am deutlichsten im Gedächtnis geblieben war. Es war mir auch wichtig, zu erfahren, wie sie zu dem Schuldspruch und der Überzeugung gekommen waren, daß Miller der Schuldige sei – was mir all die Jahre nicht gelungen war.

Edward Busher war zur Zeit des Prozesses Barkeeper in der »Wunderbar« in White House gewesen, einer Kleinstadt etwa zehn Meilen nördlich von Flemington. Ich besuchte ihn in seinem kleinen komfortablen Haus, im Stil amerikanischer Vorstadthäuser, das an einer Landstraße in der Nähe von White House lag. Er machte mich mit seiner Frau bekannt, die sich in der Küche beschäftigte, während wir sprachen, dabei aber, wie ich vermutete, jedes Wort mithörte. Wir saßen etwas verlegen an einem Tisch, und ich fragte ihn, an was er sich noch erinnern könne.

»Als wir in den Raum der Geschworenen gingen, stimmten wir ab: Sechs hielten ihn für schuldig, sechs waren unentschieden«, sagte er. »Nach der Hälfte des Prozesses stimmten wir noch mal ab, und neun oder zehn stimmten für schuldig. Das nächste Mal hielten ihn alle bis auf einen für schuldig. Jeder von uns erklärte, warum er Miller für schuldig hielt, und schließlich gab der letzte auch noch auf.«

»Erinnern Sie sich noch an mich?«

»Sie waren nervös. Sie haben die Fragen gut beantwortet.

Wenn einer der Anwälte eine Frage an Sie richtete, haben Sie sofort darauf geantwortet.«

»Was dachten Sie über die Verurteilung?«

»Ich fand es richtig, daß er schuldig gesprochen wurde. Aufgrund der Beweislage hielt ich ihn sofort für den Täter. Als er auf Bewährung entlassen wurde, sagte ich noch: ›Jetzt lassen sie diesen Hurensohn raus, und er wird wohl gleich wieder jemanden vergewaltigen.‹ Ich war mir immer schon sicher, daß er es getan hatte.

Was ich im Zusammenhang mit Miller am überzeugendsten fand, war seine Vorgeschichte. Er war als Teenager festgenommen worden, weil er von den Wäscheleinen der Nachbarn Frauenunterwäsche gestohlen hatte. Das war wirklich merkwürdig und machte ziemlichen Eindruck auf uns alle.«

Auf der Liste der Geschworenen war für John Ericson die Berufsbezeichnung »Gutachter« eingetragen.

»Wären Sie bereit, mit mir über den Prozeß zu sprechen?« fragte ich ihn am Telefon.

»Ja«, antwortete er. Dann sagte er plötzlich: »Sie waren großartig!« Offensichtlich hatte ich im Zusammenhang mit dem Prozeß den größten Eindruck auf ihn gemacht.

Die Eingangstür der Ericsons führte direkt in ein kleines Wohnzimmer, das über und über mit alten Möbeln und Dingen vollgestellt war, die aus persönlicher Vorliebe und aus Interesse für sie von Wert zu sein schienen. Ein altes Klavier, ein abgetretener gemusterter Teppich, drei Stühle, die nicht zusammenpaßten, Stöße von Zeitschriften. Es erinnerte mich an mein Elternhaus.

Patience Ericson kochte mir Tee und brachte ihn mir in einer großen Tasse. Ich setzte mich John gegenüber hin, und wir begannen mit unserem Gespräch.

»Vor Beginn des Prozesses dachte ich, es würde furchtbar werden, auf die Tränendrüse drücken. Ein junges Mädchen, das vergewaltigt worden war – ich dachte, daß alles sehr emotionsgeladen werden würde. Aber bald schon stellte ich fest, daß die Anwälte in einer sehr rationalen Art und Weise vorgingen, und ich war erleichtert, es war kein Problem für mich.

Sie waren wirklich unglaublich. Ich dachte, daß es bestimmt zu einem Zusammenbruch im Zeugenstand oder irgendeiner anderen Katastrophe kommen würde. Aber Sie waren extrem gefaßt. Für ein Mädchen in diesem Alter war das außergewöhnlich.«

Er teilte sich so bereitwillig mit, so als ob er zwanzig Jahre lang darauf gewartet hätte, dieses Mädchen zu loben.

John fuhr fort: »Sie waren noch so jung. Zweifelsohne mußten wir es glauben – es war Ihr Alter, das uns überzeugte, auch wenn Ihre Glaubwürdigkeit in Frage gestellt worden war – und Sie haben uns durch Ihr Verhalten darin bestätigt.«

Ich fragte John, was er noch von Bernhard wüßte.

»Er war in Ordnung. Ich weiß, das mit den Strümpfen sollte amüsant sein – es hat nicht funktioniert.«

»Was hatte Sie von Millers Schuld überzeugt?« fragte ich.

»Ich war erst vollkommen überzeugt, als wir alles noch mal durchsprachen. Es war einfach der Zeitplan. Den mußte man noch mal durchgehen, um alles zu verstehen. Man hat uns mit einem Bus zum Tatort gebracht. Die meisten von uns hatten die Sache mit dem Zeitplan nicht verstanden. Deshalb wurde viel und lange darüber gesprochen. Für mich gab es dann überhaupt keinen Zweifel mehr.«

Sie luden mich ein, mich zu ihnen an den Küchentisch zu setzen und etwas zu essen. Während wir uns über mein jetziges Leben unterhielten, schienen sie erleichtert und in der Lage, mich als Erwachsene zu behandeln, ohne jedoch die Augen davor zu verschließen, daß der Grund meines Besuchs diese Verletzung war.

Dorothy Haman war zur Zeit des Prozesses bei A & P Kassiererin gewesen, nun arbeitete sie in einer Bank und lebte bei der Familie ihres Sohnes in White House. Sie hatte versucht, mich von meinem Kommen abzubringen, und sagte, sie könne sich kaum mehr an den Prozeß erinnern. Sie war tatsächlich von allen Geschworenen, mit denen ich mich unterhielt, diejenige, deren Erinnerung am ungenauesten war.

Aber ich konnte mich daran erinnern, wie sie auf der Bank der Geschworenen gesessen hatte, an ihr Gesicht, das mir spitz und verschlossen erschienen war, an ihr dunkles, ordentlich gelegtes Haar. Ich begann auch, mich langsam wieder daran zu erinnern, wie einige der anderen Geschworenen ausgesehen hatten.

Unser Gespräch war schnell zu Ende, da wir beide spürten, daß es nicht besonders weit führte. Doch dann begann Mrs. Haman, anders als die anderen Geschworenen, die ich besucht hatte, mir von ihrem eigenen Leben zu erzählen. Sie zeigte mir ein Bild, das sie von der Farm, auf der sie ihre Kindheit verbracht hatte, gemalt hatte. Dann zeigte sie auf ein Gemälde, das noch auf der Staffelei stand, und auf ein anderes, das neben ihrem Bett hing. »Die sind alle von mir«, sagte sie. Die Bilder spiegelten ihr Bedürfnis wider, die Landschaften zu malen, die sie als Mädchen geliebt hatte. Ich lobte die Bilder, und sie nahm meine Komplimente mit stiller Dankbarkeit entgegen.

William Sassaman, für den auf der Liste der Geschworenen die Berufsbezeichnung »Papierhersteller« angegeben war, hatte am Telefon wie ein ziemlich alter Mann geklungen und war so interessiert an meinem Kommen gewesen, daß ich die Verabredung nicht wieder absagte, obwohl ich mir nicht viel davon versprach.

Ich fuhr im Dunkeln zu seinem Haus, das auf einem Hügel

lag, und er kam heraus, um mich zu begrüßen. Er nahm meine Hand, als ob er mich durch die Dunkelheit zu seinem Haus führen wollte. Ich fühlte mich sofort unwohl und zog meine Hand zurück.

Wir setzten uns in sein Wohnzimmer.

»Wenn Sie mir einfach erzählen würden, an was Sie sich noch erinnern können«, sagte ich.

»An die eine Sache, die der Staatsanwalt aufbrachte und bei der alle wütend wurden – er fing gleich zu Beginn diese Sache mit der Wäscheleine an, und sofort sprang der andere Anwalt auf und unterbrach ihn. Der Richter sagte, daß man das streichen solle, aber natürlich bleibt es in Erinnerung.«

Aus dieser Unterhaltung und aus dem Gespräch mit Edward Busher wurde mir langsam klar, daß Rittenhouse etwas im Zusammenhang mit Millers Diebstahl von Frauenunterwäsche erwähnt hatte, und ich wußte jetzt, warum ich nichts darüber in den Prozeßunterlagen gelesen hatte.

»Erinnern Sie sich an mich?« fragte ich.

»Ich kann Sie immer noch vor mir sehen«, sagte William Sassaman. »Zuerst dachte ich: *Das ist wahrscheinlich irgend so ein Mädchen, das ziemlich gut aussieht und selbst schuld daran hat.* Aber als ich Sie sah, dachte ich: *Ausgeschlossen,* weil Sie damals noch so jung waren. Ich hatte erwartet, ein Mädchen zu sehen, das schon weiter entwickelt wäre. Wenn man mir gesagt hätte, daß Sie erst elf sind, hätte ich es auch geglaubt. Das war für mich ausschlaggebend.

Wenn Sie schon erwachsener gewesen wären ...!

Als ich Sie sah und ihn, wie er da so selbstgefällig und großspurig saß, als ob er ohne Strafe davonkommen könnte –«

✳

Es war mir nicht neu, daß ich wie so viele Frauen, die eine Vergewaltigung nachweisen müssen, ebenfalls unter Anklage stand, daß man sich sogar bei mir als Dreizehnjähriger die Frage gestellt hatte, ob ich es nicht doch irgendwie »darauf angelegt« hätte. William Sassaman hatte meine Bereitschaft zu Sex nach meiner körperlichen Reife eingeschätzt. Weil ich wie ein Kind aussah, gab es keinen Zweifel am Tatbestand der Vergewaltigung oder an der Perversität des Mannes, der Sex mit einem Kind hatte haben wollen.

Ich wußte jetzt, daß mindestens ein Mann unter den Geschworenen – und wahrscheinlich noch andere – mit dem Gedanken gespielt hatte, mich unter Anklage zu stellen. Ich war weniger über Sassamans Einstellung erstaunt als über seine Bereitschaft, mir davon zu erzählen, ohne darin etwas Falsches erkennen zu können oder sich zu fragen, wie dies auf mich wirken könnte. Ich war angewidert und wütend, empfand jedoch trotzdem eine gewisse Genugtuung darüber, diese Voreingenommenheit, die ich damals in der Atmosphäre gespürt und aus den Prozeßunterlagen hatte entnehmen können, so eindeutig bestätigt zu bekommen.

Hazel Ott war eine rüstige Großmutter mit weißen, in einem praktischen Haarschnitt gebändigten Locken und einem direkten Wesen. Wir setzten uns in ihrem Wohnzimmer in zwei Sessel. Sie musterte mich von oben bis unten.

»Sie sind ein attraktives Mädchen«, sagte sie.

Obwohl wir an entgegengesetzten Enden des Raumes saßen, kam kein Gefühl von Steifheit oder Distanz auf. Das meiste, an das sie sich erinnerte, glich dem, was ich bereits von den anderen Geschworenen gehört hatte. Als ich sie fragte, was für ein Gefühl sie bei Miller gehabt hätte, sagte sie, »Ich glaubte nicht, daß er seine gerechte Strafe bekommen hatte. Er wollte sich eine ›Jungfrau schnappen‹, das kam im Prozeß heraus. Ein verheirateter Mann mit Kindern – man hätte ihn für alle Zeiten hinter Gitter bringen sollen.«

Hazel Ott war meine Mutter deutlicher als allen anderen Geschworenen im Gedächtnis geblieben.

»Ihre Mutter hatte dunkle Haare, die sie ungefähr so zurückgehalten trug. Ich erinnere mich an sie, weil ich sie beobachtete und glaubte, genau zu wissen, was sie durchmachen mußte. Sie saß nur da und hatte etwas zum Stricken oder Häkeln in der Hand und arbeitete unaufhörlich daran. Ich wußte, daß sie das tat, um nicht völlig durchzudrehen. Ich glaube, sie hat gestrickt, aber sie hat kein Wort verpaßt.«

»Was glauben Sie, ist ihr durch den Kopf gegangen?«

»Sie wollte aufspringen und ihn umbringen!« rief sie, so als ob meine Frage sie überraschte.

Immer wieder hatten die Geschworenen und andere mir erklärt, daß sie, nachdem sie mich gesehen und meine Aussage gehört hatten, mich einfach nur als Mädchen, als »kleines Mädchen«, betrachtet hatten, und nicht als jemanden, der auf irgendeine Weise zu sexueller Betätigung einlud. Diese Entdeckung war seltsam für mich, da ich selbst es ja genossen hatte, meine neu geformten Kurven in einem kurzen Kleid zu zeigen, erregt von der Idee, daß meine Brüste und langen schlanken Beine Objekte der Bewunderung sein könnten. Meine geheime Schuld, daß ich vielleicht irgendeine Art von sexueller Aufmerksamkeit hatte auf mich ziehen wollen – sie hatten es nicht gesehen.

Auch mußte ich feststellen, daß für sie die Handlung fraglos zu verurteilen war, während ich immer meine Zweifel daran gehabt hatte. Für sie war es ungeheuerlich, unvorstellbar gewesen, eine Tat, die strengste Bestrafung verdiente. Für mich jedoch war es immer etwas gewesen, das tatsächlich geschehen war, nicht etwas, das niemals geschehen durfte, oder etwas, von dem man sich sagt, daß es nie geschehen würde.

Ich begann mich mit ihren Augen als Dreizehnjährige zu sehen: unschuldig, jung und tief verletzt.

Während ich mit jedem einzelnen der Geschworenen sprach, erinnerte ich mich wieder, wie ihre Gesichter inmitten der anderen Gesichter verschlossen und distanziert ausgesehen hatten. Ihre individuellen Persönlichkeiten und Gesichter waren hinter der gemeinsamen Aufgabe zurückgetreten: Beweise zu hören, ohne Schlußfolgerungen zu ziehen, eine Haltung zu bewahren, die weder zu etwas ermutigen noch entmutigen würde.

Vor diesem Unbeteiligtsein, das begriff ich jetzt, da meine Erinnerungen wieder wachgerufen waren, hatte ich mich gefürchtet. So wie mich nun ihre Sachlichkeit überraschte, hatte sie mich damals geängstigt. Sie hatten nebeneinander gesessen wie reglose Vögel, Adler mit scharfen Augen und scharfen Schnäbeln. Gnade war nicht ihre Aufgabe gewesen. Mit dreizehn, dachte ich, verstand ich das sehr gut.

Als ich in das Büro des Staatsanwalts zurückkehrte, lagen auf einem Tisch im Hinterzimmer zwei braune, mit einer Schnur zusammengebundene Akten für mich bereit – die eine dicker als die andere.

In der umfangreicheren Akte entdeckte ich die handgeschriebenen Entwürfe von Rittenhouse für sein Eröffnungs- und Schlußplädoyer. Ich konnte sehen, daß er sie während der Verhandlung überarbeitet hatte, um seine Sprache nüchterner zu gestalten und seine Argumente zu vereinfachen. Auf einem anderen Blatt fand ich seinen Zeitplan.

MARTHA:

14:50	Verläßt Retivov	35 Min.
15:26	Straße 29	06 Min.
15:32	Tatort	21 Min.
15:53	Verläßt Tatort	05 Min.
15:58	Sieht Michel	07 Min.
16:05	Kommt zu Hause an	

MILLER:

15:00	Verläßt Haus
15:20	Kommt bei Haus von Tusche an
15:25	Am gemieteten Wohnsitz
15:30	Am Tatort

| 15:49 | Verläßt Tatort in Richtung Sergeantsville-Brücke |
| 16:09 | Kommt am Haus von Tritt vorbei |

TRITT:

| 16:09 | Verläßt Haus |
| 16:14 | Beim Steinbruch |

LOCH:

| 16:20 | Beim Steinbruch |
| 17:00 | Bei Arbeit |

Die Liste war häufig ausradiert und verbessert worden.
Ich fand die Berichte, die fast täglich von dem Kriminalpolizisten Frank Goreski in die Akte aufgenommen worden waren. Ich konnte mich an Goreski als einen ungewöhnlich einfühlsamen Mann erinnern, den man später von dem Fall abgezogen hatte.

14. August 1968

Kriminalpolizist Rocco und ich gingen zum Tatort, um die umliegende Gegend gründlich abzusuchen. ... Wir gingen in den Wald, folgten ungefähr 30 m einer Spur von niedergetretenem Gras bis zu der Stelle, wo der Angriff stattgefunden hatte. An dieser Stelle war das hohe Gras in einem Bereich von 1,5 auf 2,5 m völlig niedergedrückt.

Der Unterzeichnete konnte nach Abmähen des Grases mit einer Sichel die Sonnenbrille des Opfers finden. Eine gründliche Suche nach der Kleidung des Opfers oder anderen Beweisstücken fiel negativ aus. Nach Meinung des unterzeichneten Ermittlers war diese Stelle bereits vor dem Verbrechen für die Tat vorbereitet worden.

In dem Bericht stand außerdem, wie Goreski die in der Nähe des Tatorts lebenden Anwohner befragte. Niemand hatte etwas Auffälliges gesehen oder gehört.

17. August 1968

... Douglas McMichael, Alter 14 Jahre, meldete sich bei dem unterzeichneten Ermittler und gab an, daß er im Steinbruch geangelt und im Wasser den Seidenstrumpf einer Frau gesehen habe. Douglas ... wurde ... zu der Stelle gebracht und fand den Nylonstrumpf, der an einem kleinen Ast im Wasser hing. ... Der Strumpf war fleischfarben und abgeschnitten worden, so daß er beim Tragen nur noch bis zum Knie reichte. Es wurde angenommen, daß dieser Strumpf unter Umständen bei diesem Verbrechen verwendet worden war.

Verdächtiger: Frank Melvin Miller Jr., Box 17
Sergeantsville, N.J.

... erhielt die Information ..., daß eine Charlotte Tritt aus der Federal Twist Road unter Umständen Informationen zu diesem Fall geben könnte.

Charlotte Tritt, Alter 20 Jahre, konnte bei ihrer Arbeitsstelle im Hunterdon Medical Center ausfindig gemacht und dort befragt werden. Sie gab an, daß sie einige Tage vor dem Verbrechen einen Mann getroffen habe, der einen blauen Lieferwagen fuhr. Er hielt an, um mit ihr in der abgelegenen Gegend jenseits der Quarry Road, ungefähr 50 m östlich vom Tatort, zu sprechen. Die Begegnung war kurz, und er verließ sie mit den Worten »Bis bald«. Am folgenden Tag traf er sie an derselben Stelle wieder, ungefähr zur selben Zeit zwischen 16:00 und 17:00 Uhr. Ihre Unterhaltung kam auf das Thema Sex, und er fragte sie, ob sie noch Jungfrau sei, und sprach von den Schmerzen der Entjungferung und von ihm bekannten Frauen mit lockeren Moralvorstellungen. Er sprach weiter darüber, daß sie ihre Jungfräulichkeit für ihren Ehemann aufheben sollte.

Am Tag des Verbrechens, ungefähr gegen 16.00, sah sie, wie er mit seinem Wagen an ihrem Haus vorbeifuhr. Sie fuhr gerade aus ihrer Hauseinfahrt heraus. Er sah sie, drehte um und folgte ihr zu demselben Treffpunkt. Charlotte fuhr ihr Auto in das Gelände, und er parkte auf der linken Straßenseite in Richtung Westen. Sie unterhielten sich wieder über Sex. Sie konnte sich daran erinnern, wie Loch Ramsey, der ihr bekannt war, mit seinem Fahrrad neben dem Lieferwagen anhielt. Als der Mann, mit dem sie sich unterhielt, Loch fragte, was er wolle, antwortete dieser: »Schon gut«, und fuhr wieder davon.

Charlotte erinnerte sich daran, daß er ihr beim zweiten Treffen seinen Namen genannt hatte, aber beim nächsten Treffen behauptete, daß dies der Name seines Vorarbeiters sei. Sie konnte sich nicht mehr an den

Namen erinnern, meinte aber, daß er in Sergeantsville leben und in Belle Meade, N.J., arbeiten würde. Sie konnte eine Beschreibung des Mannes geben. Der Mann war von weißer Hautfarbe, 28 Jahre alt, etwa 1,78 m groß, 75 kg schwer, mit braunen Haaren, blauen Augen, etwas untersetzt, aber muskulös und trug eine Brille. Er trug eine dunkelblaue Hose, ein T-Shirt und bei einem der Treffen ein dazu passendes blaues, langärmeliges Hemd. ...

Ich fragte Charlotte Tritt, ob der Mann sie auf irgendeine Weise belästigt oder es versucht hätte. Sie verneinte dies.

Ich konnte mir die Begegnungen zwischen Charlotte Tritt und Frank Miller nicht recht vorstellen. Es schien mir unwahrscheinlich, daß er einfach dasaß und über Sex redete, während sie zuhörte und es zuließ – mehr als einmal – und sonst nichts gewesen sein sollte. Ich hoffte, mehr darüber herauszufinden.

Bei der Überprüfung der Gegend um Sergeantsville Frank Melvin Miller ausfindig gemacht und befragt ... festgestellt, daß er verheiratet ist, vier Kinder hat und bei ... 3M ...Co. ... als Gabelstaplerfahrer angestellt ist. Er gab zu, Charlotte Tritt zu kennen und mit ihr mehrmals, auch am Tag des Verbrechens, in der Umgebung der Quarry Road gesprochen zu haben.

Miller sollte angeben, wo er sich den ganzen Tag aufgehalten habe. An dieser Stelle fragte er mich, ob dies in Zusammenhang mit der Vergewaltigung stehe. Ich bejahte dies, und er erklärte, daß er nichts zu verbergen habe. Er gab an, daß er an diesem Tag nicht zur Arbeit gegangen sei, da er an Grippe erkrankt war. Er sei zur Praxis von Dr. Fuhrmann, Flemington, gefahren, hatte den Arzt jedoch nicht sprechen können, da er keinen Termin gehabt hatte. Dies sei ungefähr um 11.30 am Vormittag gewesen. Er hielt dann bei Jenning's Ford an und kehrte nach Hause zurück, um zwischen 13.30 und 14.30 mit seiner Frau eine Tasse Kaffee zu trinken. Er bat seine Frau um den Hausschlüssel für Raven Rock an der Straße 29, in das sie einziehen wollten. Sie gab ihm den Schlüssel, und er verließ das Haus.

Als er dort ankam, stellte er fest, daß der Schlüssel nicht paßte. Er ging zum Eigentümer des Hauses, Mr. Tusche, und erhielt einen anderen Schlüssel. Als er zum Haus zurückkam, sah er sich dort um, blieb etwa zwanzig Minuten, sperrte ab und ging. Anschließend traf er Charlotte Tritt.

Es dauert ungefähr fünf bis zehn Minuten, um von Millers derzeitigem Wohnsitz zum Haus Raven Rock zu gelangen. Der Verdächtigte wurde gebeten, zu erklären, wo er sich zwischen 14.40 und 16.00 Uhr aufgehalten habe. Dabei verfing er sich in Widersprüche.

Den weiteren Ablauf beschrieb Miller im Gespräch mit seinem Anwalt. Die Aufzeichnung dieses Gesprächs war ebenfalls in der Akte abgelegt.

BERNHARD: In Ordnung, was passierte also auf dem Polizeirevier?

MILLER: Wollen Sie wirklich alles wissen, was sie gemacht haben, wann sie gekommen sind –

BERNHARD: Genau. Erzählen Sie mir bitte alles.

MILLER: Also, dieses Mädchen war vergewaltigt worden.

Deshalb wollte er [Kriminalbeamter Goreski] wissen, ob ich etwas dagegen hätte, wenn er zu dem Haus fahren und sich dort umsehen würde. Ich sagte, daß ich nichts dagegen hätte. Also fragte er mich, ob ich mitkommen würde. Ich sagte, ja. Ich ging in das Haus, die Schlüssel hatte ich von meiner Frau bekommen. Ich ließ ihn herein, er sah sich in jedem Winkel um und konnte nichts finden.

Er fragte mich, ob ich an diesem Tag hier war. Er sagte, haben Sie irgend etwas gesehen? Ja, sagte ich, da war ein Mädchen auf einem Fahrrad. Sie schob ein Fahrrad den Berg hinauf, als ich mit meinem Wagen den Berg hinunterfuhr. Welche Farbe hatte ihre Kleidung? Ich sagte, ich wüßte das nicht mehr so genau. Es war ein rotes Oberteil, ob es ein Kleid war oder nur eine Bluse, das weiß ich nicht mehr. Er sagte, beschreiben Sie das Fahrrad. Nun, es war ein englisches Fahrrad, ein Rennrad. Welche Farbe? Ich sagte, ich glaube, es hatte Chromfelgen, aber die Farbe, da war ich mir nicht sicher. Es war eine dunkle Farbe.

Wir gingen dann zu der Straße, wo alles passiert war. ... Er zeigte mir die Stelle, wo es stattgefunden haben soll. Und dann fragte er mich, wo haben Sie das Mädchen auf dem Fahrrad gesehen? Ich habe es ihm gezeigt. ... Er wollte wissen, woher ich die Farbe ihrer Kleider kannte und wüßte, wonach sie suchten. Nun, Samstag nacht war ich in Barbertown in der Kneipe »Forge and Anvil«, das früher »Farmers Inn« hieß. Es waren Leute aus Raven Rock da, ich sprach mit dieser Frau darüber, weil sie in der Gegend leben. Ich sagte, ich habe kein gutes Gefühl, weil das jetzt passiert ist und wir dorthin ziehen wollen und selbst zwei

Töchter haben. Sie sagte, daß es dort so viele Polizisten gibt und man sich keine Sorgen machen müßte, und sie würde mir erzählen, wonach gesucht wird. Man würde nach einem roten Kleid, weißen Baumwollunterhosen und einem weißen Büstenhalter mit irgendeinem Muster drauf suchen. Das war es, was ich dem Beamten erzählt habe. Und, fragte er mich, wie haben Sie das herausgefunden, wir haben diese Information nie bekanntgegeben. Ich erzählte ihm, daß ich den Namen der Frau nicht kenne, aber wüßte, daß sie in Raven Rock lebt. Nun, sagt er, wir haben diese Information nie bekanntgegeben. Und mir wurde gestern erzählt, daß am selben Tag, an dem das passierte, die Mutter des Mädchens jeden in der Umgebung anrief, um die Kleidung des Mädchens zu beschreiben und zu erzählen, daß das Mädchen vergewaltigt worden ist.

Ich wurde an den Lügendetektor angeschlossen, und er erwähnte den Namen des Mädchens vier- oder fünfmal, und diese Gegend vier- oder fünfmal. Nachdem das alles vorbei war, sagte er zu mir ... entweder halten Sie etwas zurück oder Sie sind ziemlich nervös wegen der ganzen Sache. Ich fragte, warum? Er sagte, sobald ich diese Gegend und dieses Mädchen erwähne, werden Sie sehr nervös. Er sagte, schauen Sie ... Ich sagte, wenn Sie in meinen Schuhen stecken würden, wären Sie auch nervös. Er sagte, ja, das wäre ich. Ich sagte, nun der Grund dafür ist, daß ich zwei eigene Töchter habe und in dieser Gegend ein Haus gemietet habe und am ersten September umziehen werde. ... Ich denke, daß das Grund genug ist, um nervös zu sein. Er sagte, ja. Und mehr haben wir nicht gesprochen.

Ich blieb dann eine ganze Weile allein in diesem Raum. Genau, und ich erzählte diesem Beamten am Dienstag, als er da war, ich sagte zu ihm, daß ich das Mädchen selbst sehen und mit ihr sprechen will. Sie arrangierten es, daß sie am Mittwoch dort war. Sie war da, und ich sollte mich an die eine Seite der Wand stellen, und sie war auf der anderen Seite. Und dann sollte ich einige Sätze lesen, die sie auf einem Notizblock aufgeschrieben hatten. Ich nehme mal an, daß es das war, was zu dem Mädchen gesagt worden ist, als es passierte. Ich las also diese Sätze, und sie gingen in den anderen Raum, kamen zurück und sagten, sagen Sie es noch mal lauter, so als ob Sie die Sätze kennen und den Block nicht brauchen, um es zu sagen. Ich habe mein Bestes getan. Dieses Mädchen behauptet, der Beamte behauptet, daß dieses Mädchen sagt, daß es meine Stimme war. Deswegen sagte ich, schauen Sie, Sie haben dieses Mädchen hier, ich würde gerne mit ihr persönlich sprechen. Ich sagte, ich kann ihr hier sicher nichts machen, sagte ich, wenn ich der Schuldige wäre, ich könnte hier im Revier nichts machen, weil Sie mich schneller hätten, als ich denken könnte. Ja, sagte er, ich denke, Sie haben recht. Sie nahmen das Mädchen nach draußen, und ich mußte auf sie zulaufen. Am anderen Ende standen ihre Mutter, sie und die Kriminalbeamten, darunter auch dieser Rocco. So, sagte er, laufen Sie auf sie zu. Also lief ich auf sie zu. Und dann gab er mir dieses Papier, ich dachte, daß ich persönlich mit dem Mädchen reden könnte, jedenfalls hatte ich darum gebeten. Aber er gab mir wieder dieses Papier und den Block und sagte, wiederholen Sie das. Ich mußte durch diesen Rocco hindurch sprechen, weil er zwischen uns stand. Ich konnte nicht mal die Sätze fertig lesen, als Rocco mich packte, mich rumdrehte und sagte, zurück aufs Revier, das reicht. ...

Dieser andere Beamte, Frank Goreski, war sehr nett, ich kann mich nicht darüber beschweren, wie er mit mir sprach, mich befragte oder irgendwas. Aber dieser Rocco, der war hitzköpfig, knallte die Tür zu, warf mit Dingen herum, und ich habe es ihm auch sofort gesagt. Ich sagte, wenn Sie sich wie ein Wilder benehmen und nicht wie ein menschliches Wesen, rumhauen, mich anschreien, sagte ich, dann werde ich meinen Mund überhaupt nicht mehr aufmachen, und Sie werden kein Wort mehr aus mir rausbringen. ... Rocco hat mir überhaupt nichts gesagt. Goreski war derjenige, der mir sagte, daß das Mädchen sagte, daß es meine Stimme gewesen sein soll, daß das Mädchen sagte, daß es meine Art, zu laufen, gewesen sein soll, daß das Mädchen sagte, daß es meine Gesichtszüge gewesen sein sollen, dann kam dieser Rocco wieder herein und fängt an, mir zu erzählen, wie groß ich bin, wieviel ich wiege und wie ich es getan habe. ... Rocco sagte, ich weiß, daß Sie es getan haben, ich will wissen, was Sie mit den Kleidern gemacht haben. Ich sagte, daß ich nicht weiß, wovon er spricht. Er sagte, wir haben den Stein, mit dem das Mädchen bedroht wurde, oder irgendwas, ich sagte, in Ordnung, wo sind die Fingerabdrücke. Er sagte, man kann keine Fingerabdrücke auf einem Stein bestimmen, genauso wie man kein Blut auf einem Stein untersuchen kann. Stimmt das?

Bernhard fragte Miller, was er zum Zeitpunkt der Vergewaltigung getan habe.

Diese Beamten behaupteten, daß sie mich mit meinen Zeitangaben kriegen würden. ... Ich bin nicht einer, der sich an Uhrzeiten halten kann, wie sie vielleicht schon bemerkt haben, meine Frau muß mir da meistens helfen. ... Ich hielt also bei dem Haus an, weil die Schlüssel, die der Besitzer uns für Raven Rock, das Haus, in das wir einziehen wollten, gegeben hatte, nicht paßten. ... Nun, an dieser Stelle ist es, kann ich die Uhrzeit wirklich nicht genau angeben. Ich nahm jedenfalls den Schlüssel und stieg aus, der Schlüssel paßte aber nicht. Ich ging um das Haus herum, im Tageslicht, denn als ich es zusammen mit dem Besitzer angesehen habe, war es Nacht und ich konnte nicht viel sehen, weil es so dunkel war.

Millers Angaben, was er exakt zum Zeitpunkt der Vergewaltigung getan hatte, waren ziemlich verworren.

Ich ging also heraus und bekam den Schlüssel und kam zurück, und dieses Mädchen, das ich schon einige Male vorher getroffen hatte, ich hatte sie gesehen und hatte sie auf der Straße angesprochen, und ich hielt an, um mit ihr zu sprechen. Diesmal auch wieder, nachdem ich den Schlüssel für das Haus bekommen hatte, ging ich zurück zum Haus und sah mir das Haus von innen an, weil der Besitzer, er verlangt ziemlich viel, wissen Sie, ich wollte nur sehen, wie das Haus ist, was ich bekomme und ob ich's will oder nicht. Deshalb hielt ich an, ich fuhr genau diese Straße zurück, auf der alles passiert sein soll, und statt nach Hause zu fahren, fuhr ich die Federal Twist Road hoch, weil da irgendwo eine andere Straße ist. Ich bin auf dieser Straße schon ein- oder zweimal gefahren – in einer

Nacht hatte die Feuerwehr ein großes Feuer dort oben, ein Schuppen, der brannte. ...

Bernhard fragte Miller, was passierte, als er Charlotte Tritt einige Minuten später im Steinbruch traf.

BERNHARD: Haben Sie irgendwas gemacht?

MILLER: Nein, ich habe dieses Mädchen nie angefaßt. Sie ist zwanzig Jahre alt, und als ich sie das erste Mal traf, lag sie dort in der Gegend um den Steinbruch. Sie hatte alle ihre Kleider an, aber sie lag da in Shorts und einer Bluse und sonnte sich wohl. Sie war vollständig angezogen, und sie hat nichts Falsches getan, und ich habe nichts Falsches getan. ...

BERNHARD: Wie lange waren Sie mit ihr am 13. zusammen?

MILLER: Am 13. Ich war vielleicht eine Stunde oder so mit ihr zusammen und habe mit ihr gesprochen, aber das war auf der Straße, wir saßen in ihrem Auto. ... Einer der Beamten behauptete, daß sie mich damit auch kriegen würden, weil, worüber wir gesprochen haben, war Sex. Sie hat mir erzählt, daß sie noch Jungfrau sei ... und ich sagte zu ihr, daß mich das freuen würde, weil es in dieser Gegend oder auch irgendwo anders ziemlich schwierig sei, sagte ich, eine Jungfrau zu finden, wenn man heiraten möchte. Das ist auch wahr. Wenigstens hat man mir das erzählt, und ich habe das auch von anderen Kerlen, von meinen Kumpels, mit denen ich gesprochen habe, erfahren. Aber ich habe keinerlei Annäherungsversuche gemacht, und unser Hauptthema war Sex. Sie sagte, wissen Sie, daß ihre Eltern ihr überhaupt nichts erklärt haben, und dies und das. Und irgendwie kamen wir auf dieses Thema Sex zu sprechen, und ich begann mit ihr zu reden, und, einige meiner Freunde werden es bestätigen, ich denke, Sie werden mich für dreist halten. Ich könnte jeden Fremden ansprechen und mit ihm über irgendein Thema sprechen. ... Das ist so meine Art, so war ich immer.

BERNHARD: Nun, das klingt ganz gut, Frank. Was wir tun werden, ist – wir werden eine Anhörung auf dringenden Tatverdacht führen. ... Haben Sie vorher schon mal Probleme mit dem Gesetz gehabt?

MILLER: Außer einem Verkehrsdelikt, nein. Ich war einmal im Gefängnis vor einem Monat oder so; das war, weil ich mich geweigert habe, eine Strafe vom Verkehrsgericht zu bezahlen.

BERNHARD: Wie war es als Jugendlicher? Hatten Sie da irgendwelche Probleme?

MILLER: Ja, aber ich bin nie verurteilt worden oder irgendwas. Probleme, ja. Ich war um die dreizehn Jahre alt und habe Frauenunterwäsche gestohlen. Ich bin dann hier im Krankenhaus von Hunterdon zu einem Psychiater zur Behandlung gegangen – ich weiß seinen Namen nicht mehr. Meine Eltern, meine Mutter hat mich immer hingebracht. Ich hatte da keine andere Wahl.

BERNHARD: Was haben Sie mit diesen Sachen gemacht?

MILLER: Ich habe sie zusammengefaltet bei mir oben über der Garage aufgehoben, wo ich ein Zimmer hatte.

BERNHARD: Und was haben Sie damit gemacht? Haben Sie damit gespielt?

MILLER: Mit mir. Und andere Sachen – ich bin nie vor Gericht gekommen oder irgendwas, aber ich mußte –

BERNHARD: Die Polizei kam zu Ihnen ins Haus –

MILLER: Ja, das stimmt. Sie kamen und sprachen mit mir und so weiter. Ich mußte zu einem Arzt gehen.

BERNHARD: Und alles ist wieder in Ordnung gekommen.

MILLER: Ich habe damit nie wieder Probleme gehabt.

BERNHARD: In Ordnung, ich denke, das reicht. Ich denke, wir sind ganz gut vorwärtsgekommen. Ich weiß etwas über Sie, Frank, Ihren Hintergrund und das, was Sie mir erzählt haben.

Als ich die dünnere Akte öffnete, fand ich Fotografien – von der Straße, dem Waldstück, in dem die Vergewaltigung stattgefunden hatte, von der Straße aus gesehen, von Millers Haus und eine Luftaufnahme der gesamten Gegend. Es war seltsam, diese Orte durch die Augen der Kriminalbeamten und des Fotografen zu sehen. Die Farbe und die Atmosphäre des Tatorts fehlten: die Hitze, die staubige Straße, der Schatten der Bäume, der an solch heißen Augusttagen immer zu spärlich war, das monotone Singen der Zikaden in der schweren Luft.

Diese Schwarzweißaufnahmen mit ihrer starren, harten Qualität bewegten und erschütterten meine Erinnerung.

Es gab einige Fotos von Lou Rocco, einem großen, dicklichen Mann in einem weißen Unterhemd, Hosenträgern und sehr dunklem, glattem Haar. Ich spürte wieder das Gefühl von Ängstlichkeit, gepaart mit dem Wissen, daß er mir nichts tun würde. Er stand neben der Brücke in der Nähe der Stelle, wo er meine Kleider gefunden hatte, posierte vor dem geöffneten Kofferraum seines Autos und hielt mein zerknautschtes, schmutziges Kleid in die Höhe. Es versetzte mir einen Schlag, als ich es dort hängen sah und die Form und das Muster auf dem Stoff erkannte. Mein Büstenhalter und meine Unterhose lagen daneben auf dem Auto. Er posierte mit gelassenem Gesichtsausdruck für das Foto, das man später unter Umständen als Beweis verwenden würde. Aber in seinen Augen und der Art, wie er das Kleid in die Luft hielt, lag auch ein Ausdruck von Erfolg: *Nun habe ich dich.*

Gleich nachdem dieses Foto aufgenommen worden war,

war Rocco, wie ich mich jetzt wieder erinnerte, zu uns gekommen, hatte mir die Kleider gezeigt, und ich hatte gesagt: »Ja, das waren die Kleider, die ich an diesem Tag getragen habe.«

Es gab ein Foto von der Stelle im Gras, wo ich gelegen hatte. Meine Sonnenbrille, die heruntergefallen und liegengeblieben war, lag auf dem hellen, niedergetretenen Gras wie in einer Filmszene – ein Hauch von Hitchcock.

Es gab ein Foto des Steins, den der Mann nach der Vergewaltigung auf der Straße fallengelassen hatte. Wie er da im Kies neben der Straße lag, sah er riesig und bedrohlich aus.

Es gab ein Foto von Frank Miller, das einen Monat vor der Vergewaltigung aufgenommen worden war, als er wegen einer Verkehrsstrafe, die er nicht hatte bezahlen wollen, eine Nacht im Gefängnis verbringen mußte. Als ich dieses Foto betrachtete, passierte etwas Merkwürdiges und für mich Überzeugendes. Ich hatte plötzlich das Gefühl, daß dies das Gesicht war, das ich in den wenigen Sekunden, als es mir nähergekommen war, unter der Strumpfmaske gesehen hatte.

Das war nicht derselbe Mann, der im Gerichtssaal neben Bernhard gesessen hatte, dieser aufgeblasene Mann in einem dunklen Anzug. Noch war es das ausgezehrte, gehetzte Gesicht, das fünf Jahre später, kurz nach dem Mord an Deborah Margolin, in der Zeitung gezeigt worden war. Im Vergleich dazu war Miller auf diesem Foto »fett und glücklich«, mit einem Gesichtsausdruck, der Widerspenstigkeit und Dummheit suggerierte.

Ich erinnerte mich an seine Entschlossenheit, die mit einer traurigen Einschränkung seiner Fähigkeiten und seines Bewußtseins einherging.

Während ich dieses Gesicht betrachtete, erinnerte ich mich wieder an ihn.

Ich war mir jetzt sicher, daß er es gewesen war.

Ich traf mich mit Frank Goreski, dem Kriminalbeamten, an den ich mich vor allem wegen seiner freundlichen, verständnisvollen Anwesenheit in der Staatsanwaltskanzlei von Union County in Elizabeth, New Jersey, erinnerte. Union County ist großstädtisch und umfaßt die um New York City gelegenen bevölkerungsreichsten Teile von New Jersey, und diese Staatsanwaltskanzlei war ein riesiges, sechsstöckiges Bürogebäude.

Er war etwas kleiner als einen Meter achtzig, schlank und sah etwa aus wie sechzig. Sein graues Haar war sorgfältig von der Stirnmitte aus nach hinten gekämmt und er trug einen blauen Anzug mit Weste und gestreiftem Hemd. Sein Rücken war leicht gebeugt. Ich erinnerte mich wieder an seinen gebeugten Rücken und daran, daß es mir so vorgekommen war, als hätte er sich zu mir nach unten gebeugt, um mich besser verstehen zu können oder um kleiner und weniger bedrohlich zu wirken. Während ich ihn ansah und ihn mir mit dunklen Haaren vorstellte, konnte ich wieder lebhaft vor mir sehen, daß dies das Gesicht des Mannes war, dessen ruhige Aufmerksamkeit ich nie vergessen hatte.

Er begrüßte mich. Wir setzten uns an einen nackten Plastiktisch in einer winzigen Abteilung des durch schalldichte Wände abgeteilten Großraumbüros, die, wie ich annahm, normalerweise zur Befragung von Zeugen verwendet wurde. Ich bat ihn, mir alles zu erzählen, woran er sich aus dieser Zeit noch erinnern konnte.

»Es war schwer für mich, meine Aufgabe als Kriminalbeamter und mein persönliches Leben voneinander zu trennen«, sagte er. »Wenn ich nach Hause kam, dachte ich immer, ich sollte noch dieses oder jenes tun. Ich erinnere mich an Ihren Vater – ich glaube, er war Schriftsteller, oder?«

»Ja.«

»Ist er es noch?«

»Ja.« Er war es gewohnt, die Fragen zu stellen.

»Ich würde ihn wahrscheinlich nicht mehr erkennen, aber ich erinnere mich, wie er gelegentlich mit Ihnen hereinkam, besonders zu der Zeit, als wir mit dem Angeklagten eine Stimmidentifizierung versuchten. Ich weiß nicht mehr, ob – ich glaube nicht, daß ich sogar eine direkte – Gegenüberstellung mit ihm veranlaßt habe, oder? Ich kann mich nicht mehr erinnern. Ich wußte ja, daß er eine Maske, einen Strumpf oder irgend etwas verwendet hatte, so daß Sie sein Gesicht nicht identifizieren konnten.«

Seine Stimme klang, als ob er eine weitere Frage stellen wollte, und ich bemerkte, daß ich anfing, zu erklären.

»Ja, genau. Ich konnte sein Gesicht nicht identifizieren. Aber ich glaube, es war die Idee meines Vaters, daß ich ihn vielleicht an seinem Gang oder seiner Gesamterscheinung wiedererkennen würde. Deshalb gab es außerhalb des Gebäudes eine Gegenüberstellung.«

»Hm. Ja, ich glaube, wir haben es sowohl in einem Raum als auch außerhalb des Gebäudes gemacht. Damit Sie die Stimme auch im Freien hören konnten.«

»Ich glaube nicht, daß ich es eindeutig sagen konnte.«

»Ja, das stimmt. Nachdem Sie gegangen waren, haben wir weiter mit dem Verdächtigten gesprochen, und eine Stunde später rief Ihr Vater an und sagte, Sie hätten seine Stimme erkannt. Und von diesem Moment an glaubten wir, genügend Gründe für eine Anklage zu haben.«

»Daß ich seine Stimme erkannte, war also ein entscheidender Schritt für den weiteren Verlauf.«

»Absolut.«

Ich konnte mich nicht daran erinnern, daß ich nach unserer Rückkehr nach Hause zu meinem Vater gesagt hätte, es sei Millers Stimme gewesen. Ich konnte mich nur daran erinnern, daß ich auch weiterhin meine Zweifel hatte.

»Ich weiß nicht, ob er es jemals zugegeben hat«, sagte er. »Soweit ich mich erinnern kann, machte er einige Bemerkungen, aus denen wir folgern konnten, daß er mehr wußte, als er sagte.«

»Sie waren also schon relativ früh ziemlich überzeugt. Wissen Sie noch, an welchem Punkt Sie sich wirklich sicher waren, daß er es gewesen war?« fragte ich.

»Nun, ich hatte eine Frau befragt, die im Krankenhaus arbeitete.« Charlotte Tritt. »Sie hatte sich in dieser Gegend mit einem jungen Mann unterhalten. Und während der Befragung versicherte sie mir, daß er einen anständigen Eindruck gemacht hätte. Aber ich wollte es genauer wissen und führte ein Gespräch mit ihm. Und irgendwas war da mit seinen Schlüsseln, entweder sah ich, wie er damit in seiner Tasche klimperte, oder vielleicht hatte er sie auch irgendwo an seiner Hose befestigt. Ich kann mich nicht mehr erinnern.«

»Warum war das so wichtig?« fragte ich. »Jeder trägt doch Schlüssel mit sich herum.«

»Ich glaube, Sie hatten in Ihrer Aussage etwas von Schlüsseln erwähnt, Schlüsseln, die klimperten. Es hat den Fall nicht gerade zum Abschluß gebracht, aber es war doch ein guter Indizienbeweis. Jeder trägt Schlüssel bei sich, aber nicht jeder klimpert damit.

Es ist schwierig, mit einer Jugendlichen über ein Verbrechen zu sprechen, über das man damals nicht gesprochen hat. Die Polizei war nicht wirklich geschult, wie man gerade bei einem solchen Verbrechen die Beteiligten befragt. Wir mußten also nach unserem Gefühl vorgehen.«

»Ich kann mich an – Sie und Lou erinnern«, erzählte ich ihm.

»Habe ich mich außer meinen grauen Haaren sehr verändert?« fragte er.

»Sie haben sich nur wenig verändert«, sagte ich. »Es ist sehr interessant, Ihre Stimme – mit Richter Beetel hatte ich dasselbe Erlebnis, und vor unserem Treffen hätte ich nicht mehr sagen können, wie Sie aussehen, aber wenn ich Sie jetzt sehe und sprechen höre, kann ich mich wieder an alles erinnern.«

Ich fragte ihn, ob man ihn aus dem Polizeirevier von Flemington abgezogen hätte, weil die Arbeit an meinem Fall zuviel für ihn geworden sei.

»Es ging nicht nur um diesen einen Fall, sondern um alle zusammen, und ich wurde irgendwie, nun, wie soll ich sagen, ich konnte mich nicht mehr entspannen, war von jedem Fall persönlich betroffen, und das war es wahrscheinlich, was meiner Gesundheit geschadet hat.

Unregelmäßige Arbeitszeiten, schlechte Essensgewohnheiten und dann die Belastung durch die ganze Arbeit, die Ermittlungen, wir waren verantwortlich für die Hälfte des Bezirks, das Revier von Clinton hat die andere Hälfte übernommen.«

»Es war also nicht so, daß Sie es einfach nicht verkraftet haben, mit so vielen Vergewaltigungen zu tun zu haben, oder was war sonst der Grund dafür?« fuhr ich unbeirrt fort.

»Nun, ich glaube nicht – es war einer der Gründe –, soviel kann ich sagen.

Ich bin übrigens aus der Polizeiarbeit ausgeschieden und habe 1974 dann gleich als Ermittler in dieser Kanzlei angefangen. Man kann also sagen, daß ich mein ganzes Leben lang als Ermittler gearbeitet habe.«

»Damit bin ich eigentlich so ziemlich am Ende meiner Fragen angelangt«, sagte ich.

Aber ich hatte nicht das Gefühl, als ob das Gespräch schon beendet sei. Er hörte mir weiterhin zu. Ich hörte mich selbst sagen: »Ich könnte ihnen noch ein paar Dinge erzählen, wenn Sie möchten.«

»Natürlich«, antwortete er.

»Ich kann mich an Sie erinnern und daran, daß Sie sehr mitfühlend waren und sehr – freundlich, und die Art und Weise, wie Sie mich behandelt haben – das ist – die Gespräche mit Ihnen sind mir von allem, was ich erleben mußte, am positivsten in Erinnerung geblieben.«

Plötzlich fing ich an zu weinen.

»Entschuldigen Sie bitte«, sagte ich und kämpfte um meine Beherrschung.

Seine Antwort entsprach seinem mitfühlenden Wesen.

»Ich glaube, wir könnten beide hier sitzen und weinen«, sagte er.

Einen Moment lang gab ich meinen Tränen nach.

»Aber ja«, sagte er beruhigend, als ob er sagen wollte: *Ganz klar, daß Sie weinen.* Es klang so, als hätte er selbst mit den Tränen zu kämpfen.

Wir sprachen über Lou Rocco und dann wieder über Miller.

»Halten Sie es für möglich, daß er auch noch andere Mädchen belästigt hatte und man das vor der Polizei geheimhielt?«

»Daran besteht gar kein Zweifel. Wissen Sie, zu dieser Zeit, ich glaube nicht, daß viele Mädchen – sie waren einfach nicht bereit, darüber zu sprechen. Sie haben sich dafür geschämt, und ob sie es wollten oder nicht, sie konnten darüber einfach nicht sprechen, weil – wahrscheinlich dachten sie, daß irgend jemand sie beschuldigen würde, damit angefangen oder den Mann ermutigt zu haben.«

»Wenn sie diese Gedanken hatten, dann war es wahrscheinlich auch nicht ganz unberechtigt.«

»Vielleicht in einigen Fällen, aber –« Er wechselte das Thema. »Jeder Fall ist anders. Und das ist es, was mich an der Polizeiarbeit fasziniert hat und immer noch fasziniert. Es sind alles dieselben Verbrechen, aber die Täter, ihre Motive, ihr Denken und warum sie es getan haben, das ist immer unterschiedlich.«

»Ja«, sagte ich. »Deshalb mußte ich die Geschichte dieses einen Falls zu Papier bringen, weil jeder Fall eine spezielle Geschichte ist, und ich meine, daß sehr viel über Vergewaltigungen und Vergewaltiger geschrieben wurde, aber sehr viel verallgemeinert, in Kategorien, Typen und so weiter eingeteilt wurde, für mich ist es aber auch wichtig, die genauen Einzelheiten zu beschreiben.«

»Ja«, sagte er. »Mein Eindruck ist – wenn ich zurückdenke, habe ich zu mir selbst einige Male gesagt, daß – *es hätte meine Tochter sein können.*«

Er begann zu weinen.

»Sie hatten ungefähr das gleiche Alter –«

Nach einer Pause lächelten wir uns an.

»Es ist einfacher, mit einem abgebrühten Verbrecher zu sprechen«, sagte er.

Später begriff ich, daß es Frank Goreskis Mitgefühl gewesen war, das mich zu ihm hingezogen hatte. Es war kein Zufall, daß ich mich ihm gegenüber plötzlich öffnen konnte. Er hatte verstanden, daß in diesem Moment das dreizehnjährige Mädchen in mir lebendig gewesen war. Er hatte sich voller Einfühlungsvermögen auf mich eingelassen, wie jemand, der selbst auch verletzt worden war.

Ich wollte ihm für sein Einfühlungsvermögen, das er für mich vor Jahren gezeigt hatte, danken, denn so kurz unsere Begegnung auch gewesen war, hatte es doch einen wichtigen Unterschied gemacht. Ich bemerkte, daß ich bei niemand anderem je das Bedürfnis gehabt hatte, mich zu bedanken.

Ich fragte mich, ob irgend jemand *mir* gedankt hatte, daß ich mich für das Recht eingesetzt hatte.

Nach unserem Gespräch führte er mich durch ein Labyrinth von Büroräumen und stellte mich den beiden Beamten vor, die die Abteilung für sexuellen Mißbrauch an Kindern von Union County führten. Sie zeigten mir ein spezielles Kinderzimmer, das sie zur Befragung von eventuell mißbrauchten Kindern verwendeten. Während die Kinder mit einem geschulten Ermittler spielten und redeten, nahm man ihre Aussagen mit einer versteckten Videokamera auf. Die Aufnahmen verwendete man dann für den Prozeß, um so zu verhindern, daß die Kinder direkt mit einem Richter oder Anwalt in Kontakt kommen müßten. Die beiden Beamten erklärten, die Videos wären so überzeugend, daß es zu einer hohen Rate an Schuldgeständnissen komme, und dadurch würde den Kindern eine Aussage vor Gericht erspart. Wenn man den Verdächtigen die Videos der eigenen Kinder vorspielte, die zeigten, was sie ihnen angetan hatten, würden deren Schuldgefühle erneut wachgerufen, was dann oftmals zu einem Geständnis führe. Sie fügten hinzu, daß andere Beamte ihre Arbeit wegen der Verwerflichkeit des Verbrechens als die niedrigste Ebene der Ermittlungsarbeit ansähen. Sie berieten außerdem auch andere, die Kindesmißbrauch nachzuweisen hatten, und boten Hilfestellung für die Kommunikation mit Kindern an. Sie schienen sehr engagiert und intelligent, und Frank Goreski war offenbar an ihrer Arbeit von Anfang an beteiligt gewesen.

In der Empfangshalle gaben wir uns die Hände und verabschiedeten uns. Ich dankte ihm herzlich.

Seine letzten Worte waren, »Es tut mir leid, daß ich Ihnen damals nicht besser zur Seite stehen konnte.«

»Nein«, sagte ich. »Sie waren großartig.«

Charlotte Tritt hatte ausgesagt, daß Miller etwa eine halbe Stunde nach der Vergewaltigung beim Steinbruch auf sie zugekommen war und sich zu ihr ins Auto gesetzt hatte. Damals war sie zwanzig Jahre alt gewesen.

An diesem Tag war Miller mit seinem Lieferwagen an ihrer Einfahrt vorbeigekommen, als sie gerade herausfahren wollte, und war vor ihr weiter zu dem Steinbruch gefahren.

Verhör durch Mr. Rittenhouse

Und als Sie Ihren Wagen abstellten ... war der blaue Lieferwagen ... noch in Sicht?

Ja, er hatte angehalten und auf der linken Straßenseite geparkt.

Zu diesem Zeitpunkt wußten Sie bereits, wer der Insasse des Fahrzeugs war?

Ja.

Hatten Sie den Insassen bereits vorher gesehen?

Ja.

Befindet sich der Insasse heute hier im Gerichtssaal?

Ja.

Würden Sie ihn bitte den Geschworenen zeigen?

Er sitzt dort drüben neben dem Mann, der an seinem Bleistift kaut.

Was passierte, nachdem Sie Ihren Wagen geparkt hatten?

Ich hatte mein Auto geparkt, und er war bereits aus seinem Lieferwagen ausgestiegen, kam auf mein Auto zu und –

Haben Sie ihn in diesem Augenblick erkannt?

Ja, aber nur aufgrund seiner Kleidung. Ich hatte ihn schon mal gesehen. ... Er hat die Tür meines Autos geöffnet, stieg ein und setzte sich neben mich.

Hatten Sie den Angeklagten an diesem besagten Ort schon vorher einmal gesehen?

Ja.

Wie oft?

Zweimal.

Wann zum ersten Mal?

Ich glaube, es war Mittwoch oder Dienstag der vorhergehenden Woche.

Ungefähr zur selben Zeit?

Ja ...

Und haben Sie sich zu diesem Zeitpunkt mit ihm unterhalten?

Er fragte nur, ob es dort unten einen Badeplatz gibt. Das war alles.

Wann haben Sie ihn das nächste Mal gesehen?

Sonntag nachmittag.

Und welchen Sonntag nachmittag meinen Sie genau?

Nun es war der Sonntag vor der Vergewaltigung. ... Es war wieder ungefähr zur selben Zeit. ... Er hatte ein paar Jungs bei sich, und sie stiegen in den Lieferwagen ein und wollten wegfahren. ... Sie fuhren weiter, und ich parkte mein Auto dort. Als nächstes bemerkte ich, daß er zurückgekommen war. Er fuhr einen Kreis, fuhr die 29. Straße herunter und kam die Quarry Road wieder hoch. ... Er drehte eine Runde und ließ die Jungs unten beim Steinbruch raus.

In diesen wenigen Minuten drehte er also um, und wohin fuhr er dann?

Er hielt an. ... Er ... stieg aus und kam auf mein Auto zu.

Was haben Sie zu diesem Zeitpunkt getan?

Ich saß im Auto und habe eine Zigarette geraucht.

Und hat er dann eine Unterhaltung mit Ihnen begonnen?

Ja.

In Ordnung. Ich möchte nun, daß Sie uns bitte alles über diese Unterhaltung erzählen.

Na ja, es ging um Sex. ... Das Thema war Sex und Jungfräulichkeit, die Nöte, die man durchstehen muß, wenn man noch Jungfrau ist, die Schmerzen, die man – denke ich – hat, wenn man das erste Mal mit einem Mann schläft und daß es besser ist, wenn man es das erste Mal mit einem älteren Mann macht statt mit einem dieser Jungs, weil sie wohl nicht besonders zart mit einem Mädchen umgehen, das es vorher noch nie gemacht hat und –

Erzählen Sie weiter, Charlotte.

Er erzählte mir, daß man es dreimal machen müßte, bevor beide Befriedigung dabei empfinden würden, um davon befriedigt zu werden, sollte man es dreimal gemacht haben, soll man es dreimal machen.

Hat er Sie gefragt, ob Sie noch Jungfrau wären?

Ja, das hat er.

Und wie lange hat diese Unterhaltung gedauert?

Ungefähr eine Dreiviertelstunde.

Haben Sie auch gesprochen?

Nein, er hat die ganze Zeit gesprochen.

Hat Mr. Miller während dieser Unterhaltung irgendwelche Annäherungsversuche gemacht?

Nein.

Keine körperlichen Annäherungsversuche?

Nein, keine.

Nun, Charlotte, als Sie das erste Mal mit Mr. Miller sprachen, hat er da seinen Namen genannt?

Nein.

Haben Sie ihn nach seinem Namen gefragt?

Nein.

Hat er Ihnen bei Ihrer zweiten Unterhaltung seinen Namen genannt?

Er hat nicht seinen richtigen Namen genannt, sondern den seines Vorarbeiters.

Woher wissen Sie, daß es der Name seines Vorarbeiters war?

Die Polizei hat es mir gesagt.

Wie lange waren Sie am 13. bei diesem Ort oberhalb des Schuttplatzes?

Eine gute Stunde ...

Während der ganzen Zeit haben Sie sich über irgendwelche Dinge mit Mr. Miller unterhalten?

Ja.

Haben Sie während dieser Zeit sonst noch jemanden bemerkt, der die Quarry Road entlangfuhr?

Loch war auf seinem Fahrrad zu uns heruntergefahren.

Mit Loch meinen Sie Loch Ramsey?

Ja.

In Ordnung, kannten Sie ihn vor dieser Begegnung bereits?

Ja.

Wie lange kannten Sie ihn bereits?

Ich wußte nur, daß sein Name Loch Ramsey ist. Wir fuhren mit demselben Schulbus.

Sind Sie jemals mit ihm ausgegangen?

Mit Loch Ramsey?

Ja.

Nein ...

Was passierte, als Loch Ramsey vorbeikam?

Er fuhr an uns vorbei und hielt hinter dem Lieferwagen von Mr. Miller an.

Was hat Mr. Miller getan?

Er stieg aus dem Auto aus und fragte, ob er irgendwas für ihn tun könne.

Was passierte dann?

Er setzte sich wieder ins Auto. Er sagte, der Junge hätte gesagt, ich weiß nicht. Er sagte: »Das kannst du nicht verstehen.«

Was passierte dann?

Er saß neben mir und redete einige Minuten lang. Er sagte immer wieder: »Warum starrt dieser Junge meinen Lieferwagen an?« Er stieg wieder aus dem Auto aus, aus meinem Auto, ging hinüber und fragte den Jungen noch mal.

Wie oft hat er gefragt?

Ich glaube zwei- oder dreimal.

Zwei- oder dreimal?

Ja.

Als er in Ihrem Auto saß, ... was hat Mr. Miller Ihnen an diesem Tag erzählt?

Nun, er erzählte mir, er entschuldigte sich, aber nicht so, daß er sagte: »Es tut mir leid, daß wir uns am Sonntag über dieses Thema unterhalten haben.« Er redete um den heißen Brei herum, daß es ihm leid täte, und er hat mich dann tatsächlich gefragt, ob ich mit ihm ausgehen würde. Ich sagte: »Ja, vielleicht, ich weiß noch nicht, aber ich glaube nicht.« Aber dann rückte er mit der Sprache heraus und sagte, daß er mich sicher nicht vergewaltigen würde, weil er eine Frau und drei Kinder zu Hause hätte, ich glaube, es waren zwei oder drei Kinder, und daß sie es jederzeit für ihn machen würde. Sie wäre da sehr gut.

Am 13. sind Sie von Flemington zu Ihrem Wohnsitz in der Federal Twist Road gefahren und haben sich umgezogen. ... Sie verließen das Haus, um zum Steinbruch zu gehen?

Ja.

Um schwimmen zu gehen oder ...

Nein, ich wollte mich dort nur irgendwo hinsetzen.

Haben Sie Frank Miller auch bei den zwei vorhergehenden Gelegenheiten dort getroffen?

Nein, ich habe ihn nicht dort getroffen.

Nun, ich meine nicht, daß Sie eine Verabredung mit ihm hatten, aber haben Sie und er sich zufällig dort getroffen?

Ja.

Also, es gab keine Verabredungen mit Ihnen dort. Er kam einfach dorthin, ja?

Ja.

Haben die Vertreter der Staatsanwaltschaft Sie letzte Woche irgendwann einmal angewiesen, nicht mit mir zu sprechen?

Er hat nicht gesagt, daß ich nicht mit Ihnen sprechen solle. Er sagte, daß ich nicht mit Ihnen sprechen müsse. Ich wußte nicht, ob ich mit Ihnen sprechen muß, weil Sie ein Anwalt sind. Ich wollte nicht in Schwierigkeiten kommen.

Hat er gesagt, daß es besser wäre, wenn Sie nicht mit mir sprechen würden?

Nein, er sagte, daß ich das selber entscheiden könne. Ich sagte, daß ich lieber nicht mit Ihnen sprechen will.

Sie sagten, daß Sie es nicht wollten. Er hat Ihnen nicht davon abgeraten, mit mir zu sprechen?

Nein.

Ich hatte mich darauf eingestellt, daß Charlotte Tritt mich unter Umständen nicht sehen wollte und erklären würde, daß sie sich nur ungern an die ganze Sache erinnern wollte. Aber als ich sie anrief, sagte sie mit freundlicher Stimme: »Ja, ich helfe Ihnen gern.«

Sie lebte mit ihrem zweiten Ehemann, einem Polizisten, in einem kleinen, ordentlichen Haus in einem Vorort. Sie war nun etwa vierzig Jahre alt und kinderlos. Sie schien fröhlich und entspannt, als ich das kleine Mikrofon an ihren Kragen steckte. Mit ihren dunklen Haaren und dunklen Augen wirkte ihr Gesicht gleichermaßen erschreckt als auch seltsam offen.

»Wissen Sie noch, wie Sie sich bei Ihrer Aussage, bei der Teilnahme am Prozeß gefühlt haben?« fragte ich.

»Verängstigt«, sagte sie. »Ich bin eher eine ruhige Person. Sogar auf der High-School hatte ich Probleme, wenn ich vor fünfzehn, zwanzig Leuten über ein Buch oder irgendwas frei reden sollte, es war nervenaufreibend für mich, und im Gerichtssaal war es noch schlimmer, weil er voller Menschen war. Und wenn man noch nie in einem Gerichtssaal war, gar nicht genau weiß, wie dieses Gerichtssystem funktioniert, wenn man nicht weiß, was man gefragt wird, kann man leicht sehr ängstlich werden. Und man will nicht, daß die Leute denken, man sei ein – Flittchen, ein Flittchen, das nach Männern Ausschau hält, ihre Reize spielen läßt, um irgend jemanden aufzureißen.

Und ich glaube, sie haben mir einige Fragen gestellt, die unter Umständen zweideutig waren, wenn man keine Möglichkeit hatte, zu erklären, was wirklich passiert war. Und das ärgerte mich, ich hatte das Gefühl, daß sie versuchten, mehr daraus zu machen und mir eine Liebesgeschichte mit ihm anzudichten – sein Anwalt versuchte, in das Ganze mehr hineinzuinterpretieren, als wirklich gewesen war.«

»Hatten Sie hinterher das Gefühl, daß die Leute sie irgendwie verurteilten, negativ beurteilten? Waren Ihre Befürchtungen in dieser Hinsicht gerechtfertigt?« fragte ich.

»Na ja. Nicht zu diesem Zeitpunkt«, sagte sie. »Ich glaube, ich saß ein Stockwerk tiefer und wartete darauf, in den Zeugenstand geholt zu werden, und einer von ihnen, ein Ermittler für den Staatsanwalt oder ein Polizeibeamter, sagte: ›Wissen Sie was, Sie sollten nicht – Sie sind zu leichtfertig, sollten nicht mit Fremden sprechen.‹«

Ich fragte sie, ob sie sich noch an ihre erste Begegnung mit Frank Miller erinnern könne.

»Meine erste Begegnung mit Frank Miller war – beim Steinbruch«, sagte sie. »An diesem Tag bin ich nicht zum Schwimmen hinuntergegangen. Ich hatte keinen Badeanzug dabei, ich war, wissen Sie, ich bin ein eher dicklicher Typ.«

Sie lachte.

»Ich bin also nicht zum Schwimmen hinuntergegangen, sondern habe mich in die Sonne gelegt. Und dann kam dieser Mann und fragte mich, ob das Schwimmen dort erlaubt sei und wie man dorthinkäme.

Danach, als er wieder vorbeikam, waren wir eine ganze Gruppe. Das heißt, es waren noch die Kinder der Familie Hickson von Raven Rock da. Und er erzählte irgendwas über Sex. Das einzige, an was ich mich noch erinnern kann – ich sollte es vielleicht nicht sagen, weil mir das damals gar nicht so bewußt war –, er erzählte irgendwas darüber, daß eine Frau drei – Löcher hat, eins zum Pinkeln, eins für große Geschäfte und ihre Vagina. Das ist alles, woran ich mich noch erinnern kann, es war kein langes Gespräch. Er hat keine Reden gehalten oder irgendwas.

Ich ging nach Hause, und dann vergingen, glaube ich, ein paar Tage, vielleicht eine Woche, und er – zu diesem Zeitpunkt ging das Gerücht um, daß Sie angegriffen und verge waltigt worden seien. An dem Tag, als es passierte, kamen die Kinder der Hicksons den ganzen Weg hoch zu meinem Haus und sagten: ›Geh nicht dorthin, weil sie –‹ sagten sie. ›Die Polizei ist überall unterwegs, und es ist nicht mehr erlaubt, im Steinbruch zu schwimmen.‹ Ich sagte: ›Warum, was ist passiert?‹ Sie sagten, daß Sie vergewaltigt worden seien. Und wir konnten es gar nicht fassen, wissen Sie, wir haben uns lange darüber unterhalten. Ich sagte einmal: ›Ist es nicht komisch, daß dieser Mann solche Sachen zu uns gesagt hat?‹, und wir mußten fast darüber lachen, sprachen dann aber nicht mehr davon.

Ich arbeitete als Essensausträgerin im Krankenhaus von Hunterdon. Eines Tages kam ein Polizist dorthin und sagte: ›Ich würde gerne mit Ihnen sprechen.‹ Ich sagte: ›In Ordnung‹, und er sagte: ›Waren Sie beim Steinbruch?‹ und ›Wissen Sie etwas über die Vergewaltigung von Martha Ramsey?‹, und ich sagte: ›Ja.‹ Er sagte: ›Können Sie mir etwas darüber erzählen? Man sagt, daß dort ein Mann mit einigen von euch über Sex geredet habe.‹ Ich sagte: ›Es war nicht besonders lange, und wir haben uns nur darüber kaputtgelacht.‹ Aber er sagte: ›Können wir mit Ihnen darüber sprechen?‹ Und ich sagte: ›Okay.‹

Er kam zu meinen Eltern nach Hause und fragte, ob ich bei einem Prozeß aussagen dürfte. Mein Vater gab sein Einverständnis.

Danach hat der Staatsanwalt mich in seinem Büro befragt – nur er und ich waren dort. Er sagte: ›Reden Sie so, als ob ich Ihr Arzt wäre, erzählen Sie mir, was dieser Mann sagte.‹ Also habe ich es ihm erzählt, und er ließ es dabei bewenden.

Danach kam dann der Prozeß. O nein, wissen Sie was? Davor, vor dem Prozeß, hatte ich einen Autounfall, ich wurde ziemlich verletzt und kam ins Krankenhaus. In der Zeitung stand: Charlotte Tritt wurde bei Autounfall verletzt.

Offensichtlich hat Miller das gelesen. Meine Schwester und meine Mutter waren bei mir im Zimmer, und er kam herein, bog ganz schnell um die Ecke und blieb plötzlich stehen. Meine Mutter fing eine Unterhaltung mit ihm an, und ich dachte nur, *O Gott, bitte mach, daß dieser Mann diesen Raum wieder verläßt*, und dann, als er – er ist dann gleich wieder gegangen, ich glaube nicht, daß er fünf Minuten da war – sagte ich: ›Mom, das ist der Kerl, der Martha – Ramsey vergewaltigt hat.‹

Meine Schwester ist aus dem Raum gestürzt. Und sie sagte: ›Warum hast du nichts gesagt?‹ Ich sagte: ›Du hast die ganze Zeit mit ihm geredet, und ich wollte nicht nach der Schwester läuten, wo wir allein hier im Zimmer sind, man weiß ja nie, wozu er fähig ist.‹

Meine Schwester kam zurück und sagte: ›Die Polizei weiß, daß er hier ist, sie beobachten ihn, da steht ein Polizist am Ende des Gangs.‹

Ich sagte: ›Gut.‹

Ich glaube, es war Russos Frau, die gesehen hat, wie er in den Aufzug stieg, und sofort die Polizei rief, die dann auch gleich gekommen ist. Er ist offensichtlich wieder gegangen, ohne zu bemerken, daß die Polizei da war.

Meine nächste Begegnung war – ein Polizist hat mich von zu Hause abgeholt und wieder zurückgebracht, ich weiß nicht, ob es eine Gegenüberstellung war ...? Ich sagte: ›Ja, das ist der Mann‹, er war rasiert und sah sehr ordentlich aus, beinahe wie ein Geschäftsmann in einem Anzug, mit Krawatte und so weiter.«

Für Charlotte wie auch für mich hatte es einen großen Unterschied zwischen Miller im Anzug und Miller in einem T-Shirt in der Sonne und Hitze der Quarry Road gegeben. »Aber dann, als ich wieder zu Hause war, *kam er zu uns*. Meine Schwester war mit ihrem kleinen Kind bei uns und war schwanger mit ihrem zweiten oder dritten. Er kam zur Tür, klopfte, und ich sagte: ›Frank Miller ist da. Hol eines der Gewehre.‹ Mein Vater hatte einen Gewehrschrank.

Ich sagte: ›Hol ein Gewehr.‹

Und sie wußte, wie man schießt. Sie holte also eines der Gewehre und ließ es bei mir im Eßzimmer. Sie hatten mir dort ein Bett aufgestellt, weil ich die Treppen noch nicht hinaufgehen konnte und noch sehr schwach war. Und sie und Mom gingen zur Tür. Ich hörte, wie er mit meiner Mutter redete. Ich glaube, er war durcheinander und etwas verwirrt, und er sagte, ich hörte, wie er sagte: ›Mrs. Tritt, mein Anwalt möchte gerne mit Charlotte sprechen.‹ Er sagte: ›Kann ich sie abholen und in die Soundso-Kanzlei bringen?‹, und fügte hinzu: ›Mein Anwalt möchte mit ihr sprechen, über die Anschuldigungen und alles und Informationen von ihr bekommen.‹ Er sagte: ›Ich bringe sie dorthin.‹

Und meine Schwester sagte: ›Sie werden sie nirgendwo hinbringen. Verlassen Sie unseren Grund und verschwinden Sie.‹

Und er machte es, er ging einfach weg, ich hörte keine Autotür zuschlagen, er ging einfach weg. Dann rief meine Schwester in der Kanzlei des Anwalts an und hat ihm ordentlich die Leviten gelesen. Etwa so: ›Wofür halten Sie sich eigentlich, daß Sie diesen Mann, der gerade jemanden vergewaltigt hat, hierherschicken, um mit meiner Schwester wegzufahren, damit Sie mit ihr sprechen können.‹ Ich glaube, sie hat mit dem Anwalt selbst gesprochen, weil er sagte: ›Ich habe ihn nicht zu Ihnen geschickt, um sie abholen zu lassen.‹ Sie hat ihm ordentlich die Meinung gesagt und einfach aufgelegt. Wir haben dann die Polizei angerufen und erzählt, was passiert ist.

Nach dem Prozeß sagte die Polizei oder auch der Staatsanwalt, Frank Miller habe ihm erzählt, daß er mich beobachtet und genau gewußt hätte, um welche Uhrzeit ich morgens aufstand, wann ich das Haus verließ, um zur Arbeit zu gehen, wie lange ich arbeitete, wann ich meine Arbeitsstelle verließ und nach Hause kam, wie lange ich zu all dem brauchte. Ich kam nach Hause, zog mich um und ging zum Schwimmen, entweder zum Fluß oder zum Steinbruch, je nachdem, wo meine Freunde waren. Ich hatte so einen geregelten Tagesablauf, daß es sehr leicht herauszufinden war, wo ich zu einer bestimmten Zeit sein würde. Das haben sie mir jedenfalls erzählt. Und der Tag, an dem ich zu spät kam, war genau der Tag, an dem Sie mit Ihrem Fahrrad vorbeifuhren. Er sagte, daß er dort auf mich gewartet hätte, daß dies die Nacht gewesen sei, in der er geplant hatte, mich zu vergewaltigen, ich jedoch nicht aufgetaucht wäre. Und dann sind Sie auf Ihrem Fahrrad vorbeigekommen.

Es ist schon sonderbar, wenn es jemanden gibt, der das alles über dich weiß – ich weiß, als er auf mich zukam, lag irgendwie Wut in der Luft –, und das hat mir Angst gemacht. Wissen Sie, es war so, als ob er kam, um sich an mir zu rächen. Das kommt sicher vom Fernsehen. Man sieht alle diese Spielfilme, wo sich jemand rächt, und fängt an, darüber nachzudenken.

Die einzige Sache, die mich wirklich beschäftigt, ist, daß man nicht weiß, wer jemand ist. Besonders wenn man ihm zuhörte, da gab es keinen Unterschied zu einem ganz gewöhnlichen Mann. Und das kommt wahrscheinlich daher, daß man naiv ist und solche Sachen nicht mitkriegt, und dann weist dich jemand darauf hin, und du denkst, *ach du meine Güte*.«
»Sie haben sich also wirklich nichts bei dem Zeug gedacht, das Miller Ihnen beim Steinbruch erzählt hatte?« fragte ich. Das war eine meiner Hauptfragen an Charlotte. Denn ich konnte nicht verstehen, wie eine junge Frau mit zwanzig Jahren nicht gemerkt haben konnte, daß ein Mann, der solche

Sachen erzählte, wenn nicht gefährlich, so doch wenigstens ziemlich unheimlich war.

»Nein. Es war etwas, das irgendwie – es war keine lange Unterhaltung mit der Gruppe von Kindern dort, und es waren mehr Jungs als Mädchen, ich mußte sowieso nach Hause gehen. Ich habe deshalb nur wenig von dem, was er sagte, mitbekommen, und das war wirklich nicht viel, aber es war genug, um ...«

»Als Sie Miller zum ersten Mal gesehen haben, hatten Sie also wirklich nicht das Gefühl, das irgend etwas nicht stimmte, Sie hatten keinen Grund, mißtrauisch zu sein«, wiederholte ich.

»Nein. Das war die andere Sache. Uns ist von klein auf beigebracht worden, andere Leute nicht zu verurteilen. Man lästert nicht über die Kleidung anderer Leute – natürlich durften wir gar nicht reden, unsere Klamotten waren auch nicht toll. Deshalb haben wir uns auch nicht angemaßt, über die Kleidung anderer Leute zu lästern, denn dann hätten wir uns selbst schlecht gemacht.

Und wir waren zu dieser Zeit sehr religiös, wir waren Katholiken, und meine Mutter sagte immer, ihr müßt die Leute so behandeln, wie ihr selbst behandelt werden möchtet, und wie man in den Wald ruft, so schallt es zurück, wenn du zu anderen gemein bist, dann werden sie dich auch gemein behandeln. Bis zu diesem Zeitpunkt waren alle immer nett zu mir gewesen. Man konnte auf der Straße gehen, sogar in Lumbersville, Carversville, und mit jedem sprechen, sogar mit Fremden, und ich hatte dabei nie Angst.«

Am Tag der Vergewaltigung war ich mit meinem Fahrrad auf dem Weg zu Betsy Retivov und auf meinem Rückweg durch diese Dörfer gekommen.

Sie machte eine Pause.

»Seit dieser Zeit war ich, bin ich sehr ängstlich, und mein

Mann weiß das, ich habe nach Frank Miller ein paar Anrufe bekommen, und er weiß, wie das für mich ist, ich komme dann nach Hause, nicht daß ich weine, aber ich bin sehr, sehr durcheinander, und er hat die Polizei angerufen, wir haben schon eine Anzeige aufgegeben und all das. Nein, ich bin seitdem ziemlich ängstlich. Früher bin ich sehr oft spazierengegangen, aber es gibt Tage, da gehe ich nicht raus, weil ich dann plötzlich denke – ich denke nicht unbedingt daran, was Ihnen passiert ist, weil man ja Vergewaltigungen im Fernsehen sieht –, ich denke dann, *eigentlich muß ich heute nicht unbedingt spazierengehen.*

Man weiß, wie man damit fertig wird, man kommt zu dem Punkt, wo man wieder richtig funktioniert, wo man damit fertig wird. Man vergißt es nicht, aber man arrangiert sich.«

»Dann ist es für Sie also auch so gewesen«, sagte ich, obwohl ich mir nicht sicher war, daß es für mich genauso gewesen war.

»Hm. Es verändert wirklich dein Leben, weil man den Leuten vertraut hat und nun irgendwie enttäuscht worden ist. Aber wir sind auch so behütet aufgewachsen, so beschützt vor den Leuten, wissen Sie. Durch die Vergewaltigung sind wir dann irgendwie enttäuscht worden, wir dachten, alle Erwachsenen wären Autoritätspersonen, die uns nicht verletzen wollen, die uns nur helfen, aber uns nicht – mißbrauchen –, sie tun es aber. Es war ein rauhes Erwachen, zu sehen, wie es wirklich ist.«

Sie machte eine Pause.

»Ich kann mir ungefähr vorstellen, was Sie durchgemacht haben, weil mein Vater – ich arbeitete unten in seiner Werkstatt. Er kam auf mich zu, packte mich und fing an, mich zu küssen. Und nur von dem Ausdruck in seinem Gesicht wußte ich, daß irgend etwas nicht stimmte.«

»Wie alt waren Sie da?« fragte ich.

»Ich war erst ungefähr vierzehn und konnte mich irgendwie wieder losmachen. Es ist weiter nichts passiert, wissen Sie, was ich meine? Und in diesem Moment rief meine Mutter. Ich ging ins Haus und erzählte es meiner Mutter. Ich sagte: ›Wenn er mich noch mal so anfaßt, bringe ich euch beide ins Gefängnis.‹ Ich sagte: ›Ich ruf die Polizei, und dann ist er weg.‹

Aber wie Sie schon gesagt haben, man lernt, damit umzugehen, und vergißt es nicht.

Und man kann dem nicht entkommen. Man liest die Zeitung, man sieht sich die Nachrichten an, sie bringen immer irgend etwas über jemanden, der vergewaltigt oder geschlagen worden ist – die Angst bleibt immer in dir. In meinem Fall ist es wahrscheinlich sogar irgendwie gut, weil ich auf eine bestimmte Art eine ziemlich – dumme Person bin? Man muß sich schon am Feuer verbrennen, bevor man wirklich aufhört, zu versuchen – Mein Mann sagte bei unserer ersten Begegnung: ›Du bist einfach nur introvertiert.‹ Ich bin überhaupt nicht aus mir rausgegangen. Ich war wie in einer Mauer eingeschlossen, und keiner ist an mich rangekommen. Das war die andere Sache, ich glaube, das kommt davon – ich weiß nicht, ich kann nicht sagen, daß mein Vater mich sexuell mißbraucht hat, weil es soweit nicht gegangen ist.

Aber es war der Anfang, und ich glaube, ich hatte Glück, war mutig genug, es gleich anzusprechen. Und ich glaube, ich habe meinen Vater erschreckt, weil ich gesagt habe: ›Wenn du nicht aufhörst, Daddy, wird einer von uns beiden von hier weggehen müssen.‹«

»Können Sie sich noch erinnern, ob Sie bei dem Gespräch mit Frank Miller über Sex irgendwie neugierig oder interessiert an dem waren, was er Ihnen erzählte?« fragte ich.

»Nein. Wir wurden so erzogen, meine Mutter sagte immer: ›Du läßt dich von niemandem anfassen, das ist schmutzig.‹

Und ich dachte, daß er eben – ein bißchen daneben wäre. Weil man über solche Sachen einfach nicht spricht. Niemand in unserer Familie hat je über Sex gesprochen, wir wußten ja nicht einmal, wie Babys gemacht werden.«

»Aber, das ist interessant, ich meine, Sie wußten ganz genau, daß Ihr Vater eine Grenze überschritten hatte, aber bei Miller – es klingt so, als hätten Sie sich bei ihm keine Gedanken gemacht«, sagte ich.

»Nein, es gab keinen Grund, es gab nichts, was mich auf die Idee gebracht hätte, daß ich irgendwie in Gefahr oder bedroht wäre, nichts. Es war nichts anderes, als mit Ihnen hier zusammensitzen und zu reden.«

»Er hatte es getan«, sagte ich. »Es war passiert, nur ein paar Minuten bevor Sie ...«

»Bevor ich aufgetaucht bin.«

»Genau. Wenn Sie ein paar Minuten früher die Straße heruntergefahren wären, hätten Sie mich wahrscheinlich gesehen ...«

»Auf Ihrem Fahrrad ...«

»Auf dem ich heimfuhr, nachdem ich gerade vergewaltigt worden war. Es lagen nur ein paar Minuten dazwischen. Und in dieser Zeit war er die Quarry Road hinaufgefahren, an Ihrem Haus vorbei und dann wieder hinunter zum Steinbruch.«

»Wahrscheinlich wollte er überprüfen, wo ich bin, ob ich zu Hause bin.«

»Ja, genau, er fuhr an Ihrem Haus vorbei, und Sie sind ihm dann nachgefahren. Er war vor Ihnen, als Sie hinunter zum Steinbruch fuhren.«

»Nun – ich erinnere mich daran, daß er am Haus vorbeigefahren ist, aber ich habe nicht daran gedacht, daß ...«

»Daß Sie hinausgegangen und ihm gefolgt sind, daß Sie ihn sehen wollten ...«

»Nein, überhaupt nicht. Es ist mir nie in den Sinn gekommen, daß er da war, um mich zu sehen. Es ist mir nie in den Sinn gekommen, bis mir erzählt wurde, daß es so gewesen ist, daß das durch seinen Kopf gegangen ist. Ich würde das bis heute nicht wissen, wenn man es mir nicht erzählt hätte.«

»Das ist es, was ich so unbegreiflich finde«, sagte ich. Daß er nur Minuten, nachdem er diese Tat begangen hatte, mit Ihnen sprach. Als ob alles ...«

»In Ordnung gewesen wäre. Ich denke, es hängt damit zusammen – es ist fast wie ein Doppelleben.«

»Es kommt mir so seltsam vor«, sagte ich unbeirrt. »Ich meine, da sind Sie, sitzen in Ihrem Auto, Sie sind zwanzig Jahre alt, und dieser Kerl sitzt neben Ihnen im Auto und sagt: ›Nun, ich glaube, ich muß dich nicht vergewaltigen‹, so als ob das alles ganz normal wäre.«

»Nun ja. Wissen Sie, ich – es war nicht so, daß ich ängstlich war. Ich habe mich bei dem, worüber er sprach, nicht wohl gefühlt, weil wir über so etwas normalerweise nicht gesprochen hätten.«

»Aber es scheint fast so, als ob Sie so unschuldig gewesen waren und nicht erkannt hatten, daß man über so etwas einfach nicht spricht«, wiederholte ich, um sicherzugehen, daß ich verstanden hatte.

»Ja, das stimmt.
Genauso war es. Ich meine, ich war sehr naiv. Ich bin kaum von zu Hause weggekommen, und jetzt hatte ich das Auto. Ich konnte wegfahren, konnte nach Flemington gehen. Das war eine herrliche Zeit für mich – ich war achtzehn, zwanzig, da interessiert man sich langsam auch für Sex, wenn wir mal nicht drumherum reden wollen. Sie wissen, was ich sagen will. Ich mochte Jungs. Ich habe mich auch mit einigen getroffen, wurde bekannt gemacht und all das, aber auch da

war es so, wenn man jemandem vorgestellt wird, denkt man, die Person, die dich vorstellt, hat genügend – du meinst, daß diese Person, der man vorgestellt wird, harmlos ist. Auch wenn das gar nicht so sein muß. Sie kann dir gegenüber harmlos sein, wie dieser Mann seiner Frau gegenüber. Es schien, als ob er sich ihr gegenüber ganz normal verhält, und doch hat er draußen alles mögliche mit anderen Frauen angestellt.«

»Als Sie hörten, daß Miller selbst zugegeben hatte, Ihnen nachzuspionieren, ist es Ihnen da in den Sinn gekommen, daß Sie eigentlich das Opfer hätten sein sollen?«

»Ja, zu diesem Zeitpunkt habe ich es dann auch geglaubt.«

»Und wie war das für Sie?«

»Nun, verstehen Sie mich bitte nicht falsch«, antwortete sie, »ich war froh, daß Sie es waren und nicht ich. Aus einem Grund. Er hätte mich wahrscheinlich umgebracht, während Sie – ein kleines Mädchen, da mußte er keine Gegen–«

Sie brach mitten im Wort »Gegenwehr« ab.

»Wie ich schon gesagt habe, ich war ein kräftiges Mädchen, ich war ganz gut beisammen, deshalb – ich wußte, daß ich vor Sex Angst hatte wegen all dem, was mir meine Mutter immer erzählt hatte. Ich wußte, daß ich mich wahrscheinlich gewehrt hätte, wenn mich jemand angefaßt hätte. Sie dagegen, ich weiß nicht, was er mit Ihnen gemacht hat, aber ich glaube nicht, daß Sie sich gewehrt haben, wehren konnten –«

»Nein, ich habe mich überhaupt nicht gewehrt«, sagte ich.

»Ja, das habe ich mir gedacht. Es tut mir wirklich leid, daß Ihnen das passiert ist, aber ich bin froh, daß es nicht mir passiert ist.«

»Hat dieses Erlebnis mit Miller tiefere Spuren bei Ihnen hinterlassen?« fragte ich. »Ich meine, Sie hatten ja bereits dieses Erlebnis mit Ihrem Vater, das war wahrscheinlich ziemlich schrecklich.«

»Ich glaube, das mit Miller hat wahrscheinlich – ich würde nicht sagen, daß es mein Leben zerstört hat, aber – wenn ich spazierengehe oder Leute treffe ... Ich will Ihnen dazu etwas erzählen. Ich ging gerade zur Arbeit ins Krankenhaus. Ich weiß nicht, ob es lange nach dem Prozeß war, oder nachdem Frank Miller das Mädchen vergewaltigt und getötet hatte. Ich war zu dieser Zeit bei einem Psychiater in Behandlung. Weil ich mit der Vergewaltigung Probleme hatte, auch wenn es gar nicht mir passiert war, und ich wahrscheinlich besser mit meinem Leben zurechtkomme als Sie. Aber ich bin auch nicht so eine Heldin wie die im Fernsehen, denen die schlimmsten Dinge passieren und die dann immer wieder völlig unbeschadet aus der Sache hervorgehen.«

Wir lachten.

»Eines Tages ging ich wie gewohnt zur Arbeit. Es war im ersten Stockwerk des neuen Gebäudetrakts. Die Lichter waren an diesem Tag nicht eingeschaltet, und sie hatten dort diese Glastüren, die sich automatisch öffnen. Ich sah in einer dieser Türen das Spiegelbild eines Mannes, der auf mich zukam. Und dann ist meine Fantasie mit mir durchgegangen. Ich schaute auf, beobachtete ihn, und es schien, als ob er mich anstarren würde. Plötzlich fing er an, ganz schnell zu gehen.

Es war, als ob meine Beine gelähmt wären, mein Herz begann wie verrückt zu schlagen, und ich konnte plötzlich alles ganz deutlich hören.«

Ich erinnerte mich an meine Reaktion, als unsere Nachbarin aus dem Wald aufgetaucht war und ich gedacht hatte, es sei der Vergewaltiger.

»Es war stockdunkel in diesem Gang, niemand machte das Licht an. Ich konnte mich nicht mal umdrehen und dieser Person, die da auf mich zukam, ins Gesicht sehen. Ich stand da und wartete auf den Schlag oder was immer passieren würde, aber dieser Kerl hastete an mir vorbei und den Gang entlang. Ich war unendlich erleichtert und mußte erst mal ein paar Minuten dort stehenbleiben, um mich wieder zu beruhigen. Ich ging dann weiter den Gang entlang. Er war so schnell gelaufen, dieser arme Mann, weil seine Frau ein Baby bekam und er wissen wollte, wo die Entbindung stattfand. Aber wissen Sie, es geht einem durch Mark und Bein, wenn man solche Angst hat.«

»Zu der Zeit der Vergewaltigung und während des Prozesses gab es da jemanden, mit dem Sie vertrauensvoll über das, was passiert war, sprechen konnten?« fragte ich.

»Nein. Es gab niemanden. Wenn meine Schwester zu Hause gewesen wäre, hätte ich mit ihr sprechen können, aber sie war im College. Wir standen uns sehr nahe. Sie war die einzige, der ich mich anvertraut hätte. Weil die Atmosphäre bei uns zu Hause nicht so großartig war, so daß ich ohne weiteres mit meinen Eltern hätte reden können. Ich dachte, sie würden mich nicht verstehen.«

»Ich verstehe«, sagte ich. »Besonders, weil es ja scheinbar in Ihrer Familie auch nicht üblich war, über Dinge im Zusammenhang mit Sex zu sprechen. Es war einfach ein Tabu.«

»Ja.«

»Das ist wirklich – traurig, ich meine ...«

»Ja, das ist es. Irgendwie gibt es kaum jemanden, mit dem man sprechen kann.«

»Ich kann wirklich vieles von dem, was Sie durchmachen mußten, nachvollziehen«, stimmte ich ihr zu. »Sie waren älter und wahrscheinlich auch stärker, aber gleichzeitig auch einsam ...«

»Ja. Hm.«

»Viele Ihrer Gefühle waren meinen sehr ähnlich«, fuhr ich fort. »Besonders die Angst, im Gerichtssaal aussagen zu müssen und sich hinstellen zu müssen vor ...«

»Alle. Wie ich gesagt habe, manchmal war es, als ob sie alle denken würden: ›Du bist diejenige, die das alles verursacht hat‹, dann wiederum versuchten sie, nett und verständnisvoll zu sein, aber so wie es war – es sind Männer, und ich glaube nicht, daß sie …«

Sie sprach nicht weiter.

»Die Sache ist die, Martha, ich glaube nicht, daß irgend jemand weiß, wie man eine Frau oder ein Mädchen trösten soll, die entweder in eine Vergewaltigung verwickelt wurde oder selbst vergewaltigt worden ist. Wenn ich jetzt etwas zu Ihnen sagen sollte, wüßte ich auch nicht, was. Ich glaube, die Leute haben Angst davor, etwas Falsches zu sagen.«

»Und selbst wenn man das Ganze durchmachen mußte«, sagte ich, »weiß man trotzdem nicht …«

»Was Sie zu jemandem sagen würden, der vergewaltigt wurde. Ich weiß nicht. Ich glaube, das Beste ist wahrscheinlich, man bietet moralische Unterstützung und Trost an, und schaut dann, wie es weitergeht, ob man darüber sprechen kann oder was auch immer. Ich glaube, die Unterstützung, die ist wirklich wichtig, und das Verständnis.

Und es gibt viele Leute, die nicht verständnisvoll sind. Ein Mädchen, mit dem ich zusammenarbeitete, sagte: ›Ich will jetzt wirklich nicht mehr darüber sprechen, es ist schon so lange her, beschäftigt es dich denn noch?‹ Solche Sätze hört man.«

Während Charlotte sprach, erinnerte ich mich wieder an das hübsche, alte Farmhaus der Tritts, das, rosa und mit Stuck verziert, weniger als eine Meile von unserem Haus entfernt weiter oben auf dem Berg gelegen war. Es war seltsam, sich vorzustellen, daß sie dort aufgewachsen war und unter den sexuellen Übergriffen ihres Vaters zu leiden gehabt hatte. Ich war dort viele Male hinaufgegangen, mit und ohne Fahrrad, und hatte mir oft vorgestellt, daß es wunderschön sein müßte, in einem so ordentlichen Haus mit breitem Rasen und hohen alten Bäumen zu leben. Von dem Leben, das dort vor sich gegangen war, hatte ich nichts gewußt.

Sie hatte in meiner Nähe gelebt, war aber soviel älter gewesen, daß wir nicht miteinander geredet hatten. Doch wie ich war sie ein Kind gewesen, das auf dem Land aufgewachsen war und nicht viel von der Welt wußte. Sie hatte ein Auto, ich hatte ein Fahrrad. Wir hatten dasselbe Bedürfnis gehabt, aus dem Haus herauszukommen und auf den ruhigen Straßen herumzufahren. Einige Plätze waren uns auf dieselbe Weise vertraut. Auch sie erlebte den Beginn ihrer Sexualität für sich ganz persönlich und wollte sie noch nicht teilen. Wir waren sehr unterschiedlich, doch in unserer Verletzbarkeit und Beziehung zu der Landschaft um uns herum waren wir uns ähnlich gewesen.

Obwohl sie bereits zwanzig und wahrscheinlich viel erwachsener gewesen war und besser für sich hatte sorgen können, war auch sie nicht in der Lage gewesen, Miller zu verstehen und abzuwehren.

Mir gegenüber war sie voller Sympathie, Besorgnis und Freundlichkeit, und während sie mir ihre Geschichte erzählte, war sie ohne jedes Mißtrauen.

Ich verließ ihr Haus mit dem Gefühl der Dankbarkeit für ihr Wohlwollen und ihre Offenheit und war wütend darüber, was ihr angetan worden war.

✳

Was um mich herum, was mir passiert war, darüber wußte ich jetzt alles, was ich glaubte, wissen zu müssen. Ich hatte alles an mich genommen: die Dokumente, die Fotos, die Zeitungsausschnitte, meine sorgfältig beschrifteten Bandaufzeichnungen. Sie waren für mich so bedeutend wie ein Diplom oder die von den Trauzeugen unterschriebene Heiratsurkunde, die Eric und ich bei unserer Hochzeit erhalten hatten. Diese Dinge bestätigten, was ich erlebt hatte, waren Zeugen für die Realität meiner Erfahrungen. Jetzt, da ich sie hatte, konnte ich mir nicht vorstellen, sie nicht gewollt zu haben.

Vielleicht war Frank Miller derjenige gewesen, dem der Prozeß gemacht worden war, aber diese Geschichte, die ganze Geschichte mit allen Zusammenhängen, war meine. Und indem ich ein Buch darüber schrieb, in das ich alles, was ich hatte erfahren müssen, einbrachte, würde sie in meinen alleinigen Besitz übergehen.

Ich wollte das ganze Material wegpacken. Zusammen mit all dem, was ich von meiner Arbeit an dem Buch noch aufheben wollte, würde ich es in einen Karton stecken und diesen mit der Aufschrift »Material: Vergewaltigung« beschriften. Den Karton wollte ich irgendwo aufbewahren, wo ich nicht dauernd darüber stolpern konnte. Aber ich würde die Sachen niemals wegwerfen und sie immer an einem Ort aufbewahren, wo ich sie auch wiederfinden könnte. Sie waren ein wichtiger Teil dessen, wer ich bin. Sie waren ein Schlüssel und repräsentierten den Beginn meiner Auseinandersetzung mit mir selbst.

Auf dem Weg zurück nach Boston fuhr ich wieder über die alte Eisenbrücke über den Lockitong. Ich entschloß mich, anzuhalten und auf dem alten Weg am Bach entlang in den Wald zu gehen.

Im Wald kam ich zu einem steinigen Abhang, wo ich mich wieder daran erinnerte, daß sich unter ein paar Baumwurzeln eine winzige Nische befand, die wir damals »Höhle« genannt hatten. Ich kletterte den Abhang hinauf, um dorthinzukommen. Die Felsen saßen lockerer, und der Hügel war kürzer und steiler, als ich es in Erinnerung hatte. Mehr als damals hatte ich das Gefühl, hinunterfallen zu können. Die Höhle war nicht mehr als eine kleine Öffnung unter den Wurzeln eines Baumes, der sich hoch oben an den Hang schmiegte. Ich konnte mir nicht mehr vorstellen, daß ich klein genug gewesen war, um dort hineinzupassen.

Der alte Weg verlief parallel zum Bach, war aber durch Bäume und einen alten Steinzaun davon getrennt. Bei unseren ersten Erkundungen waren Alida und ich in der Nähe des Bachs geblieben und hatten in dem steinigen Bett gespielt, waren am Rand im Schlamm stromaufwärts über Wurzeln geklettert, die für zwei nackte Füße kaum breit genug gewesen waren.

Loch hatte sich im Wald viel besser ausgekannt als Alida und ich und hatte uns auch erzählt, wie man diesen Platz finden konnte.

Es war immer ein Abenteuer gewesen, nicht etwas, was man oft machte. Zurück zu der verlassenen Farm am Ende des Wegs war es eine weite Strecke, und man mußte in der richtigen Stimmung für Ruinen sein. Wir fürchteten uns ein bißchen vor dem Ort. Wir wußten nicht, wer dort gelebt hatte und was mit den Bewohnern passiert war. Wer immer sie waren, ihre kleine Farm am Bach hatte sich nicht rentiert, und das stimmte uns irgendwie traurig, weil es ein so schöner Ort war und wir gerne in der Nähe des Wassers auf dem engen Platz unterhalb des steilen, bewaldeten Hügels gelebt hätten. An einem Tag im Juni hatten Alida und ich dort viele blühende Schwertlilien entdeckt. Ein Weg führte von der Eingangstür des Hauses zu einer Öffnung in dem alten Steinzaun, wo früher, wie wir glaubten, ein Holztor angebracht gewesen sein könnte.

Das Haus selbst war klein, quadratisch und an den Seiten durch Schindeln geschützt. Im Inneren konnte man sehen, wo der Hauptraum und die beiden Nebenräume gewesen waren. Wir standen auf der Eingangsstufe, einem großen Steinblock, und blickten an der abgeblätterten Tür, die ein wenig offen stand, vorbei ins Innere und fragten uns, ob oben wohl Kinder geschlafen hatten. Wenn alles anders verlaufen wäre, hätten wir sie vielleicht gekannt. Sie wären unsere Nachbarn und Freunde gewesen.

Ich drehte um, lief zur Straße zurück und stellte fest, daß ich weinte.

Ich wollte meine Arme um einen Baum legen, wie ich es oft getan hatte, wenn ich allein auf meinen Ausflügen gewesen war. Ich wollte mich nur auf den Boden setzen, in dieses vertraute, seltsam helle Gras, das ich längst vergessen hatte.

Ich fühlte, daß sie hier war, bei mir – das Mädchen, das manchmal allein hierhergekommen war und keine Angst vor den Geistern und dem Geheimnisvollen des Orts gehabt hatte, das Mädchen, das so viele Stunden allein im Wald oben auf dem Berg umhergewandert oder mit dem Fahrrad gefahren war.

»Was willst du?« fragte ich.

Meine Frage wurde von einer Welle großer Einsamkeit und Sehnsucht beantwortet. Ich stellte fest, daß ich den Gedanken, wegzugehen und sie hierzulassen, nicht ertragen konnte. Ich fühlte, daß ich diesen Ort zurücklassen und sie mit mir zurück in die Welt nehmen mußte. Weinend ging ich auf dem alten Weg durch den Wald und zog sie mit mir. Sie war jetzt bei mir.

Später stellte ich mir mit neuer Kraft vor, wie es für ihn gewesen war.

Ich schrieb:

> Er versuchte, es nicht zu tun. Als er mich vorbeigehen sah, wollte etwas in ihm es tun. Er dachte kurz nach und stellte fest, daß er wußte, wie er es tun könnte. Er mußte eine Strumpfmaske überziehen. Wenn er die Maske übergezogen hatte, würde das bedeuten, daß er es tun würde. Am Ende war die Idee zu aufregend, um sich nicht darauf zu stürzen. Die Aufregung bestand nicht so sehr in dem Gedanken an den sexuellen Höhepunkt, sondern in dem Abenteuer, der Kühnheit, dem schnellen Planen, der raschen Handlung und dann darin, es getan zu haben.
>
> Er sagte zu mir: »Ich werde dich nicht verletzen.«

Ich wußte, er redete sich selbst ein, daß es nichts Schreckliches sei.

Ich wußte es. Zu genau konnte ich mich noch daran erinnern, wie er sich mir genähert hatte, an sein Schwitzen, die Energie, die in ihm war.

Ich erinnerte mich, daß ein Teil von mir nicht erstaunt gewesen war, als ich mich umdrehte und ihn sah, als er mich in den Wald zog. Ich begegnete ihm so, wie man einem bereits vage geahnten Schicksal begegnet, ohne sich zu beklagen, mit kindlicher Resignation. In dem Wissen, daß ich nichts gegen ihn tun konnte, tat ich das, was er sagte, mit tiefer Traurigkeit.

Daß er mich verletzen wollte, war keine Überraschung. Daß ich wußte, daß es falsch war, während er es nicht wußte, oder sich nicht mehr stoppen konnte, machte mich traurig.

Wenn ein Tier mich übel zurichtet, würde ich dem Tier die Schuld geben? Wenn ein Mann mich verletzt – war ein Mann nicht auch ein Tier? Ich war wütend auf ihn, traurig über ihn, als ob ich sogar ihn zu meinem Freund hätte haben wollen. Ihn – meinen Mitmenschen.

Es liegt an meinem fantasievollen Wesen und meinem eigensinnigen Glauben an ein Happy-End, daß ich ein glückliches Ende haben wollte. So war ich ja all die Jahre vorgegangen, indem ich mir sagte, daß ich überlebt hätte und es mir gutginge. Nun war es wichtig, statt dessen zu sagen: Die Geschichte hat in Wirklichkeit kein Ende. Es gibt kein »Es ist alles in Ordnung«.

Ich wußte nun, daß ich jemand war, der vergewaltigt worden war. Das war mein Schicksal, das mein Leben bestimmt hatte. In meiner Jugend hatte ich die Erfahrung gemacht, daß alles, einschließlich meiner selbst, auseinanderfiel: mein Körper, meine Verbindung zu den anderen, die Erde unter mir, das Sonnenlicht, die Zeit. Ich hatte befürchtet, daß ich nicht wieder zusammengesetzt werden könnte. Wegen dieser Angst hatte ich zu sehr darauf bestanden, eine intakte Persönlichkeit zu sein, und dabei ängstlich auf meine geleimten Sprünge geachtet.

Die Sprünge mußten vom Leim befreit werden. All meine Erinnerungen, das Lesen der Prozeßdokumente, meine Konfrontation mit den beteiligten Personen und den Fakten in New Jersey hatten eine tiefe Kluft in mir geöffnet. Tief in mir hatte ich das Gefühl, daß es richtig und notwendig sei, doch nach außen hin gab es für eine ganze Weile Unruhe und Schwierigkeiten. Ich wußte nicht, wie ich mich um das verletzte Mädchen in mir, das ich aufgeweckt hatte, kümmern sollte. Ein langer Weg lag vor mir. Was aufgedeckt worden war, mußte genährt werden und wachsen.

Ich war aus der Balance geworfen worden. Manchmal hatte

ich das Gefühl, als müßte ich in dieser inneren Kluft ertrinken, ohne daß es jemandem auffiel, wie sehr ich in Schwierigkeiten war. Es gab Zeiten, da war ich überzeugt, daß Eric, der schon so lange mit seiner Liebe und Unterstützung für mich dagewesen war, und meine Freunde, die meine Fortschritte mit Aufmerksamkeit verfolgt hatten, einfach nicht verstehen konnten, was vor sich ging. Es gab in der Tat Grenzen dafür, was er oder andere tun konnten. Es gab Zeiten, da dachte ich, daß ich ihn dringend brauchte, er sich jedoch um sich selbst kümmern mußte, und glaubte, es nicht durchstehen zu können. Unsere Ehe litt darunter, und meine engsten Freundschaften konnten mir in dieser Zeit nur wenig Trost geben.

Hilfe erhielt ich durch die Beziehung zu einem homosexuellen Therapeuten, der mich im Laufe vieler Monate von seiner Zuwendung überzeugen konnte, hauptsächlich durch seine Berührung, seinen Blick und den Klang seiner Stimme. Ich lag ruhig in seinem Schoß, völlig entleert, manchmal zu erschöpft, um mich noch zu bewegen. In diesem Reich der Ruhe und des Friedens fühlte es sich an, als ob endlich ein Pfleger gekommen wäre, ein mitfühlender Mensch, der den Splitter herausziehen konnte. Diese Beziehung stellte die Verbindung zu meiner inneren spirituellen Quelle her. Meine Beziehung zu Eric und denjenigen Menschen, die ich liebte, erhielten wieder eine solide Basis – einen Platz, der sich frisch und lebendig anfühlte –, als ich mit der Arbeit der Selbstheilung begann.

Das starke Bedürfnis oder den Wunsch, das Geschehene zu vergessen, habe ich nicht mehr. Die Erinnerungen kommen ab und zu hoch: im Zahnarztstuhl, in der Autowerkstatt bei den Männern, die mein Auto reparieren und – wenn es am naheliegendsten ist – im Bett mit meinem Mann. Draußen in der Welt wird nicht über diese Dinge geredet, aber er und ich bemühen uns, nicht einfach darüber hinwegzugehen.

Oft, wenn ich mich selbst auf der Quarry Road sehe und wieder das Mädchen bin, schlaksig und unfertig in ihrem neuen roten Kleid, mit den Füßen den Staub aufwirbelnd, dann erklingt ein Singen in meinem inneren Ohr. Ich bin ganz nah bei ihr und breite eine große, fließende Decke meiner Liebe unter ihr aus, und in mir entspringt und fließt eine Quelle, so daß ihre Verletzung nach und nach geheilt wird.

In jedem Jahr meines Lebens kann ich mich nun darauf freuen, etwas mehr loszulassen. Jedesmal, wenn ich stolpere – beim Zahnarzt, in der Werkstatt oder mit Eric –, bedrücken mich meine Erinnerungen weniger, weil jetzt auch die anderen in mir Platz haben können: alle Männer, die Zeugen, Mutter und Vater, alle, die nicht wußten, wie sie mir helfen konnten. Ihre Liebe, die Liebe dieses Mädchens, und ihre wiedererwachte Freude sind irgendwie groß genug, um uns alle zu umfassen.

Ich schäme mich nicht mehr für meine Sehnsucht, geliebt und gehalten zu werden. Ich kann mit ihr darüber reden, wann immer sie will. Was im Gras und in den Bäumen um sie herum wuchs, was sie in der Gegenwart des Polizeibeamten spürte, was ihre Schwester wütend machte, was ihr die Worte brachte, mit denen sie sich selbst finden konnte, war Liebe, und diese ist wirklich.

Wege aus
der Sackgasse

(7859)

In der
Mitte des
Lebens

Gail Sheehy

Die
Bewältigung
vorhersehbarer
Krisen

(3964)

(84041)

(3826)

(84034)

(82013)

Körper und Seele

(84082)

(77252)

(82080)

(84079)

(82081)

(82101)

Das bewegende, ungemein farbige und
trotz aller grausamen historischen
Details spannend und unterhaltsam zu
lesende Porträt einer Familie im China unseres Jahrhunderts,
von der Kaiserzeit bis hin zu den Ereignissen am Platz des
Himmlischen Friedens. Geschichte aus erster Hand – Geschichte
von unten.
»Ein authentischer Bericht, der die Geschichte Chinas vom
Beginn unseres Jahrhunderts bis zur Gegenwart – mit all
ihren erschütternden Ereignissen – lebensnah, präzise und
verantwortungsvoll genau schildert.« *Welt am Sonntag*

(77078)